**Kohlhammer**

Politik in Wissenschaft und Forschung

Krüger/Piegeler/Spars (Hrsg.)

# Urbane Produktion

Neue Perspektiven des produzierenden
Gewerbes in der Stadt?

Verlag W. Kohlhammer

Dieses Werk einschließlich aller seiner Teile ist urheberrechtlich geschützt. Jede Verwendung außerhalb der engen Grenzen des Urheberrechts ist ohne Zustimmung des Verlags unzulässig und strafbar. Das gilt insbesondere für Vervielfältigungen, Übersetzungen, Mikroverfilmungen und für die Einspeicherung und Verarbeitung in elektronischen Systemen.

Die Wiedergabe von Warenbezeichnungen, Handelsnamen und sonstigen Kennzeichen in diesem Buch berechtigt nicht zu der Annahme, dass diese von jedermann frei benutzt werden dürfen. Vielmehr kann es sich auch dann um eingetragene Warenzeichen oder sonstige geschützte Kennzeichen handeln, wenn sie nicht eigens als solche gekennzeichnet sind.

Es konnten nicht alle Rechtsinhaber von Abbildungen ermittelt werden. Sollte dem Verlag gegenüber der Nachweis der Rechtsinhaberschaft geführt werden, wird das branchenübliche Honorar nachträglich gezahlt.

1. Auflage 2021

Alle Rechte vorbehalten
© W. Kohlhammer GmbH, Stuttgart
Gesamtherstellung: W. Kohlhammer GmbH, Stuttgart

Print:
ISBN 978-3-17-038308-1

E-Book-Formate:
pdf:     ISBN 978-3-17-038309-8
epub:    ISBN 978-3-17-038310-4

Für den Inhalt abgedruckter oder verlinkter Websites ist ausschließlich der jeweilige Betreiber verantwortlich. Die W. Kohlhammer GmbH hat keinen Einfluss auf die verknüpften Seiten und übernimmt hierfür keinerlei Haftung.

# Inhalt

Eine Einführung .................................................... 7
*Thomas Krüger, Monika Piegeler und Guido Spars*

Renaissance der Großstadt als Industriestandort? ...................... 13
*Martin Gornig*

Urbane Produktion – Konzept und Messung ........................... 25
*Monika Piegeler und Guido Spars*

Urbane Produktion: Ist da wirklich Speck dran? ....................... 48
*Stefan Gärtner, Kerstin Meyer und Marcel Schonlau*

Die Zukunftsstadt ist stets auch Ort Urbaner Produktion.
Perspektiven für Forschung und Praxis ............................... 70
*Jens Libbe und Sandra Wagner-Endres*

Digitalisierung als Befähiger der Urbanen Produktion ................. 81
*Joachim Lentes und Michael Hertwig*

Urbane Produktion und Handwerk 4.0 – Perspektiven
der Innenstädte als Zukunftsstandorte für das Handwerk ............. 91
*Carsten Benke*

Nachhaltigkeitspotenziale in urbanen Gewerbegebieten entfesseln
und Nachhaltigkeit institutionalisieren – aus internationalen
Erfahrungen lernen .................................................. 105
*Frank Betker*

Nachhaltigkeitsmanagement im Gewerbegebiet Remscheid-
Großhülsberg. Erfahrungen und Erkenntnisse aus dem Projekt
»Grün statt Grau – Gewerbegebiete im Wandel« ....................... 117
*Susanne Smolka*

Die Nutzungsdynamik in Gewerbegebieten ............................ 131
*Hanns Werner Bonny*

**Entwicklung der Urbanen Produktion in NRW-Städten und in Hamburg** .................................................... 151
*Monika Piegeler und Guido Spars*

**Gebietstypen als Hilfen für die Planungspraxis** ....................... 169
*Birte Eckmann, Linn Holthey, Sonja Kluft, Thomas Krüger, Monika Piegeler und Guido Spars*

**Perspektiven für Urbane Produktion – zur Transformation städtischer Gewerbe- und Industriegebiete** ........................... 194
*Birte Eckmann, Linn Holthey, Thomas Krüger und Guido Spars*

**Urbane Produktion – Neue Perspektiven des produzierenden Gewerbes in der Stadt?** ................................................ 209
*Thomas Krüger und Guido Spars*

**Autor:innenverzeichnis** ................................................ 213

# Eine Einführung

*Thomas Krüger, Monika Piegeler und Guido Spars*

Die Stadt und ihr Gewerbe – eine bereits seit ewigen Zeiten währende Liaison. Das Gewerbe in der Stadt ist so alt wie die Stadt selbst, denn viele Siedlungen sind durch gewerbliche Aktivitäten und den Austausch von Waren, also Handel entstanden. Waren es zunächst die Knotenpunkte überregionaler Handelsrouten, an denen die Städte entstanden, so halfen später die Arbeitsteilung auf engstem Raum und die Spezialisierung dabei, dass sich größere und kleinere Städte fast überall in Europa entwickeln konnten. Erst mit einer Produktion der Güter in größerer Stückzahl wurden die Produkte günstiger, konnten besser getauscht und weiterverarbeitet werden, sodass sich die Arbeitsteilung immer weiter verfeinerte und im Ergebnis zu schnell wachsendem Wohlstand führte (Spars 2017). Also entstanden größere Manufakturen und die einzelnen Gewerbespezialisierungen und Produktionsarten, wie wir sie heute kennen, bildeten sich heraus. Eine wachsende Zahl an Arbeiter:innen ließ sich nun (aus Gründen der Zeit- und Transportkostenersparnis) ebenfalls in der Nähe der Manufakturen nieder. Ein Marktplatz wurde eingerichtet, um die verschiedenen Güter und Dienstleistungen zu tauschen, was wiederum Händler:innen anzog. Diese Wirtschaftsstrukturen und die darin tätigen Menschen bildeten fortan die Stadt. Diese Entwicklung wurde dann später im Zeitalter der Industrialisierung und der Massenproduktion immer stärker vorangetrieben und führte zu dem enormen Stadtwachstum, das uns aus fast allen (europäischen) Städten bekannt ist (ebd.).

Die angesprochene Dynamik der Stadtveränderung führte während der vielen Jahrhunderte zu einem permanenten räumlichen Anpassungsprozess des Gewerbes in der Stadt. Ein weiterer Treiber für die Standortveränderungen des Gewerbes war die Herausbildung neuer Technologien in den Bereichen Produktion, Transport und Kommunikation. So war das Gewerbe am Anfang – also beispielsweise das Handwerk – entweder sehr zentrums- und damit kundennah – z. B. direkt am Marktplatz – oder in Ermangelung alternativer Antriebstechnologien für die ersten Maschinen in der Nähe von Wasserläufen oder auf windigen Anhöhen angesiedelt (Wasser- und Windmühlen). Mit dem Aufkommen der Dampfmaschine und der Elektrizität war man dann nicht mehr auf das Wasser und den Wind als Antriebsmedien angewiesen; etliche dieser Standorte verfielen. Aber auch die sich verändernde Mobilität beeinflusste die Gewerbestandortwahl. So wurde der Auszug der Produktion aus den europäischen Städten durch die Verbreitung des Automobils seit den 1950er Jahren – sowohl für die Arbeitskräfte, die Kund:innen als auch die Logistik – enorm begünstigt. Fortan konnten hohe Bodenpreise und Standortkosten in der Stadt vermieden werden, freilich jedoch durch die Inkaufnahme entsprechender Mobilitätskosten. Auch ein verstärktes

Umweltbewusstsein und die damit einhergehenden Umweltauflagen für die Produktionsstätten verstärkten die Suburbanisierung des produzierenden Gewerbes weiter.

Heute nun beschreiben und diskutieren wir Rahmenbedingungen und Prozesse, die die Ansiedlung oder den Verbleib der Produktion in urbanen Lagen begünstigen. Da sind zum einen die Chancen der digitalen Technologien zu nennen, die landläufig unter dem Schlagwort »Industrie 4.0« diskutiert werden. Hierunter werden die Erwartungen gefasst, die sich mit einer flächendeckenden und schnittstellenfreien Nutzung von echtzeitnahen Informationen auf der Produktions- und der Kundenseite verbinden. Es geht also um den Mehrwert, den internetfähige Produkte durch den Datenaustausch mit anderen Objekten generieren (Internet der Dinge). Auf der Seite der Produktion wird die Vernetzung von Maschinen, Anlagen und Produkten entsprechende Kosten- und Effizienzvorteile schaffen. Weitere Vorteile entstehen durch die Einbeziehung der Mitarbeiter:innen über mobile Kommunikationsmittel und die Nutzung von Social Media in der Produktion (Bauer et al. 2014).

Als die wesentlichen Technologiefelder dieser Entwicklung sehen Expert:innen die Embedded Systems, Smart Factory, Robuste Netze, Cloud Computing und IT-Security. Das mit diesen Technologien verbundene zusätzliche Wertschöpfungspotenzial bis 2025 wird allein in den sechs Branchen Automobilbau, Elektrotechnik, chemische Industrie, IuK-Technologie, Anlagenbau und Landwirtschaft auf 78 Mrd. Euro (jährliches Wachstum von 1,7 %) geschätzt (ebd.).

Welche räumlichen Auswirkungen mit den Technologien der Industrie 4.0 und ihrer Vernetzung verknüpft sein werden, ist bislang noch weitgehend unerforscht. Allerdings erscheint es übertrieben zu sein, davon auszugehen, dass die digitale Wirtschaft der Zukunft sich aus den Städten heraus bewegt und ihr Heil nur noch in den peripheren Lagen suchen wird.

Für Betriebe des produzierenden Gewerbes und des Handwerks, die über Jahrzehnte eher von einer Suburbanisierung geprägt waren, kann ein innerstädtischer Standort sogar vorteilhaft sein. Sie können hier von dem zumeist attraktiveren Umfeld und der besseren Erreichbarkeit für Beschäftigte bzw. dem besseren Zugang zu Arbeitskräften profitieren, was vor dem Hintergrund des Fachkräftemangels und des Urbanisierungstrends zunehmend wichtiger wird (Herrmann et al. 2014, 284). Aber auch das Ziel, an einem einzigen Standort forschen, entwickeln, produzieren und vermarkten zu können, und die zunehmende Bedeutung der räumlichen Nähe zu den Kund:innen, Kooperationspartner:innen und Forschungseinrichtungen können für einen innerstädtischen Standort sprechen. Für das meist lokal geprägte Handwerk stellt beispielsweise die Nähe zu den meist in der Stadt ansässigen Kund:innen einen wichtigen Wettbewerbs- und damit Standortfaktor dar.

Aufstrebende Wirtschaftsbereiche wie die Informations- und Kommunikationstechnologien, Medizintechnik und Biotechnologie sowie das »neue« Manufakturwesen (»Urban Manufacturing«), das als Weiterentwicklung des traditionellen Handwerks mit neuen Vertriebs- und Kommunikationswegen zu verstehen ist, sind durchaus stadtaffin und an integrierten, zentral gelegenen Standorten interessiert (Schössler et al. 2012). Durch neue Fertigungs- und Logistikkonzepte verlieren für etliche Betriebe des produzierenden Gewerbes räumliche Abstandsanforderungen aufgrund von Lärm- und Schadstoffemissionen zudem an Relevanz. »Der technologische Fortschritt lässt es in vielen Fällen zu, dass auch vermeintlich störende Nachbarschaften von Produktion, Dienstleistung und Wohnen heute wieder möglich sind« (BMVBS 2011, 26).

In vielen Städten stehen jedoch für stadtaffine »Urban Industries« und zunehmend auch für das Handwerk kaum noch geeignete Flächen zur Verfügung. In der Phase starken Wachstums seit den 1950er Jahren sind die Städte um die Industriestandorte aus dem 19. und Anfang des 20. Jahrhunderts, die vormals am Rand der Städte lagen, herumgewachsen. Viele dieser Fabrik- oder Gewerbestandorte wurden aufgegeben bzw. in Wohn- oder Bürostandorte umgewandelt. Ebenso wurden viele Gewerbeflächen, die in die Wohnblöcke des gründerzeitlichen Städtebaus integriert waren, »saniert«, d. h. die Betriebe wurden verlagert oder aufgegeben. Demgegenüber sind auf Basis des 1960 eingeführten Baugesetzbuchs neue Gewerbe- und Industrieflächen nach dem Prinzip der Funktionstrennung, d. h. mit Abstand zu Wohnnutzungen, entstanden. Neben Produktion sind auf diesen Flächen zu erheblichen Anteilen allerdings auch Großhandel, Lager, Speditionen, KFZ-Betriebe und Dienstleistungen angesiedelt worden, zum Teil wurden auch Flächen für den Einzelhandel geschaffen bzw. von Eigentümer:innen oder Projektentwickler:innen durchgesetzt. Auf diese Weise wurden die eigentlich für »störende« Gewerbe- und Industriebetriebe vorgesehenen Flächen vielfach von Nutzungen belegt, die kaum »stören« – oft ist es hier allein der Lieferverkehr mit LKW –, die aber einen hohen Flächenbedarf aufweisen und für die Eigentümer:innen gute Renditen versprechen. Dies führt dazu, dass, zumindest in Städten mit einer günstigen wirtschaftlichen Entwicklung, Flächen für Urbane Produktion knapp sind. Im Hinblick auf den Vorrang der Innenentwicklung gilt hier umso mehr, den Wandel im Bestand zu gestalten.

Urbane Produktion ist sicher mehr als nur ein Modewort oder -trend, das oder der schnell von anderen abgelöst wird. Angesprochen ist die dringende Transformation der urbanen Produktionsstrukturen sowohl im Hinblick auf die städtebauliche Integration, die Nachhaltigkeit als auch auf die Wettbewerbsfähigkeit der Städte. Dabei stehen Wirtschaft und Kommunen im Zuge einer fortschreitenden Digitalisierung und Integration vieler Wertschöpfungsprozesse vor großen Herausforderungen, aber auch Chancen.

Urbane Produktion ist in der Praxis der Stadtentwicklung und Wirtschaftsförderung sowie auch in der Stadt- und Regionalforschung ein vergleichsweise junges Thema, für das praktische Erfahrungen wie auch systematische oder gar empirische Studien, die über vereinzelte »Best Practice«-Beispiele hinausgehen, weitgehend fehlen.[1]

---

1 Das Bundesinstitut für Stadt- und Raumforschung hat erst im November 2020 ein Forschungsprojekt »Neue Räume für die produktive Stadt« beauftragt, in dem verschiedene Facetten der Urbanen Produktion definitorisch geklärt, eine quantitative Abschätzung des Volumens und der regionalen Differenzierung vorgenommen und eine Erhebung der Relevanz in der kommunalen Praxis durchgeführt werden sollen. Das Projekt soll im August 2023 abgeschlossen werden.

In diesem Sammelband sollen die aktuelle Situation und die Perspektiven der Urbanen Produktion mithilfe von verschiedenen Analysen, Fallstudien und konzeptionellen Beiträgen beleuchtet werden. Eine Grundlage dieser Publikation ist hierbei das von 2017 bis 2020 vom BMBF im Förderbereich »Nachhaltige Transformation urbaner Räume« im Rahmen der Fördermaßnahme »SÖF – Sozialökologische Forschung« geförderte Forschungsprojekt »Gewerbe in der Stadt – Wandel im Bestand gestalten«. Daran waren das Fachgebiet von Prof. Dr. Guido Spars von der Bergischen Universität Wuppertal und das Arbeitsgebiet von Prof. Dr.-Ing. Thomas Krüger (HafenCity Universität Hamburg) beteiligt. Die beiden dort gewählten Untersuchungsregionen waren der Stadtstaat Hamburg und das Bundesland NRW, allerdings beschränkt auf vier Städte des Ruhrgebiets (Duisburg, Essen, Bochum und Dortmund) sowie auf die beiden industriell geprägten Städte Wuppertal und Krefeld.

Darüber hinaus ist es gelungen, weitere Expert:innen zum Thema Gewerbe in der Stadt als Autor:innen für diesen Sammelband zu gewinnen, die das Thema aus verschiedenen Perspektiven angehen. Sie bereichern die in diesem Buch zusammengeführten Erkenntnisse zu neuen räumlichen Entwicklungen der Produktion und der Gewerbegebiete im urbanen Raum wesentlich.

Nach dieser thematischen Einführung der Herausgeber:innen widmet sich *Martin Gornig* (DIW) der Frage, inwieweit es eine neue Industrialisierung in deutschen Städten gibt, und beleuchtet damit den Rahmen und die Besonderheiten der Industrieentwicklung in deutschen (Groß-)Städten.

*Monika Piegeler* und *Guido Spars* stellen die definitorische Grundlage dessen vor, was im Rahmen des Forschungsprojektes »Gewerbe in der Stadt« unter Urbaner Produktion verstanden wird, und erläutern zusätzlich ein mögliches Konzept ihrer volkswirtschaftlichen Messung.

*Stefan Gärtner*, *Kerstin Meyer* und *Marcel Schonlau* vom IAT formulieren alternative Gedanken zu Definition und Messung und fragen, inwieweit an dem Thema der Urbanen Produktion »wirklich Speck dran ist«, was dann auch mithilfe des Fallbeispiels Bochum illustriert wird.

Ähnlich grundsätzlich stellt sich der Beitrag von *Jens Libbe* und *Sandra Wagner-Endres* vom Deutschen Institut für Urbanistik (Difu) dar, die aus der Perspektive der Begleitforschung des BMBF Förderbereichs »Nachhaltige Transformation urbaner Räume« Perspektiven für Forschung und Praxis für die Urbane Produktion in der »Zukunftsstadt« zusammentragen.

*Joachim Lentes* und *Michael Hertwig* vom Fraunhofer IAO kümmern sich in ihrem Beitrag um die Rolle der vielbeschworenen »Digitalisierung als Befähiger der Urbanen Produktion«. Die Autoren stellen dar, wie das genau funktioniert und wie es die Digitalisierung der Urbanen Produktion erlaubt, kleinteiliger, nachhaltiger und emissionsärmer und somit stadtkompatibler zu produzieren.

Einen besonderen Blick auf das Handwerk als Teil der Urbanen Produktion wirft der Beitrag von *Carsten Banke* vom Zentralverband des Deutschen Handwerks. Er beantwortet die Frage, welche Perspektiven das Handwerk in den Innenstädten in Zukunft haben wird.

Es folgen zwei Beiträge zu Nachhaltigkeitspotenzialen in urbanen Gewerbegebieten, die sich sehr gut ergänzen. Zunächst erläutert *Frank Betker* vom DLR die grundsätzliche Sicht auf die Herausforderung, wie sich Nachhaltigkeit in bestehende Gewerbegebiete integrieren lässt. Danach schildert *Susanne Smolka* von der Stadt Remscheid am Beispiel eines Gewerbegebietes in Remscheid-Großhülsberg, was das vor Ort und im Einzelfall bedeutet.

*Hanns Werner Bonny* setzt sich in seinem Beitrag mit der Nutzungsdynamik in Gewerbegebieten auseinander. Er arbeitet die vielfältigen Aspekte heraus, die sie beeinflussen, und entwickelt Kennziffern für die Messung. Er plädiert für Verlaufsanalysen und ein Monitoring, um kommunale Strategien und Ansätze zur Weiterentwicklung bestehender Gewerbegebiete zu fundieren.

*Monika Piegeler* und *Guido Spars* stellen die quantitativen empirischen Ergebnisse zur Entwicklung der Urbanen Produktion in den Untersuchungsregionen des Forschungsprojektes »Gewerbe in der Stadt – Wandel im Bestand gestalten« vor. Zur kleinräumigen Analyse wurden in diesem Projekt Gebietstypen Urbaner Produktion entwickelt, für die vertiefende Fallstudien durchgeführt wurden. Das Konzept der Gebietstypen und die zusammengefassten Ergebnisse der Fallstudien werden in einem gemeinsamen Beitrag von den beteiligten Forschenden dargelegt. Auf Basis der quantitativen und qualitativen Zugänge zur Urbanen Produktion wurde schließlich ein Grundkonzept zur Transformation städtischer Gewerbe- und Industriegebiete entwickelt. Ausgehend von der jeweiligen Konstellation von Problemen und Chancen sowie der privaten Akteure, wird ein strategisches Vorgehen der Kommunen vorgeschlagen und seine Elemente skizziert.

Am Ende des Buches versuchen die Herausgeber:innen, einen Ausblick auf das Themen- und Forschungsfeld der Urbanen Produktion für die Zukunft zu geben und hierbei insbesondere Implikationen einerseits für Politik und Planung und andererseits auch für die Forschung zu benennen.

## Quellen

Bauer, W.; Schlund, S.; Marrenbach, D.; Ganschar, O. (2014): Industrie 4.0 – Volkswirtschaftliches Potenzial für Deutschland. BITKOM und Frauenhofer-Institut für Arbeitswirtschaft. https://www.bitkom.org/sites/default/files/file/import/Studie-Industrie-40.pdf [Zugriff 9.3.2021]

BMVBS – Bundesministerium für Verkehr, Bau und Stadtentwicklung (Hrsg.) (2011): Weißbuch Innenstadt. Starke Zentren für unsere Städte und Gemeinden. Berlin/Bonn https://www.bbsr.bund.de/BBSR/DE/veroeffentlichungen/ministerien/bmvbs/sondervero effentlichungen/2011/DL_WeissbuchInnenstadt.pdf [Zugriff 9.3.2021]

Herrmann, C.; Schmidt, C.; Kurle, D.; Blume, S.; Thiede, S. (2014): Sustainability in Manufacturing and Factories of the Future, in: International Journal of Precision Engineering and Manufacturing – Green Technology 1 (4), 283–292. DOI: 10.1007/s40684-014-0034-z

Schössler, M. (2012): Future Urban Industries – Produktion, Industrie, Stadtzukunft, Wachstum, in: Policy Brief 11/12. https://www.stiftung-nv.de/sites/default/files/12_11_po licy_brief_fui_20121026_final.pdf [Zugriff 9.3.2021]

Spars, G. (2014) Ökonomie findet Stadt – Einige ökonomische und unökonomische Anmerkungen zur Stadtökonomie, in: Besecke, A.; Meier, J.; Pätzold, R.; Thomaier, S. (Hrsg.): Stadtökonomie – Blickwinkel und Perspektiven. Ein Gemischtwarenladen. Sonderpublikation des ISR der TU Berlin, Festschrift für Dietrich Henckel, 14–18. URI: 10.14279/depositonce-5910

# Renaissance der Großstadt als Industriestandort?

*Martin Gornig*

Der vorliegende Beitrag widmet sich der Frage, ob sich Anzeichen einer neuen Industrialisierung der deutschen Großstädte finden lassen.[1] Dazu werden zunächst Trends der Entwicklung der Industrie in Deutschland im internationalen Vergleich vorgestellt und es wird auf die derzeitigen regionalen Verteilungsmuster hierzulande eingegangen. Darauf aufbauend wird versucht, mögliche Änderungen der bisherigen Verteilungsmuster innerhalb Deutschlands anhand der Analyse des industriellen Gründungsgeschehens und der räumlichen Entwicklungspfade schnell wachsender Industrieunternehmen zu erkennen.

Der Wandel der globalen Industrieproduktion seit den 1990er Jahren ist vor allem durch den Aufstieg Chinas zur Industrienation gekennzeichnet. Die Marktanteilsgewinne Chinas führten insbesondere zu relativen Verlusten bei der Industrieproduktion in den USA und Westeuropa. In der Folge war in vielen westlichen Ländern ein ausgeprägter Deindustrialisierungsprozess zu beobachten. Es schien lange quasi ein Gesetz, dass der Anteil an der Weltindustrieproduktion der entwickelten Volkswirtschaften zu Gunsten aufstrebender Länder zurückgeht. In der Finanz- und Wirtschaftskrise 2008 und 2009 brach die Industrieproduktion in den etablierten Industrieländern nochmals ein (Gorning/Schiersch 2016). Der Absatzeinbruch markierte für viele das endgültige »Aus« der Industrie in den traditionellen Industrieländern. Andere entdeckten gerade in der Wirtschaftskrise die Industrie als Stabilitätsanker und sahen hier neuen wirtschaftspolitischen Handlungsbedarf (Aghion et al. 2011; Stieglitz et al. 2013). Anfang 2014 entwickelte die Europäische Kommission sogar ein wirtschaftspolitisches Programmpaket für eine industrielle Renaissance Europas.

## 1   Starke Performance der Industrie in Deutschland

Die industrielle Entwicklung in Deutschland lief zu den genannten Trends weitgehend konträr. Anfang der 1990er Jahre stieg die Industrieproduktion hierzulande stark an. Auch das Krisenjahr 2009 mit großen Produktionseinbrüchen än-

---

[1] Der Beitrag basiert auf Arbeiten im Rahmen des von der Hans-Böckler-Stiftung geförderten Forschungsprojektes »Industrie in der Stadt«. Ausgewählte Ergebnisse wurden im Wochenbericht 47/2018 des Deutschen Instituts für Wirtschaftsforschung publiziert.

derte an dem positiven Trend wenig. Anders als in den meisten anderen OECD Staaten erholte sich die Industrie in Deutschland rasch. Die Industrieproduktion liegt heute wieder deutlich über dem Vorkrisenniveau (Blazejczak et al. 2018). Der Anteil des verarbeitenden Gewerbes an der Beschäftigung beträgt immerhin mehr als 20 %, der Wertschöpfungsanteil erreicht knapp ein Viertel.

Deutschland profitiert dabei auch von seiner zentralen Lage in Europa. Die großen Absatzmärkte der EU sind leicht zu erreichen. Aber auch wenn man solche Einflüsse wie wirtschaftsgeografische Lage und Agglomerationsgrad berücksichtigt, sind die nationalen Rahmenbedingungen wie die Forschungslandschaft oder das Kostenniveau für die Industrie in Deutschland offensichtlich günstig (Gornig/Werwatz 2019). Gegenüber dem Referenzwert für Deutschland weisen die anderen großen EU-Staaten wie Frankreich und Großbritannien deutlich niedrigere Länderwerte auf. Auch in den BENELUX-Ländern sind die institutionellen Bedingungen über die Regionen hinweg ungünstiger. Die niedrigen Industrieanteile von Spanien, Schweden oder Finnland sind dagegen auch auf die periphere Lage vieler ihrer Regionen innerhalb Europas zurückzuführen. Die osteuropäischen Länder weisen dagegen in der Regel höhere nationale Erwartungswerte für den Industrieanteil auf als deutsche Regionen.

## 2 Große regionale Unterschiede innerhalb Deutschlands

Die Industrie prägt aber schon immer nicht nur nationale Unterschiede, sondern sie bestimmt auch räumliche Differenzen innerhalb der Länder. So sind in historischer Perspektive Industrie und Stadt untrennbar miteinander verbunden (Croon 1963). Mit der Industrialisierung wurden viele neue Städte gegründet und traditionelle Zentren wuchsen schneller. In den Städten wurden die Technologien und Produkte entwickelt, die wiederum das Wachstum der Industrie vorantrieben. Nach dem Zweiten Weltkrieg allerdings waren in Deutschland wie in vielen anderen traditionellen Industrieländern die räumlichen Muster durch Suburbanisierungsprozesse geprägt. Flächenintensive ebenerdige Produktionsorganisation, flexible LKW-basierte Logistikstrukturen und Umweltschutzauflagen vertrieben die Industrie teilweise aus den Zentren (Siebel 2005).

Heute ist die Bedeutung der Industrie in den verschiedenen deutschen Großstadtregionen sehr unterschiedlich (▶ Abb. 1). In den Raumordnungsregionen[2] Stuttgart und München arbeiten je Einwohner deutlich mehr Menschen im ver-

---

[2] Raumordnungsregionen sind funktionalräumliche, bundesweit vergleichbare Analyseregionen für Zwecke der Raumbeobachtung und Politikberatung, die vom Bundesinstitut für Bau-, Stadt- und Raumforschung definiert werden. Siehe BBSR-Webseite (http://www.bbsr.bund.de/BBSR/DE/Raumbeobachtung/Raumabgrenzungen/Raumordnungsregionen/raumordnungsregionen_node.html [**Zugriff** 9.3.2021]).

## 2 Große regionale Unterschiede innerhalb Deutschlands

arbeitenden Gewerbe als im Bundesdurchschnitt. In Berlin und Hamburg ist der Industriebesatz dagegen deutlich niedriger. Die Region Leipzig/Dresden liegt mittlerweile wieder gleichauf mit den Stadtregionen Rhein-Main und Rhein-Ruhr.

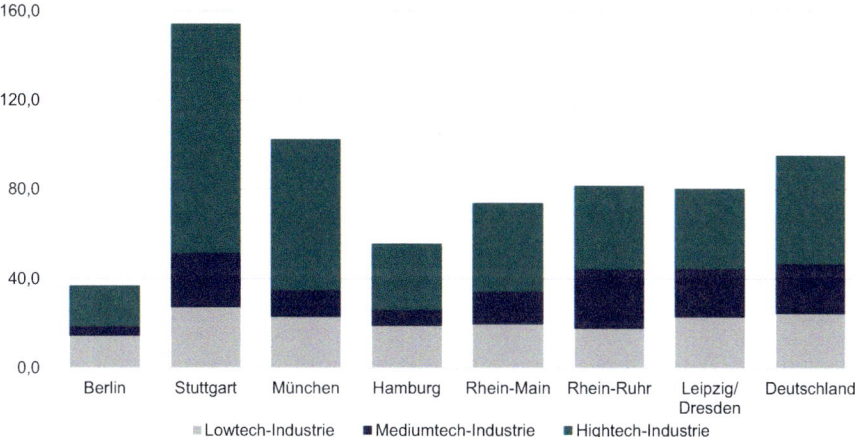

Abb. 1: Bedeutung des verarbeitenden Gewerbes in deutschen Großstadtregionen. Beschäftigte nach Technologiebereichen je 1000 Einwohner, Stand 2015 (Quellen: Eurostat, eigene Berechnungen).

Entscheidend für die Unterschiede zwischen den Stadtregionen sind die verschiedenen Spezialisierungen auf bestimmte Wirtschaftszweige. Deutlich wird dies, wenn man eine Differenzierung der Industriebranchen nach Technologiebereichen entsprechend der OECD-Klassifikation vornimmt.[3] Stuttgart und München sind insbesondere stark bei hochwertigen Technologiebereichen wie Straßenfahrzeugbau, Maschinenbau, Elektrotechnik. In den Regionen Rhein-Ruhr und Leipzig/Dresden sind insbesondere Branchen der mittleren Technologie stark ausgeprägt. Wenig Differenzen bestehen hingegen bei den Bereichen der Spitzen- und Niedrigtechnologie. Selbst Hamburg und Berlin weisen hier durchschnittliche Werte auf.

---

3 Eurostat 2017. Die Bereichen Spitzentechnologie und hochwertige Technologie wurden dabei zum Bereich Hightech zusammengefasst.

## 3 Digitalisierung verändert industrielle Entwicklungsmuster

Angesichts der Digitalisierung verändern sich die Entwicklungsbedingungen und Wachstumsmuster der Industrie grundlegend. In Deutschland wird dieser Umbruch häufig als vierte industrielle Revolution unter der Bezeichnung »Industrie 4.0« analysiert. Neue digitale Kundenbeziehungen, neue datengetriebene Steuerungsprozesse, neue sensorgesteuerte Robotergenerationen oder neue additive Fertigungstechnologien schaffen ganz neue Möglichkeiten, industrielle Produktionsprozesse und Produkte zu denken und zu realisieren (Hüther 2016). Damit verbunden sind auf der einen Seite enorme Rationalisierungspotenziale, die ganze Produktionsschritte und Berufsgruppen überflüssig machen (Institut für Arbeitsmarkt- und Berufsforschung 2015; Dauth et al. 2017). Auf der anderen Seite ergeben sich völlig neue Absatzpotenziale, beispielsweise durch kleinstserielle Fertigung und ad hoc umsetzbare Produktionen (PricewaterhouseCoopers 2014; Koren 2010).

Die Bedeutung von räumlichen Kostenunterschieden oder von Raumüberwindungskosten verändert sich. Entsprechend lassen sich unterschiedlichste Szenarien denken, wie die Digitalisierung der Industrie auch die Raumstruktur der Industrie ändert. Das gilt für die internationale Arbeitsteilung, aber insbesondere auch für die Stadt-Land-Beziehungen in Deutschland. Gerade hinsichtlich räumlicher Muster in Deutschland werden sowohl Szenarien mit zunehmend polarisierenden Entwicklungsmustern zwischen digitalen Hochburgen und abgehängten Regionen als auch konvergente Prozesse mit abnehmenden regionalen Unterschieden formuliert (Bertelsmann Stiftung/Stiftung neue Verantwortung 2016). Mit Blick auf die Entwicklungspotenziale von Großstadtregionen werden ebenfalls sowohl industrielle Prozesse im Hightech-Sektor diskutiert, welche die Stadtgesellschaften weiter spalten können, als auch Potenziale für die Revitalisierung von bislang benachteiligten Stadtquartieren beschrieben (Läpple 2016).

Im Folgenden wird nun der Frage nachgegangen, ob sich erste empirische Hinweise finden lassen, in welche Richtung sich die industriellen Raummuster tatsächlich entwickeln. Als Arbeitshypothese wird davon ausgegangen, dass junge Betriebe am ehesten durch die neuen digitalen Rahmenbedingungen in ihrem Standortverhalten beeinflusst werden – sie uns also auf die Spur neuer räumlicher Entwicklungsmuster bringen können. Entsprechend wird ausgewertet, wo in Deutschland neue Industrieunternehmen entstehen. Als Gründungen werden hier die Errichtungen neuer rechtlich selbständiger Betriebe im verarbeitenden Gewerbe laut Gewerbeanmeldungen erfasst.

## 4 Hohe industrielle Gründungsintensität in den großen Städten

Abb. 2 weist die industriellen Gründungen im Durchschnitt der Jahre 2012 bis 2016 bezogen auf die Beschäftigten im verarbeitenden Gewerbe am Beginn des Beobachtungszeitraumes aus. Im Fokus stehen damit Unterschiede in der Gründungsintensität, um mögliche Veränderungsdynamiken in den Standortmustern zu identifizieren. Dabei lässt sich zunächst festhalten, dass diese Intensität im Durchschnitt der genannten Großstadtregionen mit 80 Gründungen je 100 000 Beschäftigten um fast 40 % höher liegt als in den übrigen Regionen der Bundesrepublik.

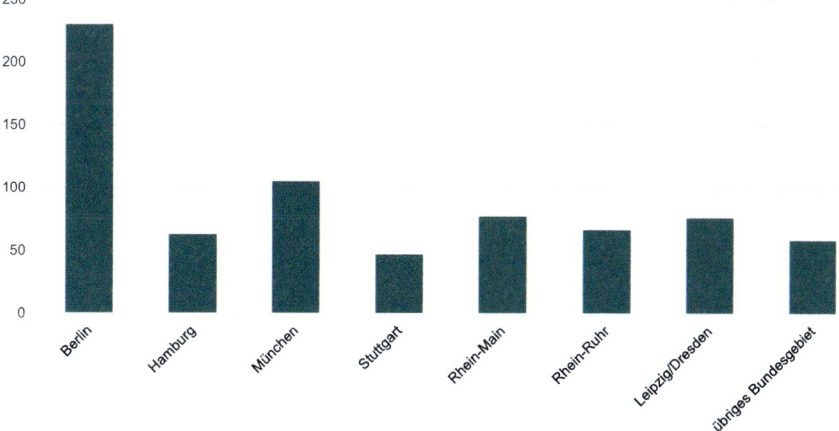

**Abb. 2:** Gründungen echter Betriebe in Deutschland im verarbeitenden Gewerbe nach Technologieklassen. Durchschnitt 2012–2016 je 100 000 Beschäftigte im verarbeitenden Gewerbe (Quellen: Volkswirtschaftliche Gesamtrechnung der Länder, Statistische Landesämter, eigene Berechnungen).

Gleichzeitig unterscheiden sich aber die Gründungsintensitäten auch stark zwischen den Großstadtregionen. Spitzenreiter sind dabei nicht unbedingt die bislang erfolgreichen Regionen. Dies gilt insbesondere für Berlin. In der Hauptstadt werden bezogen auf die bisherige Industriebeschäftigung fast viermal so viele Unternehmen im verarbeitenden Gewerbe gegründet wie in der übrigen Bundesrepublik. Ebenfalls überdurchschnittliche Gründungsintensitäten weisen die Regionen Leipzig/Dresden, das Rhein-Main-Gebiet und die Metropolen an Rhein und Ruhr auf. Von den bislang so wachstumsstarken süddeutschen Großstadtregionen besitzt nur München eine sehr starke industrielle Gründungsintensität. In der Region Stuttgart entstehen hingegen bezogen auf die bisherige Beschäftigung wenig neue Industrieunternehmen.

Insgesamt deutet das Gründungsgeschehen darauf hin, dass sich im Zuge der Digitalisierung die industriellen Wachstumsmuster nicht nur zugunsten der großen Städte verschieben, sondern sich auch zwischen den Großstadtregionen neue Wachstumshierarchien herausbilden könnten. Um abschätzen zu können, ob die neuen Wachstumsmuster wesentlich durch die Entstehung einer neuen digitalen Hightech-Industrie oder auch durch einfachere digitale konsumorientierte Industrien getragen werden, wurden hier die Gründungen den verschiedenen Technologiebereichen der OECD zugeordnet (Eurostat 2017). In Abb. 3 sind die Gründungsintensitäten der betrachteten Großstadtregionen jeweils in Bezug zur durchschnittlichen Entwicklung in der übrigen Bundesrepublik gesetzt worden.

Besondere Anziehungskraft auf industrielle Gründungen weisen dabei die Großstadtregionen im Bereich der Lowtech-Industrien auf. In Berlin ist die Gründungsintensität fünfmal und in München dreimal so hoch wie in den Nichtstadtregionen. In Hamburg und im Rhein-Main-Gebiet übersteigt die Gründungsintensität in den Lowtech-Industrien den Referenzwert immerhin um rund 70 %. Aber auch in Stuttgart, Leipzig, Dresden und den Metropolen an Rhein und Ruhr ist die Gründungsintensität überdurchschnittlich. Dieses Ergebnis deutet darauf hin, dass sich mit der Digitalisierung gerade im Bereich eher traditioneller Konsumgüterindustrien neue Entwicklungspotenziale in den Städten eröffnen.

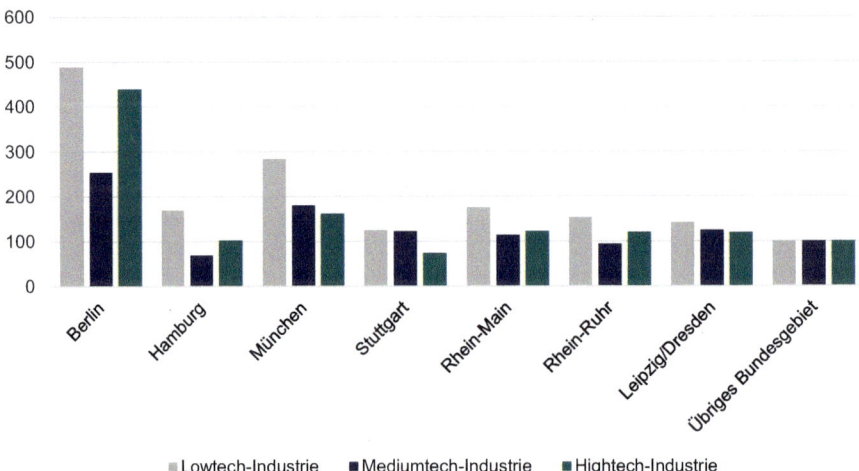

Abb. 3: Gründungen echter Betriebe in Deutschland im verarbeitenden Gewerbe nach Technologieklassen. Durchschnitt 2012–2016 je 100 000 Beschäftigte in der jeweiligen Technologieklasse. Jeweils übriges Bundesgebiet = 100 (Quellen: Volkswirtschaftliche Gesamtrechnung der Länder, Statistische Landesämter, eigene Berechnungen).

Gleichzeitig weisen die Großstadtregionen insgesamt mit ihrer ausgebauten Forschungsinfrastruktur auch im Bereich der Hightech-Industrien eine deutlich höhere Gründungsintensität auf als die übrigen Regionen der Bundesrepublik. Spitzenreiter ist hier wiederum die Bundeshauptstadt. Bezogen auf die Ausgangsbeschäftigung werden in Berlin mehr als viermal so viele Hightech-Unternehmen gegründet wie in den Nichtstadtregionen. Im Vergleich dazu ist die Gründungsintensität im Mediumtech-Bereich in Berlin relativ gering. Eine ähnliche Polarisierung im Gründungsgeschehen weisen Hamburg, das Rhein-Main-Gebiet und die Region Rhein-Ruhr auf. In der Region Stuttgart fällt hingegen gerade bei den Hightech-Industrien, in denen die Region derzeit so erfolgreich ist, die Gründungsintensität unterdurchschnittlich aus.

## 5 Neue Industrie sucht Nähe zu Forschung und Konsumenten

Was aber macht die großen Städte nun so attraktiv für industrielle Gründungen? Hinweise darauf lassen sich generieren, wenn man genauer auf die Standorte der Gründungen innerhalb der Städte schaut. Hier konnte dies für die größte deutsche Stadt mit der absolut wie relativ höchsten Gründungsdynamik – nämlich Berlin – umgesetzt werden. Am Forschungsdatenzentrum des Statistischen Landesamtes Berlin-Brandenburg wurden dazu die Einzeldaten des Unternehmensregisters ausgewertet (Klare 2017). Zur Wahrung des Datenschutzes wurden die Unternehmensstandorte 60 sogenannten statistischen Planungsräumen in der Stadt zugeordnet.[4] Für die Jahre 2013 und 2014 konnten auch die Gründungen diesen Räumen zugeordnet werden.

Die industriellen Gründungen in Berlin weisen dabei eine hohe räumliche Konzentration auf. Im Bereich der Hightech-Industrien entfallen rund ein Drittel der mehr als 150 Gründungen auf die sechs bevorzugten Standorte (▶ Abb. 4).

Die höchste Gründungszahl im Hightech-Bereich ist im westlichen Innenstadtbereich im Bezirk Charlottenburg zu verzeichnen. Dort befindet sich der Hauptcampus der Technischen Universität. Weiter östlich befindet sich u.a. die Beuth Hochschule für Technik. Zu den bevorzugten Gründungsstandorten zählt beispielsweise auch Adlershof im Südosten Berlins, in dem sich ein Campus der Humboldt-Universität und ein großes Technologiezentrum befindet (Handrich et al. 2008).

Ebenfalls stark auf wenige Standorte konzentriert ist das Gründungsgeschehen bei Lowtech-Industrien. Hier entfallen sogar deutlich mehr als ein Drittel der rund 450 neuen Betriebe auf die sechs beliebtesten Standorte (▶ Abb. 5).

---

4 Geoportal Berlin, Flächennutzung der Planungsräume 2010 (LOR), online verfügbar unter: http://fbinter.stadt-berlin.de/fb/index.jsp (FIS-Broker der Senatsverwaltung für Stadtentwicklung und Wohnen), zuletzt abgerufen am 10.11.2017.

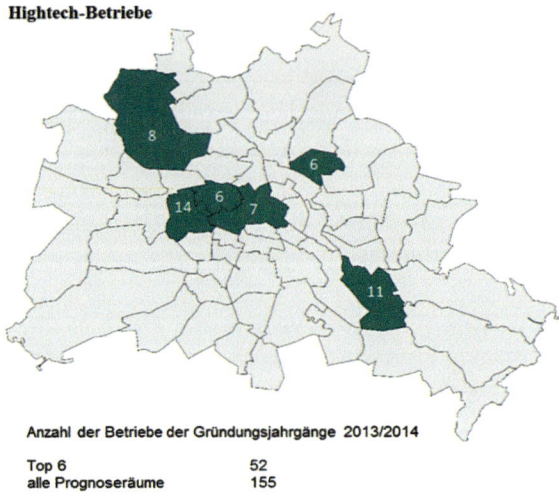

**Abb. 4:** Betriebsgründungen in Berlin: Hotspots Hightech-Betriebe (Quellen: Amt für Statistik Berlin-Brandenburg, eigene Berechnungen).

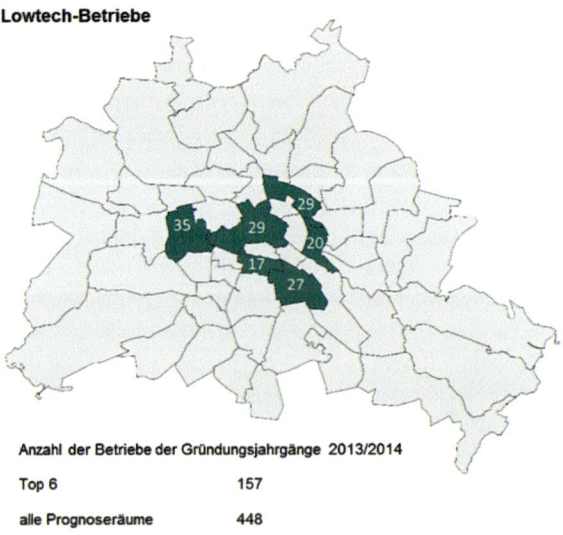

**Abb. 5:** Betriebsgründungen in Berlin: Hotspots Lowtech-Betriebe (Quellen: Amt für Statistik Berlin-Brandenburg, eigene Berechnungen).

Diese bevorzugten Gründungsstandorte liegen allesamt im hochverdichteten Innenstadtbereich Berlins. Diese Konzentration spricht für eine hohe Bedeutung der räumlichen Kundennähe der im Bereich Lowtech dominierenden konsumnahe Produktionen.

# 6 Stabile Standortstrukturen im Wachstumsprozess

Inwieweit sich aus dem zweifelsohne vorhandenen Potenzial der Digitalisierung tatsächlich eine Renaissance des Industriestandorts Großstadt ableitet, hängt entscheidend davon ab, ob aus den Gründungen stabile Industrieunternehmen hervorgehen und diese Entwicklungsprozesse auch in den Städten stattfinden.

Die Frage, ob solche Wachstumsprozesse auch tatsächlich in der Stadt beobachtet werden können, war Gegenstand eines Studienprojekts an der Technischen Universität Berlin (2017). Die Studierenden nahmen dazu junge, schnell wachsende Industrieunternehmen – sogenannte »Gazellen« in den Blick (vgl. Ramboll 2012). In Anlehnung an die bei der OECD verwendete Definition wurden als industrielle Gazellen Unternehmen definiert, die nach 2000 gegründet wurden und im Jahr 2016 mindestens 15 Mitarbeiter beschäftigten. Die Identifikation der Gazellen erfolgte über einen kommerziellen Firmendatensatz,[5] da amtliche Mikrodaten zu Unternehmensbiografien bislang nicht zur Verfügung stehen.

Für die 64 Gazellen, die in der Region Berlin/Brandenburg mit Firmennamen und Firmensitz identifiziert werden konnten, wurden anhand von Internetrecherchen ihre Standorte seit ihrer Gründung festgestellt. Dabei veränderten lediglich 12 Gazellen im Wachstumsprozess ihren Standort. 52 schnell wachsende Industrieunternehmen dagegen entfalteten ihren Wachstumsprozess am Gründungsstandort. Dies gilt auch für fast 80 % aller innerhalb der Stadtgrenzen Berlins gegründeten Gazellen.

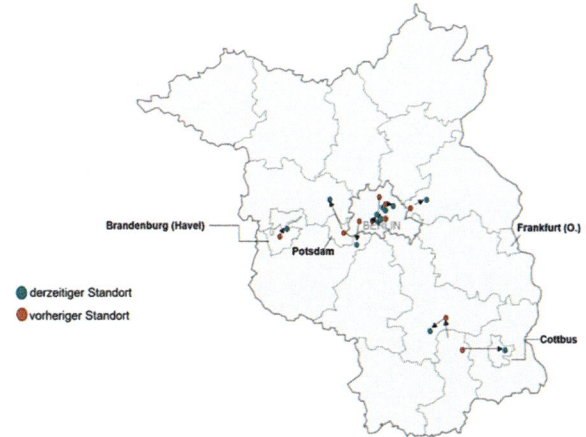

**Abb. 6:** Standortwechsel von schnell wachsenden Industrieunternehmen in Berlin und Brandenburg. Beobachtungszeitraum 2000–2016 (Quelle: Technische Universität Berlin 2017; eigene Darstellung).

---

5 Bisnode-Firmendatenbank, Campusfile 2016 und 2017.

Die räumliche Distanz der Betriebsverlagerungen war zudem in der Regel gering (▶ Abb. 6). Dies gilt insbesondere für die Umzüge innerhalb Berlins. Lediglich ein schnell wachsendes Unternehmen verließ das Berliner Stadtgebiet und zog ins Umland. Die anderen umziehenden Berliner Gazellen blieben dagegen zumeist in ihrem innerstädtischen Quartier. Die Brandenburger Gazellen, die ihren Standort im Wachstumsprozess veränderten, weisen zwar eine höhere Umzugsdistanz auf, aber auch sie änderten ihr generelles Raumprofil nicht. Entweder blieben sie im Berliner Umland oder in der Brandenburger Peripherie.

# 7 Schlussfolgerungen

Die Digitalisierung besitzt das Potenzial, auch die räumlichen Standortmuster der Industrie neu zu justieren. Dies gilt zuallererst für die internationale Arbeitsteilung. Robotertechnik, vernetzte Fabriken und selbstlernende Maschinen werden zu einer enormen Kapitalintensivierung beitragen. Reine Lohnkostenunterschiede als Ursache für räumliche Verteilungsmuster werden unbedeutender. Gleichzeitig könnte die hier angedeutete Rückbesinnung auf Konsumentennähe als Standortfaktor gerade in traditionellen Hochlohnländern zu einer Reindustrialisierung von Verbrauchsgüterindustrien führen.

Die Digitalisierung könnte aber auch zu einem Wiedererstarken der Industrie in den großen Städten beitragen. Die Standorte der neuen (digitalen) Industrie liegen überdurchschnittlich in den Großstadtregionen. Spitzenreiter sind dabei nicht unbedingt die bislang erfolgreichen Industrieregionen. Dies gilt insbesondere für Berlin, aber auch für die Regionen Leipzig und Dresden sowie die Metropolen an Rhein und Ruhr.

Die Politik kann in vielfacher Weise die Gründung von Industrieunternehmen sowie die darauffolgenden Wachstumsprozesse unterstützen. Dies gilt generell für die verbesserte Bereitstellung von Risikokapital, die Intensivierung des Wissenstransfers oder die Verfügbarkeit von Fachkräften aus dem In- und Ausland (Kritikos 2016).

Als ein zentraler Engpass könnte sich darüber hinaus die zunehmende Flächenknappheit in den Großstädten erweisen. Die geringe Verfügbarkeit bezahlbaren Wohnraums in den Innenstädten setzt die Politik unter Druck, gerade in den Großstädten zusätzliche Wohnbauflächen zu aktivieren. Gleichzeitig bieten aber auch für die neue (digitale) Industrie die Innenstädte durch die Nähe zu exzellenter Forschung und zahlungskräftigen Kunden entscheidende Wachstumsvorteile. Eine zentrale Aufgabe der Politik wird es daher sein, die bestehenden Nutzungskonflikte zwischen Wohnen und Gewerbe aufzulösen. Einen wesentlichen Beitrag könnten dazu die offensive Anwendung von planungsrechtlichen Instrumenten der Nutzungsmischung wie im Fall des Baugebietstyps »Urbane Gebiete« leisten. Gleichzeitig müssten tradierte Formen fester Planungsvorgaben wie bei Gewerbeflächensicherungssatzungen flexibilisiert werden. In vielen Städten fehlt es derzeit zudem an einem leistungsfähigen Monitoring von Gewerbeflächen.

# Quellen

Aghion, P.; Boulanger, J.; Cohen, E. (2011): Rethinking Industrial Policy. Bruegel Policy Brief 4. https://www.bruegel.org/wp-content/uploads/imported/publications/pb_2011-04_ _final.pdf [Zugriff: 9.3.2021]

Bertelsmann Stiftung und Stiftung neue Verantwortung (2016): Auf dem Weg zum Arbeitsmarkt 4.0? Mögliche Auswirkungen der Digitalisierung auf Arbeitsmarkt und Beschäftigung in Deutschland bis 2030. Gütersloh/Berlin

Blazejczak, J.; Edler, E.; Gornig, M.; Kemfert, C. (2018): Energiewende für die Modernisierung des Industriestandorts Deutschland nutzen, in: Wirtschaftsdienst 98 (8), 565–573. DOI: 10.1007/s10273-018-2332-5

Croon, H. (1963): Zur Entwicklung deutscher Städte im 19. und 20. Jahrhundert, in: Studium Generale – Zeitschrift für die Einheit der Wissenschaften im Zusammenhang ihrer Begriffsbildungen und Forschungsmethoden 9, 565–575

Dauth, W.; Findeisen, S.; Südekum, J.; Wößner, N. (2017): German Robots – The Impact of Industrial Robots on Workers. IAB Discussion Paper 30. Nürnberg. http://doku.iab.de/discussionpapers/2017/dp3017.pdf [Zugriff 9.3.2021]

European Commission (2014): For a European Industrial Renaissance. https://eur-lex.europa.eu/legal-content/EN/TXT/?uri=CELEX:52014DC0014 [Zugriff 9.3.2021]

Eurostat (2017): Glossar: Klassifikation des verarbeitenden Gewerbes nach der Technologieintensität. http://ec.europa.eu/eurostat/statistics-explained/index.php/Glossary:High-tech_classification_of_manufacturing_industries/de [Zugriff: 9.3.2021]

Gornig, M.; Werwatz, A. (2019): The Potential for Industrial Activity Among EU Regions – An Empirical Analysis at the NUTS2 Level. FORLand Working Paper 13. DOI: 10.18452/20909

Gornig, M.; Schiersch, A. (2016): Weak Investment Poses a Threat to Industry in Europe, in: Intereconomics 51 (5), 272–277. DOI: 10.1007/s10272-016-0617-8

Handrich, L.; Pavel, F.; Proske, S. (2008): Standort Berlin-Adlershof: kräftige Impulse für die Stadt, in: DIW Wochenbericht 75 (4), 41–46

Hüther, M. (2016), Digitalisierung: Systematisierung der Trends im Strukturwandel – Gestaltungsaufgabe für die Politik. IW Policy Paper 15. https://www.iwkoeln.de/fileadmin/publikationen/2016/317419/IW_policy_paper_2016_15_Digitalisierung.pdf [Zugriff 9.3.2021]

Institut für Arbeitsmarkt- und Berufsforschung (2015), Industrie 4.0 und die Folgen für Arbeitsmarkt und Wirtschaft. Szenario-Rechnungen im Rahmen der BIBB-IAB-Qualifikations- und Berufsfeldprojektionen. IAB Forschungsbericht 8. Nürnberg. http://doku.iab.de/forschungsbericht/2015/fb0815.pdf [Zugriff 9.3.2021]

Klare, J. (2017): Industriestandort Berlin. Ergebnisse einer Auswertung des Unternehmensregisters, in: Zeitschrift für amtliche Statistik Berlin-Brandenburg 11 (4), 58–63

Koren, Y. (2010): The Global Manufacturing Revolution: Product-Process-Business Integration and Reconfigurable Systems. Hoboken, NJ

Kritikos, A. S. (2016): Berlin: Hauptstadt der Gründungen, aber (noch) nicht der schnell wachsenden Unternehmen, in: DIW Wochenbericht 83 (29), 637–644

Läpple, D. (2016): Produktion zurück in die Stadt. Ein Plädoyer, in: Stadt Bauwelt. Die Produktive Stadt 211 (35), 22–29

PricewaterhouseCoopers (2014): Industrie 4.0: Chancen und Herausforderungen der vierten industriellen Revolution. https://www.strategyand.pwc.com/de/de/studien/2014/industrie-4-0-chancen/industrie-4-0.pdf [Zugriff 9.3.2021]

Ramboll (2012): Studie über schnell wachsende Jungunternehmen (Gazellen). Gutachten im Auftrag des Bundesministeriums für Wirtschaft und Technologie. Berlin. https://www.bmwi.de/Redaktion/DE/Publikationen/Studien/studie-ueber-schnell-wachsende-jungerunternehmen-gazellen.pdf [Zugriff 9.3.2021]

Siebel, W. (2005): Suburbanisierung, in: ARL – Akademie für Raumforschung und Landesplanung (Hrsg.): Handwörterbuch der Raumordnung. Hannover, 1135–1140

Stieglitz, J. E.; Yifu, J.; Monga, C. (2013): The Rejuvenation of Industrial Policy (World Bank Policy Research Working Paper 6628). DOI: 10.1596/1813-9450-6628

Technische Universität Berlin (2017): Aufgespürt: Raumprofile schnell wachsender Industrieunternehmen. Projektbericht am Institut für Stadt- und Regionalplanung. Berlin

# Urbane Produktion – Konzept und Messung

*Monika Piegeler und Guido Spars*

Dieser Beitrag versucht eine Antwort auf die grundlegenden Fragen geben: *Was genau ist Urbane Produktion und wie können wir sie messen?* Dabei stützen wir uns auf die Diskussionen, die im Rahmen des Forschungsprojektes »Gewerbe in der Stadt – Wandel im Bestand gestalten« (GiS) geführt wurden und auf unseren früheren Beitrag (Piegeler/Spars 2019).

## 1 Definition und Messung Urbaner Produktion

### 1.1 Definition Urbane Produktion

Der Begriff der Urbanen Produktion ist schillernd und bei Planer:innen, Wissenschaftler:innen und auch Kommunalvertreter:innen in aller Munde. Erste Versuche einer Beschreibung und Definition für Deutschland finden sich u. a. bei Läpple (2013) oder Brandt, Gärtner, Meyer (2017). Im Rahmen des dieser Publikation zugrunde liegenden Forschungsprojektes wurde die Idee entwickelt, einen Definitionsansatz zur Diskussion zu stellen, der zwischen einer Urbanen Produktion im engeren und einer im weiteren Sinne differenziert (vgl. auch Piegeler/Spars 2019):

Als *Urbane Produktion im engeren Sinne* wird im Folgenden die Herstellung und Verarbeitung von *materiellen Gütern* im urbanen Raum bezeichnet. Der urbane Raum umfasst dabei die Lagetypen City, Cityrand und Innenstadtrand gemäß der Festlegung der Innerstädtischen Raumbeobachtung (IRB) des Bundesinstituts für Bau-, Stadt- und Raumforschung BBSR.[1]

*Urbane Produktion im weiteren Sinne* umfasst zusätzlich auch alle Dienstleistungen, aus denen ein im urbanen Raum *seriell gefertigtes digitales Gut* hervorgeht. Diese zweite, weitere Definition ermöglicht die Einbeziehung digitaler Güter, was im Hinblick auf die zunehmende Bedeutung einer digitalen Produktion aus unserer Sicht zielführend ist.

---

1 Diese räumliche Zuordnung wird im Abschnitt 3.1.3 genauer erläutert.

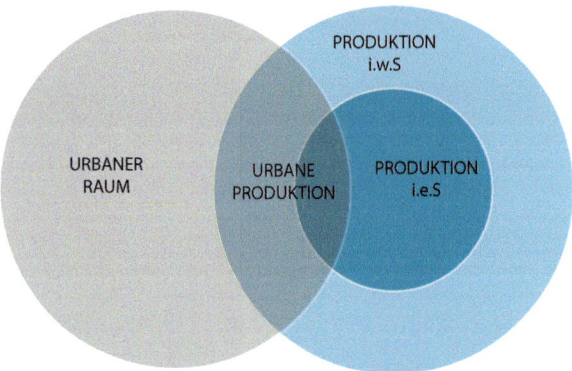

**Abb. 1:** Urbane Produktion als Schnittmenge von Produktion (im engeren und im weiteren Sinne) und urbanem Raum (eigene Darstellung).

## 1.2 Konzept der stadtaffinen Branchen – Der Humus der Urbanen Produktion

Das Konzept der stadtaffinen Branchen stellt den Versuch einer Näherung an das, was Urbane Produktion ist, dar und nähert sich aus einer systematischen und beschäftigungsorientierten Perspektive. Es beruht auf dem Gedanken, dass manche produzierenden Branchen c. p. stadtaffiner sind als andere. Die Gründe können vielfältig sein, wie z. B. eine stadtverträgliche Produktion, Kapitalstärke oder auch die notwendige Nähe zum Endkunden. Folglich können bei der Messung die Begriffe »Urbane Produktion« und »verarbeitendes Gewerbe« keine Synonyme bleiben, denn Urbane Produktion umfasst unserer Ansicht nach weder alle Branchen des Abschnitts C der WZ 2008, noch ist Urbane Produktion auf das verarbeitende Gewerbe allein beschränkt. Unsere Auswahl an produzierenden Wirtschaftsbereichen, die wir als stadtaffin erachten und zur Diskussion stellen, beruht dabei auf Plausibilitätsüberlegungen unter Berücksichtigung anderer Studien, die jene Wirtschaftsbereiche als stadtaffin benennen. Dies sind die Wirtschaftsbereiche der Informations- und Kommunikationstechnologie (IKT), der Spitzen- oder hochwertigen Technologie (Hightech), die Gesundheitswirtschaft, die Kreativwirtschaft, das Handwerk und das Urban Farming/Urban Gardening. Diese sind – um mit einem Bild zu sprechen – als Teile des Humus zu verstehen, der den Baum der Urbanen Produktion wachsen und gedeihen lässt (▶ Abb. 2).

Es ist klar, dass sich die einzelnen Wirtschaftsbereiche hierbei überlappen oder Untergruppen voneinander darstellen. Eine solche Überschneidung ist aber durchaus zulässig und auch gewünscht: Denn Urbane Produktion zeichnet sich durch ein hohes Maß an Heterogenität aus. Es ist eine Art Sammelbegriff für viele produzierende Bereiche und es gilt, dieses Konstrukt aus unterschiedlichen Perspektiven seiner eigenen Bestandteile zu analysieren. Von einer Gewichtung der Bestandteile Urbaner Produktion wird hierbei bewusst abgesehen. Stattdessen werden die Anteile an Urbaner Produktion zum einen über die Anzahl der

# 1 Definition und Messung Urbaner Produktion

**Abb. 2:** Urbane Produktion visualisiert als Baum, der durch einen aus stadtaffinen Branchen bestehenden Humus gespeist wird (eigene Darstellung).

Unternehmen und zum anderen über die Anzahl der Beschäftigten in dem Wirtschaftsbereich gemessen. Dies gibt Hinweise auf Arbeitsplatzeffekte, nach denen – falls gewünscht – ausgewertet werden kann. Im Folgenden wird die Auswahl der einzelnen Wirtschaftsbereiche Urbaner Produktion detaillierter erläutert:

Ein Kriterium der Stadtaffinität kann z. B. das positive Wachstum einer Branche sein. Aufgrund der höheren Standortpreise in städtischen Lagen sind es vornehmlich kapitalstarke Branchen, die sich einen innerstädtischen Standort leisten können. Der grundsätzliche Zusammenhang von Kapitalstärke und freier Standortwahl ist unmittelbar plausibel. Zu den wachsenden Wirtschaftsbereichen gehören insbesondere die Gesundheitswirtschaft sowie forschungsintensive Technologien der IKT-Branche. Beide Branchen zeichnen sich durch einen hohen technischen Standard aus, welcher sich nicht nur auf die Produkte, sondern auch auf die Fertigungsprozesse bezieht. Da hier hoher technischer Standard dauerhaft nur durch Modernisierung zu erhalten ist, sind diese Branchen in der Stadt gut vorstellbar, da im Zuge der Modernisierung auch emissionsmindernde Maßnahmen getroffen werden können.

Die *Gesundheitswirtschaft* wird hier nach dem Schichtenmodell des IAT verstanden (▶ Abb. 3). Der Gesundheitssektor, in Abgrenzung zur Gesundheitswirtschaft, stellt den Kern des Modells dar. In unserer Interpretation ist insbesondere die dritte Schicht von Bedeutung, da hier Produktion vertreten wird durch die Pharmazeutische Industrie, Biotechnologie, Medizin- und Gerontotechnik sowie das Gesundheitshandwerk. Letzteres ist sehr gut in die innere Stadt integrierbar: zum einen aufgrund der hohen Nachfrage einer alternden Gesellschaft und zum anderen aufgrund einer für das Handwerk weitgehend typischen Verträglichkeit mit dem städtischen Umfeld, sodass bereits heute bspw. Orthopäd:innen und Hörgeräteakustiker:innen das innerstädtische Bild prägen. Neben dem Gesund-

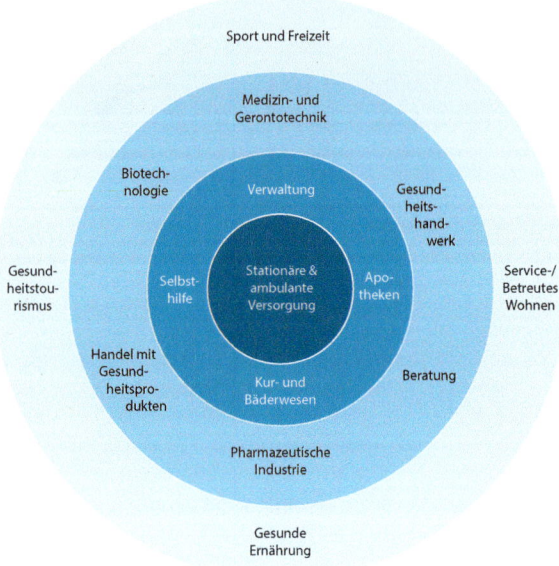

**Abb. 3:** Schichtenmodell der Gesundheitswirtschaft (eigene Darstellung nach Fretschner/Hilbert 2002).

heitshandwerk empfiehlt sich die Pharma-Industrie als potenzieller urbaner Produzent. Diese Branche ist enorm kapitalstark sowie stark wachsend. Viele Unternehmen dieses Sektors haben die Städte als anregende Standorte erkannt und entwickeln z. B. Campus-Konzepte wie den Novartis-Campus, das Werkareal in St. Johann in Basel, wo Produktionsstätten verknüpft werden mit Forschungs- und Bürogebäuden, z. T. von Stararchitekt:innen (z. B. Frank O. Gehry, David Chipperfield, Tadao Ando) entwickelt. Das Image ist hierbei einer der wesentlichen Faktoren, der diesen Industriezweig in das Zentrum der Städte bewegen kann. Hier kann durch prestigeträchtige Lagen die beschriebene Finanzstärke demonstriert und die hochqualifizierten Wissensarbeiter:innen können angezogen werden.

Neben der Kapitalstärke und Wissensintensität einer Branche ist – insbesondere für kleinteiligere Produktionsbereiche – die hohe Kundenspezifikation der Produkte ein weiterer Aspekt, der einen urbanen Standort empfiehlt (Lentes 2017).

Ähnlich lässt sich über die Stadtaffinität für den *IKT-Bereich* und für die *hochwertige bzw. Spitzentechnologie* urteilen. Die *IKT-Produktion* umfasst in unserer Sichtweise die Bereiche IKT-Hardware und – entsprechend der Definition von Urbaner Produktion im weiteren Sinne – auch die IKT Software-Produktion (ZWE 2014). Hoch- und Spitzentechnologie können IKT beinhalten, decken inhaltlich aber eine größere Bandbreite ab. Diese Überschneidung ist hier zulässig und gewollt. Zur Spitzentechnologie gehören bspw. Produktionsunternehmen aus den Bereichen der pharmazeutischen Grundstoffe, der Datenverarbeitungsgeräte sowie der Mess- und Navigationsinstrumente; zu dem Bereich der hochwertigen Technik gehören z. B. die Herstellung von Maschinen, Motoren, Kraftfahrzeugen und verschiedenen chemischen Erzeugnissen (ZEW 2013, 2). Im Bereich der Spitzen- respektive hochwertigen Technologien wie auch im IKT-Bereich sind kleinere, dezentrale Produktionseinheiten und damit eine Integration in das Innenstadtgefüge denkbar. Eine positive Imagebildung kann hier ebenfalls eine wesentliche Motivation sein. Gleichzeitig können Kommunen mit der Ansiedlung von hochwertigen Technologien für sich werben. *Innovation*, *Arbeitsplätze*, *das Gestalten von Zukunft* sind mit Spitzentechnologie verbundene Begriffe. Darmstadt wirbt z. B. als Kommune – auch in seinem neuen Stadtentwicklungskonzept (Darmstadt 2030+) – mit dem Titel der Wissensstadt.

Einer völlig anderen Motivation folgt die Stadtaffinität für den Bereich der Kreativwirtschaft und des Urban Farming. »Kreativität braucht die Stadt, das urbane Milieu, um sich zu entfalten« (KuWi 2008). Die *Kreativwirtschaft* ist bereits historisch in der Stadt als Zentrum für Mode, Kunst und Kultur angesiedelt und auch heute ist die Kreativwirtschaft unbestritten stadtaffin (KuWi 2008; BMWi 2021). Künstler:innenwerkstätten und Manufakturen – zumeist betrieben durch Einzelpersonen – können aufgrund ihrer geringen Produktionsmenge und überschaubaren Produktionstechnologie verhältnismäßig leicht in das Stadtgefüge integriert werden. Die Kreativwirtschaft ist – nicht durchweg aber dennoch verstärkt – häufig in niedrigpreisigen Vierteln zu verorten, oftmals auch dort noch subventioniert. Immerhin können strukturschwache Quartiere durch die Ansiedlung von bspw. Kunsthandwerk und der dazugehörigen Szene revitalisiert werden. Praxisbeispiele sind das Samtweberviertel in Krefeld und auch der Wuppertaler Ölberg. Beim letztgenannten ging der Impuls von den ansässigen Unternehmern aus, die in Nachbarschaftsaktionen und Selbstverwaltung ein Image geschaffen und Leerstände beseitigt haben.

*Urban Farming/Urban Gardening* ist derzeit am ehesten als Trend zu beschreiben. Noch handelt es sich oftmals um engagierte Einzelpersonen/Personenkreise. Oftmals erfolgt Urban Farming/Gardening durch das Anlegen von privatwirtschaftlichen Stadtgärten bis hin zur Errichtung von Aquaponikanlagen. Eine innerstädtische landwirtschaftliche Nutzung im großen Stil zu denken, wird am ehesten über die Konzepte einer produktiven Landschaft im Rahmen der Freiraum- und Grünflächenplanung ermöglicht, wie sie derzeit von vielen Landschaftsplanern entwickelt und implementiert werden.

Eine weitere Facette Urbaner Produktion bildet das *Handwerk* (▶ Beitrag Carsten Benke), das bereits historisch in der Stadt angesiedelt war. Es braucht die Nähe zu den Kund:innen, findet seinen Absatz und seine Mitarbeiter:innen oft im Quartier und ist tendenziell wenig über die Stadtgrenze hinweg aktiv. Zu- und Ablieferung von Material sind hier überschaubar, solange nicht in Serie produziert wird. In seiner Verbindung von Produktion und Dienstleistung ist das Handwerk traditionsverbunden und zukunftsweisend zugleich. So gewinnt auch in anderen Bereichen aufgrund der Komplexität der Technik die Unterstützung in Form der Serviceleistung an Bedeutung und sogenannte hybride Produkte etablieren sich als Paket aus Ware plus Dienstleistung am Markt. Ursächlich sind die Kund:innen, die weder an einem Produkt noch an einer

Dienstleistung interessiert sind, sondern an der Problemlösung (Böhmermann/ Krcmar 2007).

Unternehmen aus den beschriebenen Segmenten einer stadtaffinen Produktion können jedoch nicht automatisch ihren Standort in der Stadt finden. Natürlich liegen etliche Hürden und Hemmnisse vor, die einer innerstädtischen Ansiedlung entgegenwirken können. Diese liegen neben Emissionen von Lärm und Schadstoffen insbesondere in den Flächenkosten und in logistischen Fragen. Dennoch ist es aus einer Potenzialsicht spannend, zu sehen, welche produzierenden Unternehmen und Sektoren grundsätzlich als stadtaffin gefunden werden können.

## 1.3 Messung der Urbanität – Die IRB-Lagen

Bevor im nächsten Abschnitt die Messung der aufgezählten Branchen und Sektoren erläutert wird, wenden wir uns hier noch kurz dem Urbanen und seiner Erfassung zu. Hierbei sollen die IRB-Lagen (Innerstädtische Raumbeobachtung des BBSR) eine vereinheitlichte Grundlage für räumliche Vergleichsbetrachtungen von Städten bilden. Für jede teilnehmende Stadt wird mithilfe der Städtestatistik und von Expert:innen eingeschätzt, wo die fünf Lagetypen (City, Cityrand, Innenstadtrand, Stadtrand und Nahbereich) in der jeweiligen Stadt liegen (▶ Tab. 1). Die IRB-Lagen des BBSR wurden folglich in enger Zusammenarbeit mit 40 (Groß-)Städten entwickelt und existieren heute für 45 deutsche (Groß-)Städte. Die IRB-Lagen unterscheiden Räume nach ihrer Zentralität und weisen jedem Stadtteil einen Lagetyp zu.

Tab. 1: Beschreibung der IRB-Lagen

| IRB-Lage | Beschreibung |
| --- | --- |
| City | Was als »Zentrum« von der Stadt ausgewiesen wird. |
| Cityrand | Was nach vorgegebener Abgrenzung in der Selbstdarstellung der Städte als »Innenstadt« angegeben wird. |
| Innenstadt | An die Innenstadt angrenzender Ring, erfasst Erweiterungsschübe der Gründerzeit (»Neustadt«). |
| Stadtrand | Das verbleibende Stadtgebiet. |
| Nahbereich | Gehört nicht mehr zur Stadt. |

Quelle: Sturm 2007, 16

## 1.4 Messung stadtaffiner Branchen

Zur Messung der stadtaffinen produzierenden Branchen wird die WZ-Klassifikation 2008 der Wirtschaftszweige des Statistischen Bundesamtes zugrunde gelegt. Die Zuordnung erfolgt, wenn vorhanden, unter Bezug auf bestehende Zuordnungen der einschlägigen Fachliteratur, die für die Bereiche der IKT-Produktion, Spitzen- und hochwertige Technologie, Gesundheitswirtschaft und Kreativwirtschaft vorliegen (▶ Tab. 2 im Anhang) sowie durch eigene Einschätzung im Bereich des Handwerks (▶ Tab. 3 im Anhang).

Die Messung von *hochwertiger und Spitzentechnologie* erfolgt nach der Nomenklatur des ZEW (Legler/Frietsch 2006; ZEW 2013). Aus der Einteilung »Hightechbranchen« sind hier die Bereiche »Spitzentechnik im Verarbeitenden Gewerbe« und »hochwertige Technik im Verarbeitenden Gewerbe« (ZEW 2013, 3) berücksichtigt, da diese Bereiche mit der Produktion verbunden sind, in Abgrenzung zu den technologieintensiven Dienstleistern, die nicht in dieses Messkonzept eingehen. Hochwertige Technologie und Spitzentechnologie werden entsprechend ihrer Forschungsintensität zugeordnet: Hochwertige Technologie umfasst Wirtschaftszweige mit einer durchschnittlichen Forschungs- und Entwicklungsintensität von 2,5–7 %, bei der Spitzentechnologie liegt der Wert über 7 % (Legler/Frietsch 2006).[2]

Bei der Messung des *IKT*-Bereichs werden nur die produzierenden Wirtschaftszweige berücksichtigt, die als solche bereits vom ZEW (2013) als »IKT-Hardware« ausgewiesen werden. Entsprechend der unterschiedlichen Einzugsfelder der hier verwendeten Definitionen findet der IKT-Bereich »Software« in der weiten Definition Berücksichtigung und geht hier als (potenziell) seriell gefertigtes digitales Gut in die Messung ein. Dabei ist uns bewusst, dass nicht jede Software auch seriell gefertigt wird. Zu bemerken ist, dass der Bereich »Software« abgegrenzt ist von dem Bereich »IKT-Dienstleistung«, sodass hier keine reine Dienstleistung gemessen wird, sondern immer ein Produkt hervorgeht.

Eine Übersicht relevanter Bereiche in der *Gesundheitswirtschaft* findet sich beim IAT (Fretschner/Hilbert 2002). Die für unsere Betrachtung relevanten Bereiche der pharmazeutischen Industrie, Biotechnologie, Medizin- und Gerontotechnik und das Gesundheitshandwerk werden nach eigenem Ermessen den WZ-Klassen zugeordnet.

Die Messung der *Kreativwirtschaft*, die Gegenstand zahlreicher Untersuchungen ist, erfolgt in Anlehnung an die Studie des BMWi (2012). Auch hier wird für jede WZ-Kategorie entschieden, ob diese durch eine im Schwerpunkt produzierende Tätigkeit im Kreativbereich belegt ist. Eine detaillierte Zuordnung von Branchen und WZ-Kategorien findet sich im Anhang (▶ Tab. 2 und 3) und in Piegeler/Spars (2019).

---

2 Als Intensität gemessen wird der prozentuale Anteil am Umsatz, der als Ausgabe für Forschung und Entwicklung aufgewendet wird. Betrachtet wird der Durchschnitt einer Branche.

## 2 Daten und Methode der empirischen Auswertung

Grundlage für die statistischen Auswertungen sind die Daten des Unternehmensregisters 2012 der Statistischen Ämter der Länder. Die Statistik ermöglicht eine detaillierte Betrachtung der Produktion nach WZ-Mehrstellern und damit eine Neusortierung der Klassen. Diese Neusortierung erfolgt anhand der im Anhang aufgeführten Wirtschaftszweige (▶ Tab. 2 und 3), die die Gesamtheit der stadtaffinen Branchen quantitativ misst.

Die Zahlen des Unternehmensregisters der Statistischen Ämter der Länder weisen für die aufgeführten Wirtschaftszweige die Anzahl der Unternehmen sowie die Anzahl der Beschäftigten aus. Um die ausgewiesene Anzahl bezogen auf eine Stadt in ihrer Höhe bewerten zu können, bietet sich das Bilden von Verhältniszahlen an, welche die absolute Anzahl auf einen bundesweiten oder landesweiten Vergleichswert beziehen. Da die Maßzahl eine Aussage über die relative Intensität – hier von Urbaner Produktion bzw. stadtaffiner Branchen – trifft, ist der *Standortkoeffizient* ein geeignetes Maß für die regionale Konzentration von Wirtschaftsbereichen. Formal lässt sich der Standortkoeffizient $c$ wie folgt darstellen:

$$\text{Standortkoeffizient } c = \frac{\sum N_{ij}}{\sum N_j} \div \frac{\sum N_{iG}}{\sum N_G}$$

Hierbei steht $N$ im Allgemeinen für die Anzahl (sowohl für die Anzahl der Unternehmen wie gleichermaßen für die Anzahl der Beschäftigten), mit der Branche $i = 1 \ldots n$, der Region (hier: kreisfreie Stadt in NRW, Hamburg) $j = 1 \ldots m$ und mit $G$ für die Gesamtheit, auf die die kommunalen Werte bezogen werden sollen (hier Deutschland und alternativ NRW).

Der Standortkoeffizient setzt den Anteil der Unternehmen (Beschäftigten) einer Branche in einer Stadt an deren Gesamtzahl an Unternehmen (Beschäftigten) ins Verhältnis zum bundes- respektive landesweiten Mittel an Unternehmen (Beschäftigten) der Branche, ebenfalls anteilig betrachtet. Folglich zeigt eine Maßzahl über (unter) 1 eine überdurchschnittliche (unterdurchschnittliche) Konzentration der betreffenden Wirtschaftsbereiche und ein Koeffizient von 1 zeigt an, dass die betrachtete Einheit (hier: kreisfreie Stadt in NRW, Hamburg) in Bezug auf ihre Branchenintensität dem bundes- respektive landesweiten Mittel exakt entspricht.

Nach hier vorliegender Definition visualisiert Abb. 1 genau dann die *Urbane Produktion*, wenn die Unternehmen, welche zu den aufgeführten Wirtschaftsbereichen zählen, auch im urbanen Raum ansässig sind. Ohne diese notwendige Bedingung des Standorts im urbanen Raum werden lediglich stadtaffine produzierende Branchen nach Wirtschaftsbereichen erfasst, aber keine Urbane Produktion als solche gemessen. Das Unternehmensregister der Statistischen Ämter der Länder gibt leider keine Information über den Standort des Unternehmens frei. So ist es aufgrund von Datenlimitation nicht möglich, die produzierenden Unternehmen zu verorten.

Die folgenden Auswertungen sind somit immer unter der Beschränkung zu lesen, dass nicht Urbane Produktion direkt gemessen, sondern vielmehr eine größere Menge an Unternehmen betrachtet wird, von denen ein verhältnismäßig großer Anteil mit erhöhter Wahrscheinlichkeit auch im urbanen Raum ansässig ist. Erhöht ist die Wahrscheinlichkeit deshalb – und damit ist letztlich eine solche Auswertung sinnvoll –, da die untersuchten Wirtschaftsbereiche nach vorangegangener Argumentation als stadtaffin detektiert wurden. Es wird somit ein Potenzial an stadtaffinen Unternehmen gemessen – und zwischen den Städten verglichen –, das dabei helfen kann, Strategien der Wiederbelebung leer gelaufener Gewerbestandorte oder der Entwicklung neuer gewerblicher Agglomerationen im urbanen Raum abzuleiten. Denn wenn das Potenzial einer stadtaffinen Produktion in einer Stadt nicht bekannt ist, kann man im Rahmen der Wirtschaftsförderungsstrategien und der Ansiedlungspolitik auch nicht damit arbeiten. Überdies liegt ein Vorteil dieser Betrachtungen in der systematischen Analyse dieser Daten der Statistischen Ämter der Länder, sodass hier eine Analyse stadtaffiner Branchen für alle kreisfreien Städte NRWs durchgeführt werden konnte.

# 3 Deskriptive Statistik: Ergebnisse der Analyse stadtaffiner Branchen

Abb. 4 zeigt die wirtschaftliche Relevanz stadtaffiner produzierender Branchen auf. Von den in Deutschland gut vier Millionen Unternehmen ist fast jedes sechste Unternehmen (17,2 %, n = 694 435) nach unserer Nomenklatur stadtaffin. Für NRW liegt der Anteil vergleichbar bei 16,58 %. Dies entspricht einer Zahl von 134 722 Unternehmen bei insgesamt 812 715 Unternehmen in NRW. Gleichzeitig ist auch jede:r sechste Mitarbeiter:in in einem Unternehmen einer stadtaffinen Branche beschäftigt.

Welche Städte in NRW weisen bei Unternehmen und Beschäftigten einen besonders hohen Anteil an stadtaffinen Branchen aus? Zur Beurteilung wird hier der Standortkoeffizient verwendet. Da das diesem Beitrag zugrunde liegende Forschungsprojekt »Gewerbe in der Stadt« neben dem Fallbeispiel Hamburg seinen Analyseschwerpunkt in NRW hat, wird zum einen das Niveau des Bundesgebiets und alternativ das Niveau NRWs als Durchschnittsmaß angesetzt. Abb. 5 zeigt die Standortkoeffizienten für alle kreisfreien Städte in NRW und Hamburg. Hierbei wird der Standortkoeffizient auf Basis der Anzahl der Unternehmen dargestellt, einmal bezogen auf den durchschnittlichen Anteil in Deutschland (blau) und in NRW (hellblau). Zusätzlich sind die Standortkoeffizienten nach der Anzahl der Beschäftigten ausgewiesen, analog im Verhältnis zum gesamtdeutschen Anteil der Beschäftigung in stadtaffinen Branchen (grau) sowie im Verhältnis zum Anteil in NRW (hellgrau).

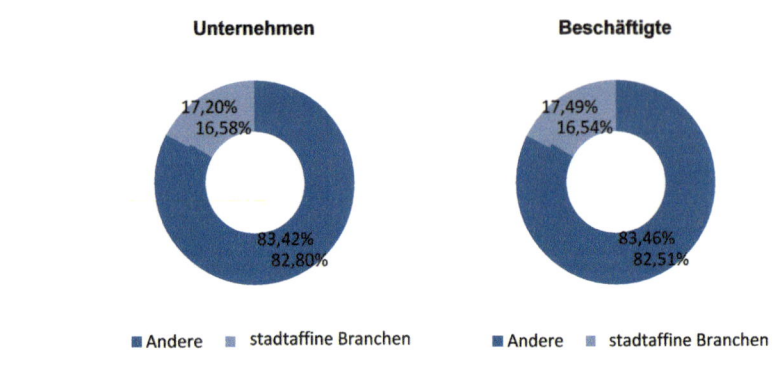

**Abb. 4:** Stadtaffine produzierende Branchen in absoluten Zahlen und in Anteilen, gemessen an Unternehmen und Beschäftigten in Deutschland (außen) und NRW (innen) (eigene Darstellung; Daten: FDZ der Statistischen Ämter des Bundes und der Länder, Unternehmensstatistik 2013, eigene Berechnungen).

Zunächst zeigt sich allgemein, dass die ausgewiesenen Koeffizienten hinsichtlich der Anzahl der Unternehmen bezogen auf die NRW-Gesamtheit *größer* sind als bezogen auf Deutschland. Dies bedeutet, dass der Anteil stadtaffiner Branchen an allen Unternehmen insgesamt für NRW (16,58 %) etwas *geringer* ausfällt als in der gesamtdeutschen Betrachtung (17,2 %). Dies gilt gleichermaßen für die Beschäftigung in stadtaffinen Branchen (Deutschland 17,49 %, NRW 16,54 %) (▶ Abb. 4).

Angeführt wird das Ranking in Abb. 5 durch die Städte des Bergischen Städtedreiecks, Solingen, Remscheid und Wuppertal. Diese und die anderen Städte wie Oberhausen, Mönchengladbach, Krefeld, Köln und Aachen, die einen Standortkoeffizienten größer 1 ausweisen, verfügen über einen überproportionalen Anteil von Unternehmen in stadtaffinen produzierenden Branchen. Im Einzelnen zeigt sich, dass der Standortkoeffizient (gebildet über die Anzahl der Unternehmen) von Wuppertal einen deutlich überproportionalen Anteil von Unternehmen in stadtaffinen Branchen ausweist, Krefeld etwa dem Durchschnitt entspricht, der für Deutschland und NRW recht eng beieinander liegt, und die das Ruhrgebiet vertretenden Städte Dortmund, Duisburg, Bochum und insbesondere Essen deutlich unterproportionale Anteilsverhältnisse der Unternehmen in stadtaffinen Branchen aufweisen.

Wird die Anzahl der Beschäftigten als alternatives Maß der Bestimmung des Standortkoeffizienten für stadtaffine Branchen zugrunde gelegt, verändert sich die Rangfolge deutlich. Dortmund und Krefeld weisen einen überproportionalen

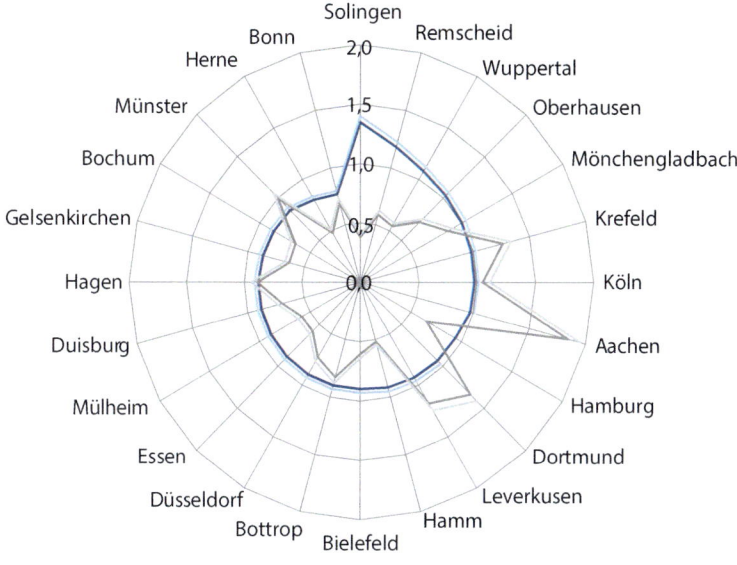

Abb. 5: Standortkoeffizienten für stadtaffine produzierende Branchen nach Anzahl der Unternehmen und nach Beschäftigten der kreisfreien Städte NRWs sowie Hamburg. Die Darstellung ist geordnet nach dem Koeffizienten für die Anzahl der Unternehmen bei der Bezugsgröße Deutschland (eigene Darstellung; Datenquelle: FDZ der Statistischen Ämter des Bundes und der Länder, Unternehmensstatistik, 2013, eigene Berechnungen).

Anteil aus, während absteigend Duisburg, Bochum, Essen und Wuppertal unterproportional vertreten sind. Die Information über die relative Anzahl der Unternehmen und der Beschäftigten lässt Schlüsse auf die Größenstruktur der Unternehmen in den Städten zu und unsere Ergebnisse lassen sich wie folgt interpretieren: Wuppertal verfügt – verglichen mit den anderen Städten – über eine kleinteiligere Unternehmensstruktur in den stadtaffinen produzierenden Branchen. Gleiches gilt für die Städte Solingen und Remscheid, in denen eine relativ hohe Unternehmensanzahl einer relativ niedrigen Beschäftigungsanzahl gegenüber steht. Die Unternehmen aus stadtaffinen Branchen haben also in diesen Städten einen eher geringen Arbeitsplatzeffekt. Demgegenüber verfügen die Städte Krefeld und Dortmund über einen hohen Beschäftigtenanteil in den stadtaffinen Branchen bei einem durchschnittlichen Anteil stadtaffiner Unternehmen. Hier verbinden sich mit den Unternehmen aus stadtaffinen Branchen besonders starke Arbeitsplatzeffekte. Die höchste Beschäftigungsintensität bei durchschnittlichem Unternehmensanteil in stadtaffinen produzierenden Branchen zeigt Aachen.

Es werden nun die Anteile der Unternehmen und der Beschäftigten gegenübergestellt. Diese vergleichende Betrachtung gibt Aufschluss über die Beschäftigungswirksamkeit der einzelnen stadtaffinen Branchen, die wir bislang in Summe betrachtet haben (▶ Abb. 5). So stellen sich insbesondere die Spitzentechnologie und die hochwertigen Technologien als *beschäftigungsstark* dar. Bei der Spitzentechnologie liegen die Anteile der Beschäftigten mit 5 % (NRW) respektive 8 % (Deutschland) deutlich über den Unternehmensanteilen von 1 % respektive 2 %. Im Bereich der hochwertigen Technologien stehen Unternehmensanteilen von 4 % (NRW) respektive 3 % (Deutschland) Beschäftigungsanteile von 14 % respektive 15 % gegenüber. Deutlich *beschäftigungsschwach* zeigt sich der Bereich der Kreativwirtschaft sowohl in NRW als auch im Bundesdurchschnitt mit einem fast viermal geringeren Anteil an Beschäftigung (4 %) im Vergleich zum Anteil der Unternehmenszahl (15 %), was die bekannte Kleinteiligkeit in diesem Wirtschaftssegment bestätigt. Das größte Segment der stadtaffinen Branchen stellt das Handwerk dar, was sich sowohl bei der Unternehmensanzahl (69 % in NRW und bezogen auf Deutschland) wie der Anzahl der Beschäftigten (NRW: 63 %, Deutschland: 57 %) zeigt. Bezüglich des Beschäftigungsanteils fällt auf, dass dieser in NRW um sechs Prozentpunkte höher liegt als im Bundesdurchschnitt. Dieser statistische Wert unterstreicht die Bedeutung des Handwerks in der Betrachtung stadtaffiner produzierender Branchen im Land NRW. Zudem bestätigen die Zahlen die Kleinteiligkeit der Unternehmensstruktur und eine geringe Arbeitsplatzwirksamkeit, wie es für das Handwerk typisch ist.

Wie stellen sich die kreisfreien Städte in NRW hinsichtlich der einzelnen stadtaffinen Branchen dar? Ein überproportionales (unterproportionales) Gesamtmaß über alle stadtaffinen Branchen, wie es in Abb. 5 analysiert wurde, bedeutet nicht zwangsläufig eine Überproportionalität (Unterproportionalität) in allen Branchen. Über die Anteilsverteilung der einzelnen stadtaffinen produzierenden Branchen aller kreisfreien Städte in NRW plus Hamburg gibt Abb. 6 Aufschluss. Sie zeigt die Anzahl der Unternehmen der Wirtschaftsbereiche IKT, Spitzentechnologie, hochwertige Technologie, Gesundheitswirtschaft und Kreativwirtschaft bezogen auf die Gesamtzahl aller Unternehmen in der jeweiligen Stadt.[3] Die Abbildung dient primär dazu, eine Rangfolge der Städte untereinander hinsichtlich der Unternehmensanzahl innerhalb der einzelnen stadtaffinen Branchen aufzuzeigen. Herausragend ist hierbei die Stadt Aachen, in allen Bereichen. Sie weist die höchsten Anteile in den Technologiebereichen sowie in der Gesundheitswirtschaft auf und nimmt bei der Kreativwirtschaft den 4. Rang ein, der sich immer noch deutlich von der Masse abhebt. Die Abbildung zeigt weiter, wie unterschiedlich sich die Anteile in den einzelnen stadtaffinen Branchen über alle kreisfreien Städte in NRW und damit über die Rangfolgen der Städte darstellen.

Insgesamt zeigen die Ergebnisse, dass zwischen den Städten eine enorme Varianz in der Ausstattung und der anteiligen Zusammensetzung stadtaffiner Branchen existiert. Zudem weisen die Ergebnisse auf den wesentlichen Einfluss des Handwerks in unserer Messung hin. Dies unterstreicht die Notwendigkeit einer gesonderten Studie für den Wirtschaftsbereich des Handwerks. Weitere empirische Auswertungen finden sich in Piegeler/Spars (2019).

---

3 Aus Gründen der Maßstäblichkeit wird das Handwerk in der Abbildung nicht berücksichtigt.

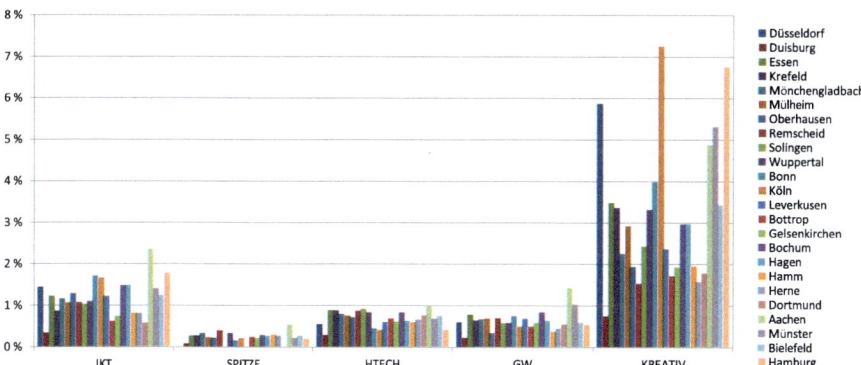

**Abb. 6:** Anzahl der Unternehmen einer einzelnen stadtaffinen Branche bezogen auf die Gesamtzahl der Unternehmen in der Stadt (eigene Darstellung; Datenquelle: FDZ der Statistischen Ämter des Bundes und der Länder, Unternehmensstatistik 2013, eigene Berechnungen).

# 4 Zusammenfassung und Diskussion der Ergebnisse

Dieser Beitrag schlägt zunächst eine Definition von Urbaner Produktion vor, die sich an einem engeren und einem weiteren Verständnis orientiert. Darüber hinaus wird ein Maß entwickelt, mit dessen Hilfe stadtaffine Branchen und deren Bedeutung gemessen und verglichen werden können. Damit können wiederum Hinweise auf das Potenzial von Urbaner Produktion in den Vergleichsräumen gegeben werden. Zur Messung der stadtaffinen Branchen werden spezifische WZ-Kategorien 2008 zur Einordnung der Produktion und die IRB-Lagen des BBSR zur Bestimmung der urbanen Lage verwendet. Das heterogene Konzept der stadtaffinen Branchen umfasst die produzierenden Bereiche der Branchen IKT, Spitzentechnologie, hochwertige Technologie, Gesundheitswirtschaft, Kreativwirtschaft und Handwerk. Das Konzept dient dazu, nicht nur die derzeit aus dem einen oder anderen Grund innerstädtisch gelegenen Produktionsbetriebe zu erfassen, sondern jene Unternehmen zu messen, die tatsächlich stadtaffin sind. Damit ermöglicht das Konzept, ein unternehmerisches Potenzial für die Urbane Produktion in den Vergleichsräumen zu erkennen, bei dem Wirtschafts- und Ansiedlungspolitik strategisch ansetzen können. Zudem ermöglicht das Konzept der stadtaffinen produzierenden Branchen empirische Analysen des sogenannten »Humus der Urbanen Produktion«, ein Behelf, quantitative Aussagen auch im Falle einer fehlenden Verortung der Produktionsstätten zunächst zuzulassen. Im Austausch bietet diese Analyse eine Empirie für eine große Beobachtungszahl, d. h. alle kreisfreien Städte in NRW plus den Stadtstaat Hamburg.

Die Ergebnisse dieser empirischen Analysen zu stadtaffinen produzierenden Branchen verdeutlichen deren hohe wirtschaftliche Relevanz. So entfallen etwa ein Sechstel aller Unternehmen und gleichzeitig ein Sechstel der Beschäftigung sowohl in Deutschland als auch in NRW auf die stadtaffinen Branchen. Aus ökonomischer Sicht ist es folglich sinnvoll, das Thema der Urbanen Produktion in dieser Form zu adressieren. Unser Beitrag zeigt ferner, dass es grundsätzlich nicht hinreichend ist, von »der« Urbanen Produktion zu sprechen: Entscheidungsträger sollten sich bewusst machen, dass Urbane Produktion ein sehr heterogenes Konstrukt ist, welches sich aus unterschiedlichen Bereichen der Wirtschaft speist. Die empirischen Analysen zu den stadtaffinen Branchen bestätigen diese Heterogenität. Im Vergleich ist bspw. die Spreizung in der Unternehmensgröße stadtaffiner Branchen mehr als doppelt so hoch wie die Spreizung der Unternehmensgröße aller Wirtschaftszeige.

Hieraus folgt, dass sich eine mögliche Förderung von Urbaner Produktion auf bestimmte Teilbereiche beziehen und unter Berücksichtigung der regionalen bzw. lokalen Spezifika erfolgen kann und vielleicht auch sollte. Unsere Arbeit trägt ganz erheblich zum Verständnis dieser Teilbereiche und dieser Spezifika bei. So zeigt diese Analyse bzgl. der Unternehmensstruktur und der Arbeitsplatzeffekte bspw. die hochwertige Technologie und Spitzentechnologie als besonders beschäftigungsstark auf. Dabei gibt die Studie Hinweise darauf, dass in dem Bereich der Spitzentechnologie wie auch der Gesundheitswirtschaft kleinteiligere Unternehmensstrukturen in NRW vorliegen als im Vergleich zu Gesamtdeutschland. Beschäftigungsschwach hingegen zeigt sich im Allgemeinen die produzierende Kreativwirtschaft.

In jedem Falle macht die intensive Untersuchung der empirischen Basis deutlich, wie differenziert und heterogen die Strukturen und das Niveau des Potenzials an stadtaffinen Branchen für die Urbane Produktion in den einzelnen Städten sind. Daher sollte die Wirtschaftspolitik auf kommunaler Ebene oder in den Ländern auf die Passgenauigkeit ihrer Ansätze und Instrumente achten.

Die Stadtaffinität der Wirtschaft stellt eine Grundvoraussetzung für die Urbane Produktion dar. Die vorhandenen »urbanen Lagen« bilden jedoch eine andere Voraussetzung. Städte, die in dieser Untersuchung der stadtaffinen Unternehmen gut abschneiden, können bei der planerischen Gestaltung von innerstädtischen Brachen und anderen urbanen Transformationsarealen sowie bei der Weiterentwicklung von Gewerbegebieten bewusst darauf achten, dass sie diese Potenziale berücksichtigen und deren räumliche und infrastrukturelle Bedürfnisse beachten.

Unser Messkonzept stellt ein nützliches Werkzeug für eine erste und vergleichende Betrachtung der Potenziale von Urbaner Produktion für Kommunen dar. Zur Vervollständigung des Bildes sollte diese als erster Schritt zu verstehende, eher »theoretische« Annäherung an die Vielfalt Urbaner Produktion durch eine »praktische« Ermittlung der Stadtaffinität der Branchen, bspw. durch Unternehmensbefragungen, ergänzt werden.

# Quellen

BMI – Bundesministerium des Inneren, für Bau und Heimat (2007): Charta von Leipzig. https://www.bmu.de/fileadmin/Daten_BMU/Download_PDF/Nationale_Stadtentwicklung/leipzig_charta_de_bf.pdf [Zugriff: 10.3.2021]

BMWi (2012): Monitoring zu ausgewählten wirtschaftlichen Eckdaten der Kultur- und Kreativwirtschaft. Berlin: Bundesministerium für Wirtschaft und Energie (BMWi). https://www.bmwi.de/Redaktion/DE/Publikationen/Mittelstand/monitoring-zu-ausgewaehlten-wirtschaftlichen-eckdaten-der-kultur-und-kreativwirtschaft-2012.pdf [Zugriff: 10.3.2021]

Böhmermann, T.; Krcmar, H. (2007): Hybride Produkte: Merkmale und Herausforderungen, in: Bruhn, M.; Strauss, B. (Hrsg.): Wertschöpfungsprozesse bei Dienstleistungen. Wiesbaden, 239–255

Brandt, M.; Gärtner, S.; Meyer, K. (2017): Urbane Produktion. Ein Versuch der Begriffsdefinition (Forschung Aktuell 08/2017). Gelsenkirchen: IAT. https://www.iat.eu/forschung-aktuell/2017/fa2017-08.pdf [Zugriff: 10.03.2021]

Fretschner, R.; Hilbert, J. (2002). Die Entwicklung der Gesundheitswirtschaft: Struktur, Beschäftigung und Zukunftsperspektiven. Bielefeld: Weiterbildendes Fernstudium »Angewandte Gesundheitswissenschaften«, Studientext Nr. 16

KuWi (2008). Kulturwirtschaft Berlin – Entwicklungen und Potenziale. Berlin: Senatsverwaltung für Wirtschaft, Technologie und Frauen; Senatskanzlei – Kulturelle Angelegenheiten, Senatsverwaltung für Stadtentwicklung. https://www.berlin.de/sen/kultur/_assets/kulturpolitik/kuwi_bericht_2008_100.pdf [Zugriff 10.3.2021]

Läpple, D. (2013): Produktion zurück in die Stadt?, in: Kronauer, M.; Siebel, W. (Hrsg.): Polarisierte Städte – Soziale Ungleichheit als Herausforderung für die Stadtpolitik. Frankfurt/NY: Campus

Legler, H.; Frietsch, R. (2006): Neuabgrenzung der Wissenswirtschaft – forschungsintensive Industrien und wissensintensive Dienstleistungen (NIW/ISI-Listen 2006) (Studien zum deutschen Innovationssystem 22-2007). Karlsruhe: Fraunhofer ISI http://publica.fraunhofer.de/eprints/urn_nbn_de_0011-n-610233.pdf [Zugriff: 10.3.2021]

Lentes, M. (2017): Urban Biomanufacturing: Will Making Biologics in Cities Become Fashionable? biopharma-reporter William Reed Business Media SAS.

Piegeler, M.; Spars, G. (2019): Urbane Produktion – Konzept und Messung (Schumpeter Discussion Papers, SDP 2019-001). http://elpub.bib.uni-wuppertal.de/edocs/dokumente/fbb/wirtschaftswissenschaft/sdp/sdp19/sdp19001.pdf [Zugriff: 10.3.2021]

Sturm, G. (Hrsg.) (2007): Innerstädtische Raumbeobachtung: Methoden und Analysen (Berichte des BBR 25). Bonn: Bundesamt für Bauwesen und Raumordnung (BBR). https://nbn-resolving.org/urn:nbn:de:0168-ssoar-58554-6

ZEW (2013): Junge Hightech Unternehmen trumpfen auf. Technischer Anhang zum Bericht 2013. KfW/ZEW-Gründungspanel 6. https://www.kfw.de/PDF/Download-Center/Konzernthemen/Research/PDF-Dokumente-KfW-ZEW-Gr%C3%BCndungspanel/KfWZEW-Gr%C3%BCndungspanel_Technischer-Anhang.pdf [Zugriff: 10.3.2021]

# Anhang: Zuordnung der Wirtschaftszweige der WZ-Kategorien (2008) zu den Wirtschaftsbereichen einer Urbanen Produktion

Tab. 2: Zuordnung der Wirtschaftszweige der Klassifikation des Deutschen Statistischen Bundesamtes 2008 zu den Wirtschaftsbereichen Urbaner Produktion

| | |
|---|---|
| **IKT Produktion (Informations- und Kommunikationstechnologie)** (nach ZEW 2013) | |
| 26.1 | Herstellung von elektronischen Bauelementen und Leiterplatten |
| 26.2 | H. v. Datenverarbeitungsgeräten und peripheren Geräten |
| 26.3 | H. v. Geräten und Einrichtungen der Telekommunikationstechnik |
| 26.4 | H. v. Geräten der Unterhaltungselektronik |
| 26.51 | H. v. Mess-, Kontroll-, Navigations- u. ä. Instrumenten und Vorrichtungen |
| 27.31 | H. v. Glasfaserkabeln |
| 27.32 | H. v. sonstigen elektronischen und elektrischen Drähten und Kabeln |
| 28.23 | H. v. Büromaschinen (ohne Datenverarbeitungsgeräte und periphere Geräte) |
| 62.01 | Programmierungstätigkeiten |
| **Forschungsintensive Industrien** (Legler/Frietsch 2006; ZEW 2013) | |
| | **Spitzentechnologie** |
| 20.20 | H. v. Schädlingsbekämpfungs-, Pflanzenschutz- und Desinfektionsmitteln |
| 21.10 | H. v. pharmazeutischen Grundstoffen |
| 21.20 | H. v. pharmazeutischen Spezialitäten und sonstigen pharmazeutischen Erzeugnissen |
| 25.4 | H. v. Waffen und Munition |
| 26.11 | H. v. elektronischen Bauelementen |
| 26.20 | H. v. Datenverarbeitungsgeräten und peripheren Geräten |
| 26.30 | H. v. Geräten und Einrichtungen der Telekommunikationstechnik |
| 26.51 | H. v. Mess-, Kontroll-, Navigations- u. ä. Instrumenten und Vorrichtungen |
| 26.60 | H. v. Bestrahlungs- und Elektrotherapiegeräten und elektromedizinischen Geräten |
| 26.70 | H. v. optischen und fotografischen Instrumenten und Geräten |
| 29.31 | Herstellung elektrischer und elektronischer Ausrüstungsgegenstände für Kraftwagen |
| 30.30 | Luft- und Raumfahrzeugbau |
| 30.40 | H. v. militärischen Kampffahrzeugen |

**Tab. 2:** Zuordnung der Wirtschaftszweige der Klassifikation des Deutschen Statistischen Bundesamtes 2008 zu den Wirtschaftsbereichen Urbaner Produktion – Fortsetzung

| | **Hochwertige Technologien** |
|---|---|
| 20.13 | H. v. sonstigen anorganischen Grundstoffen und Chemikalien |
| 20.14 | H. v. sonstigen organischen Grundstoffen und Chemikalien |
| 20.52 | H. v. Klebstoffen |
| 20.53 | H. v. etherischen Ölen |
| 20.59 | H. v. sonstigen chemischen Erzeugnissen a. n. g. |
| 22.11 | Herstellung und Runderneuerung von Bereifungen |
| 22.19 | H. v. sonstigen Gummiwaren |
| 23.19 | Herstellung, Veredlung und Bearbeitung von sonstigem Glas einschließlich technischen Glaswaren |
| 26.12 | H. v. bestückten Leiterplatten |
| 26.4 | H. v. Geräten der Unterhaltungselektronik |
| 27.11 | H. v. Elektromotoren, Generatoren und Transformatoren |
| 27.2 | H. v. Batterien und Akkumulatoren |
| 27.4 | H. v. elektrischen Lampen und Leuchten |
| 27.51 | H. v. elektrischen Haushaltsgeräten |
| 27.9 | H. v. sonstigen elektrischen Ausrüstungen und Geräten a. n. g. |
| 28.11 | H. v. Verbrennungsmotoren und Turbinen (ohne Motoren für Luft-und Straßenfahrzeuge) |
| 28.12 | H. v. hydraulischen und pneumatischen Komponenten und Systemen |
| 28.13 | H. v. Pumpen und Kompressoren a. n. g. |
| 28.15 | H. v. Lagern, Getrieben, Zahnrädern und Antriebselementen |
| 28.23 | H. v. Büromaschinen (ohne Datenverarbeitungsgeräte und periphere Geräte |
| 30.20 | Schienenfahrzeugbau |
| 32.50 | H. v. medizinischen und zahnmedizinischen Apparaten und Materialien |
| | **Software** |
| 62.01 | Software |
| **Gesundheitswirtschaft nach Institut für Arbeit und Technik (»3. Ring«) (Fretschner/ Hilbert 2002)** | |
| 21 | H. v. pharmazeutischen Erzeugnissen |
| 72.1 | Forschung und Entwicklung im Bereich Natur-, Ingenieur-, Agrarwissenschaften und Medizin |

**Tab. 2:** Zuordnung der Wirtschaftszweige der Klassifikation des Deutschen Statistischen Bundesamtes 2008 zu den Wirtschaftsbereichen Urbaner Produktion – Fortsetzung

| | |
|---|---|
| 26.6 | H. v. Bestrahlungs- und Elektrotherapiegeräten und elektromedizinischen Geräten |
| 32.5 | H. v. medizinischen und zahnmedizinischen Apparaten und Materialien |
| 72.11 | Forschung und Entwicklung im Bereich Biotechnologie |
| 72.19 | Sonstige Forschung und Entwicklung im Bereich Natur-, Ingenieur-, Agrarwissenschaften und Medizin |
| **Kreativwirtschaft** (KuWi 2008; BMWi 2012) | |
| 18.14.0 | Binden von Druckerzeugnissen und damit verbundene Dienstleistungen |
| 32.20.0 | H. v. Musikinstrumenten |
| 58.14.0 | Verlegen von Zeitschriften |
| 58.13.0 | Verlegen von Zeitungen |
| 58.11.0 | Verlegen von Büchern |
| 58.21 | Verlegen von Computerspielen |
| 58.29 | Verlegen von sonstiger Software |
| 59.11.0 | H. v. Filmen, Videofilmen und Fernsehprogrammen |
| 59.20.1 | Tonstudios und H. v. Hörfunkbeiträgen |
| 59.20.2 | Verlegen von bespielten Tonträgern |
| 59.20.3 | Verlegen von Musikalien |
| 90.03.4 | Selbstständige Restaurator:innen |
| 71.11.1 | Architekturbüros für Hochbau |
| 71.11.2 | Büros für Innenarchitektur |
| 71.11.3 | Architekturbüros für Orts-, Regional- und Landesplanung |
| 71.11.4 | Architekturbüros für Garten- und Landschaftsgestaltung |
| 74.1 | Ateliers für Textil-, Schmuck-, Grafik- u. ä. Design (gesamt) |
| 74.2 | Fotografie und Fotolabors (gesamt) |
| 32.1 | H. v. Münzen, Schmuck und ähnlichen Erzeugnissen (gesamt) |
| 90.03.1 | Selbstständige Komponist:innen, Musikbearbeiter:innen |
| 90.03.2 | Selbstständige Schriftsteller:innen |
| 90.02.0 | Erbringung von Dienstleistungen für die darstellende Kunst |
| 90.03.3 | Selbstständige bildende Künstler:innen |
| **Urban Farming/Urban Gardening** | |
| 01.13 | Anbau von Gemüse und Melonen sowie Wurzeln und Knollen |

**Tab. 2:** Zuordnung der Wirtschaftszweige der Klassifikation des Deutschen Statistischen Bundesamtes 2008 zu den Wirtschaftsbereichen Urbaner Produktion – Fortsetzung

| | |
|---|---|
| 01.15 | Anbau von Tabak |
| 01.25 | Anbau von sonstigem Obst und Nüssen |
| 01.27 | Anbau von Pflanzen zur H. v. Getränken |
| 01.28 | Anbau von Gewürzpflanzen, Pflanzen für aromatische, narkotische und pharmazeutischen Zwecke |
| 01.29 | Anbau sonstiger mehrjähriger Pflanzen |
| 01.45 | Haltung von Schafen und Ziegen |
| 01.47 | Haltung von Geflügel |
| 03.2 | Aquakultur |
| 01.19.1 | Anbau von Zierpflanzen zum Schnitt |
| 01.19.2 | Erzeugung von Blumensamen |
| 01.30.1 | Anbau von Zierpflanzen, Beet- und Balkonpflanzen |

**Tab. 3:** Zuordnung der WZ-Kategorien zu den Gewerken der Handwerksrolle

| Handwerk, produzierend | | |
|---|---|---|
| Gewerk nach Handwerksrolle | WZ 2008* | Beschreibung des Wirtschaftszweiges nach WZ-Klassifikation 2008 |
| **Anlage A (zulassungspflichtig)** | | |
| Steinmetze und Steinbildhauer | 23.70.0 | Be- und Verarbeitung von Naturwerksteinen und Natursteinen a. n. g. |
| Stuckateure | 43.31.0 | Anbringen von Stuckaturen, Gipserei und Verputzerei |
| Metallbauer | 25 | H. v. Metallerzeugnissen (gesamt) |
| Chirurgiemechaniker | 32.50.1 | H. v. medizintechnischen Apparaten und Materialien a. n. g. |
| Karosserie- und Fahrzeugbauer | 29 | H. v. Kraftwagen und Kraftwagenteilen |
| Feinwerkmechaniker | 28.4 | H. v. Werkzeugmaschinen |
| | 25 | H. v. Metallerzeugnissen (gesamt) |
| Zweiradmechaniker | 30.91.0 | H. v. Krafträdern |
| | 30.92.0 | H. v. Fahrrädern sowie von Behindertenfahrzeugen |
| Kälteanlagenbauer | 28.25.0 | H. v. kälte- und lufttechnischen Erzeugnissen, nicht für den Haushalt |

**Tab. 3:** Zuordnung der WZ-Kategorien zu den Gewerken der Handwerksrolle – Fortsetzung

| | | |
|---|---|---|
| Büchsenmacher | 25.40.0 | H. v. Waffen und Munition |
| Elektrotechniker | 27.12.0 | H. v. Elektrizitätsverteilungs- und -schalteinrichtungen |
| Elektromaschinenbauer | 27.12.0 | H. v. Elektrizitätsverteilungs- und -schalteinrichtungen |
| Elektroniker für Maschinen- und Antriebstechnik | 28.15.0 | H. v. Lagern, Getrieben, Zahnrädern und Antriebselementen |
| Tischler | 43.32.0 | Bautischlerei und -schlosserei; |
| | 31.01 | H. v. Büro- und Ladenmöbeln |
| | 31.02.0 | H. v. Küchenmöbeln |
| | 31.09.9 | H. v. sonstigen Möbeln a. n. g. |
| Boots- und Schiffbauer | 30.1 | Schiff- und Bootsbau |
| Seiler | 13.94.0 | H. v. Seilerwaren |
| Bäcker | 10.7 | H. v. Back- und Teigwaren |
| Konditoren | 10.82.0 | H. v. Süßwaren (ohne Dauerbackwaren) |
| | 10.7 | H. v. Back- und Teigwaren |
| Fleischer | 10.1 | Schachten und Fleischverarbeitung |
| Augenoptiker | 47.78.1 | Augenoptiker |
| Hörgeräteakustiker | 32.50.0 | H. v. medizintechnischen Apparaten und Materialien a. n. g. |
| Orthopädietechniker | 32.50.2 | H. v. orthopädischen Erzeugnissen |
| Orthopädieschuhmacher | 32.50.2 | H. v. orthopädischen Erzeugnissen |
| Zahntechniker | 32.50.3 | Zahntechnische Laboratorien |
| Glasbläser und Glasapparatebauer | 23.19.0 | Herstellung, Veredlung und Bearbeitung von sonstigem Glas einschließlich technischer Glaswaren |
| **Anlage B Abschnitt 1 (zulassungsfrei)** | | |
| Betonstein- und Terrazzohersteller | 23.6 | H. v. Erzeugnissen aus Beton, Zement und Gips |
| Behälter- und Apparatebauer | 25.91.0 | H. v. Fässern, Trommeln, Dosen, Eimern u. ä. Behältern aus Metall |
| Uhrmacher | 26.52.0 | H. v. Uhren |
| Metallbildner | 32.1 | H. v. Münzen, Schmuck und ähnlichen Erzeugnissen |
| | 25.61.0 | Oberflächenveredlung und Wärmebehandlung |

Anhang: Zuordnung der Wirtschaftszweige der WZ-Kategorien (2008)

**Tab. 3:** Zuordnung der WZ-Kategorien zu den Gewerken der Handwerksrolle – Fortsetzung

| | | |
|---|---|---|
| Galvaniseure | 25.61.0 | Oberflächenveredlung und Wärmebehandlung |
| Metall- und Glockengießer | 24.5 | Gießereien |
| Schneidwerkzeugmechaniker | 25.71.0 | H. v. Schneidwaren und Bestecken aus unedlen Metallen |
| | 25.73 | H. v. Werkzeugen |
| Gold- und Silberschmiede | 32.12 | H. v. Schmuck, Gold- und Silberschmiedewaren (ohne Fantasieschmuck) |
| Modellbauer | 24.5 | Gießereien |
| | 16.29.0 | H. v. Holzwaren a. n. g., Kork-, Flecht- und Korbwaren (ohne Möbel) |
| Drechsler (Elfenbeinschnitzer) und Holzspielzeugmacher | 16.29.0* | H. v. Holzwaren a. n. g., Kork-, Flecht- und Korbwaren (ohne Möbel) |
| Holzbildhauer | 16.29.0 | H. v. Holzwaren a. n. g., Kork-, Flecht- und Korbwaren (ohne Möbel) |
| Böttcher | 16.29.0 | H. v. Holzwaren a. n. g., Kork-, Flecht- und Korbwaren (ohne Möbel) |
| Korb- und Flechtwerkgestalter | 16.29.0 | H. v. Holzwaren a. n. g., Kork-, Flecht- und Korbwaren (ohne Möbel) |
| Maßschneider | 74.1 | Ateliers für Textil-, Schmuck-, Grafik- u. ä. Design |
| Textilgestalter (Sticker, Weber, Klöppler, Posamentierer, Stricker) | 74.1 | Ateliers für Textil-, Schmuck-, Grafik- u. ä. Design |
| Modisten | 74.1 | Ateliers für Textil-, Schmuck-, Grafik- u. ä. Design |
| Segelmacher | 13.10.0 | Spinnstoffaufbereitung und Spinnerei |
| | 13.20.0 | Weberei |
| | 13.91.0 | H. v. gewirktem und gestricktem Stoff |
| | 13.96.0 | H. v. technischen Textilien |
| Kürschner | 14.11.0 | H. v. Lederbekleidung |
| | 15.11.0 | H. v. Leder und Lederfaserstoff; Zurichtung und Färben von Fellen |
| Schuhmacher | 15.20.0 | H. v. Schuhen |
| Sattler und Feintäschner | 15.12.0 | Lederverarbeitung (ohne H. v. Lederbekleidung) |
| Müller | 10.6 | |

**Tab. 3:** Zuordnung der WZ-Kategorien zu den Gewerken der Handwerksrolle – Fortsetzung

| | | |
|---|---|---|
| | | Mahl- und Schälmühlen, H. v. Stärke und Stärkeerzeugnissen |
| Brauer und Mälzer | 11.05.0 | H. v. Bier |
| | 11.06.0 | H. v. Malz |
| Weinküfer | 11.02.0 | H. v. Traubenwein |
| | 11.03 | H. v. Apfelwein und anderen Fruchtweinen |
| | 11.04 | H. v. Wermutwein und sonstigen aromatisierten Weinen |
| Wachszieher | 32.99.0 | H. v. sonstigen Erzeugnissen a. n. g. (nicht berücksichtigt) |
| Glasveredler | 23.19.0 | Herstellung, Veredlung und Bearbeitung von sonstigem Glas einschließlich technischer Glaswaren |
| Feinoptiker | 32.50.1 | H. v. medizintechnischen Apparaten und Materialien a. n. g. |
| Glas- und Porzellanmaler | 23.4 | H. v. sonstigen Porzellan- und keramischen Erzeugnissen |
| Edelsteinschleifer und -graveure | 32.12 | H. v. Schmuck, Gold- und Silberschmiedewaren (ohne Fantasieschmuck) |
| Fotografen | 74.2 | Fotografie und Labors |
| Buchbinder | 18.14.0 | Binden von Druckerzeugnissen und damit verbundene Dienstleistungen |
| Drucker | 18.1 | H. v. Druckerzeugnissen |
| Siebdrucker | 18.1 | H. v. Druckerzeugnissen |
| Flexografen | 74.10 | Ateliers für Textil-, Schmuck-, Grafik- u. ä. Design |
| Keramiker | 23.49.0 | H. v. sonstigen keramischen Erzeugnissen |
| Orgel- und Harmoniumbauer | 32.30.0 | H. v. Musikinstrumenten |
| Klavier- und Cembalobauer | 32.30.0 | H. v. Musikinstrumenten |
| Handzuginstrumentenmacher | 32.30.0 | H. v. Musikinstrumenten |
| Geigenbauer | 32.30.0 | H. v. Musikinstrumenten |
| Bogenmacher | 32.30.0 | H. v. Musikinstrumenten |
| Metallblasinstrumentenmacher | 32.30.0 | H. v. Musikinstrumenten |
| | 32.30.0 | H. v. Musikinstrumenten |

**Tab. 3:** Zuordnung der WZ-Kategorien zu den Gewerken der Handwerksrolle – Fortsetzung

| | | |
|---|---|---|
| Holzblasinstrumentenmacher | | |
| Zupfinstrumentenmacher | 32.30.0 | H. v. Musikinstrumenten |
| Vergolder | 25.61.0 | Oberflächenveredlung und Wärmebehandlung |
| | 74.10 | Ateliers für Textil-, Schmuck-, Grafik- u. ä. Design |
| Schilder- und Lichtreklamehersteller | 32.99.0 | H. v. sonstigen Erzeugnissen a. n. g. (nicht berücksichtigt) |

* Eine angemessene Gewichtung der WZ-Kategorien ist erforderlich.

# Urbane Produktion: Ist da wirklich Speck dran?

*Stefan Gärtner, Kerstin Meyer und Marcel Schonlau*

## 1 Einleitung

Urbane Produktion wird seit den 2010er-Jahren vermehrt in Deutschland diskutiert und durch Forschungsprojekte propagiert (Läpple 2013; Bauer/Lentes 2014; Brandt/Gärtner/Meyer 2017). Ursache dafür ist einerseits die Umsetzung der Leipzig Charta zur nachhaltigen europäischen Stadt, die eine funktionale Durchmischung von Gebieten im Sinne der Stadt der kurzen Wege fordert. Andererseits ist es die zunehmende Verdrängung produzierenden Gewerbes aus den deutschen Städten aufgrund der globalen Arbeitsteilung sowie den hohen Renditeerwartungen bei Wohnbebauung seit der Weltwirtschafts- und Finanzkrise 2007/08. Auch die Fokussierung auf Dienstleistungsbereiche hat Produktion in Vergessenheit geraten lassen, was als eine Art Rebound-Effekt nun dazu führt, den Fokus wieder auf Produktion zu legen.

Getrieben durch Debatten um Klima- und Arbeitsschutz, $CO_2$-Reduktion, »Fridays for Future« oder »Extinction Rebellion« sowie zunehmende Digitalisierung (Industrie 4.0), gewinnen lokale Produktion sowie regionale Wertschöpfungsketten auch im Sinne von »Cradle-to-Cradle« an Bedeutung. Ferner wird die Verlagerung von Unternehmen in »Niedriglohnländer« aufgrund des Lohndumpings und der Umweltfolgen zunehmend kritisch betrachtet. Während durch die Tertiärisierung der urbanen Arbeitsmärkte Arbeitsplätze im Produktionsbereich fehlen, fehlen in bestimmten Bereichen u. a. des Handwerks Fachkräfte (Matt et al. 2018, 1). Ersteres gilt es vor dem Hintergrund zu betrachten, dass städtische Arbeitsmärkte eine soziale Integrationswirkung haben und aufgrund ihrer relativ guten Entlohnung Produktionsarbeitsplätze eine positive verteilungspolitische Wirkung aufweisen (Rehfeld 2019). Viele Städte setzten in ihren Stadtentwicklungsstrategien deshalb auf das Thema (Wien, Stuttgart, Berlin, aber auch Frankfurt, Köln und Düsseldorf), auch um einen Imagewandel im produzierenden Gewerbe und Handwerk zu erreichen. Verschiedene Trends und technologische Entwicklungen ermöglichen es, vermehrt stadtverträglich zu produzieren (Lentes 2015; Petschow et. al 2014; Brandt et al. 2017). Auch das Bundeswirtschaftsministerium setzt mit der neuen Industriestrategie 2030 (BMWi 2019) auf Produktion bzw. Industrie.

Allerdings basiert der Wissensstand zum Thema Urbane Produktion noch sehr auf der Auswertung einzelner Fallstudien und Umfragen. Eine systematische – gerade auch quantitative – Erfassung des Phänomens und eine dementsprechende Abschätzung der ökologischen, sozialen, städtebaulichen und ökonomischen Wirkungen konnte bisher noch nicht erfolgen, auch weil es noch kein einheitliches Verständnis oder eine gemeinsame Definition dazu gibt. In diesem Beitrag wollen wir daher die Herausforderung bei der Definition und quantitativen Fassbarkeit diskutieren. Neben der Debatte um Tertiärisierung im städtischen Raum (Kap. 2) schlagen wir daher eine Definition vor (Kap. 3), die eine territoriale und sektorale Abgrenzung vornimmt. Daraufhin diskutieren wir andere Messkonzepte und schlagen ein davon abgewandtes Messkonzept vor (Kap. 4). Gleichzeitig beschreiben wir in diesem Teil auch die Standortbedingungen der Branche. Der Aufsatz schließt mit einem Ausblick zur Messbarkeit Urbaner Produktion.

## 2 Tertiärisierung im städtischen Raum

Nicht nur eine veränderte globale Arbeitsteilung und Verlagerung von Produktion in Länder mit günstigeren Faktorkosten und geringeren Umweltauflagen haben zur Tertiärisierung von Städten beigetragen, sondern auch städtische Wirtschaftspolitiken haben weltweit seit den 1980er-Jahren im Zuge einer allgemeinen post-industriellen Diskussion (Bell 1976) auf die Entwicklung (wissensintensiver) Dienstleistungen gesetzt. Fourastié (1954) träumte in seinem Buch *Die Große Hoffnung des 21. Jahrhunderts* bereits in den 1950er-Jahren davon, dass die Menschen aufgrund großer Effizienzgewinne im industriellen Bereich kaum noch in Fabriken schuften müssen und es ihnen im Rahmen einer Dienstleistungsgesellschaft bald viel bessergehen wird. Allerdings konnte der sinkende Bedarf an Arbeit im Industriesektor nicht zu jedem Zeitpunkt und nicht in allen Regionen durch Arbeitsplatzangebote im Dienstleistungssektor kompensiert werden. Hinzu kommt, dass die Gehälter im Dienstleistungssektor nicht in gleichem Maße gestiegen sind wie im Industriebereich. Unter dem Stichwort Onshoring (Luttrel 2009) bzw. Reshoring (Ellram et al. 2013; Fine 2013) ist durch technische Innovationen und dabei sinkende Pro-Stück-Arbeitskosten zwar eine Rückverlagerung der dann sehr kapitalintensiven Produktion in die Länder des globalen Nordens zu beobachten, in denen die gut ausgebildeten Fachkräfte und das Kapital vorhanden sind. Allerdings sind die Effekte mengenmäßig (noch) gering und die damit verbundenen Arbeitsplatzeffekte aufgrund des geringen Arbeitseinsatzes und des hohen Rationalisierungsgrades eher unerheblich.

Beispielsweise fällt bei der strukturpolitischen Bewältigung der Strukturkrise im Ruhrgebiet aus heutiger Perspektive unter anderem auf, dass aufgrund des sozialverträglichen Beschäftigungsabbaus der »soziale Frieden« im Ruhrgebiet zwar weitgehend gewahrt werden konnte, es jedoch heute an Produktionsbetrieben mangelt, die auch Menschen ohne Hochschulabschluss hinreichend bezahlte Arbeitsplätze bieten. Ferner war zwar der Aufbau der akademischen Bildungs- und Forschungslandschaft im Ruhrgebiet ein strukturpolitischer Erfolg (Dahlbeck/Gärtner 2019), allerdings wurde damit stark auf (wissensbasierte) Dienstleistungen gesetzt und wiederum wurden nur wenige Arbeitsplätze für Nicht-Hochqualifizierte geschaffen. So liegt das Ruhrgebiet beim Bruttoinlandsprodukt pro Erwerbstätigen im Jahr 2017 (67 728 €) sowohl hinter dem NRW- (72 708 €) als auch dem Bundesdurchschnitt (74 032 €), was ebenfalls für einen schwachen produzierenden Sektor steht (Meinke 2019). Bei Betrachtung der Strukturdaten (v. a. SGB II-Quote, Anteil Nichtdeutscher) auf Stadtteilebene zeigt sich heute die ungleiche Entwicklung im Ruhrgebiet. Hier zeichnet sich ab, dass der Süden (südlich der A40), der bereits frühzeitiger vom Strukturwandel betroffen war, weshalb in den 1970ern dort, in Bochum und Dortmund, die ersten Universitäten angesiedelt wurden, im Vergleich zu den nördlichen Stadtteilen eine positivere Entwicklung erfahren hat (Bogumil et al. 2012, 25).

Bei einer Betrachtung der Beschäftigung im Produzierenden Gewerbe (▶ Abb. 1) zeigt sich, dass sich insgesamt in Deutschland die relative Beschäftigung in den Großstädten stärker reduziert als im übrigen Bundesgebiet (ohne Großstädte). Trotzdem verfügt Deutschland im europäischen Vergleich abgesehen von einigen osteuropäischen Ländern mit geringeren Arbeitskosten noch immer über den höchsten Anteil an Beschäftigten im Produzierenden Gewerbe an der Gesamtbeschäftigung (Rhodes 2018; Brandt/Gärtner/Meyer 2017). Dies könnte einerseits am erfolgreichen dualen Ausbildungsmodell liegen, sowie andererseits auch an einem anderen eher dezentralen Finanzkapitalismus in Deutschland mit vielen regionalen Banken und Sparkassen, die sich auf das Mittelstandsgeschäft spezialisiert haben und damit eine Unabhängigkeit von den Kapitalmärkten ermöglichen (Gärtner/Flögel 2017). Da kleine und mittlere Unternehmen (KMU) im Produktionssektor i. d. R. kaum einen Zugang zum Kapitalmarkt haben, jedoch i. d. R. deutlich mehr Kapital als Dienstleistungsunternehmen benötigen, ist dies von besonderer Bedeutung.

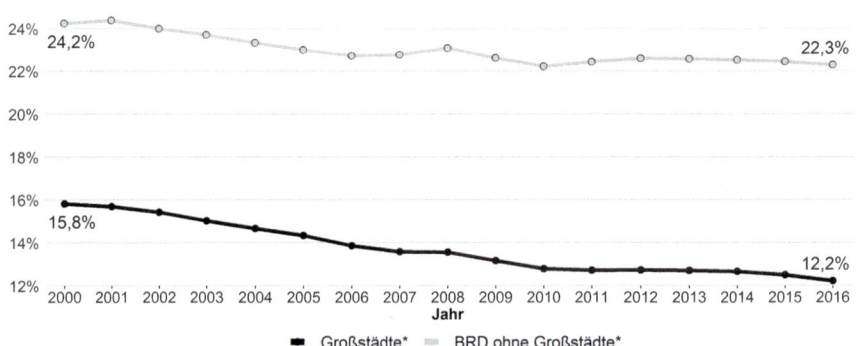

Abb. 1: Entwicklung des Anteils der Erwerbstätigen im produzierenden Gewerbe (ohne Baugewerbe) in Deutschland an den Gesamtbeschäftigten (2000–2016). (Quelle: Eigene Darstellung auf der Grundlage der Regionaldatenbank Deutschland, abrufbar unter https://www.regionalstatistik.de/genesis/online/).
* Zu den 12 Städten Aachen, Bergisch Gladbach, Göttingen, Heilbronn, Hildesheim, Moers, Neuss, Paderborn, Recklinghausen, Reutlingen, Saarbrücken und Siegen lagen keine Daten vor; sie wurden nicht berücksichtigt.

## 3 Urbane Produktion in unserem Verständnis

Im Rahmen mehrerer Forschungsprojekte (u. a. *Produktion zurück ins Quartier? Neue Arbeitsorte in der gemischten Stadt*; *Pro Urban – Produktion zurück in die Stadt?*) wurde Urbane Produktion in Anlehnung an Läpple (2013; 2016) von uns relativ strikt »als die Herstellung und Bearbeitung materieller Güter in dicht besiedelten Gebieten, die häufig lokale Ressourcen und lokal eingebettete Wertschöpfungsketten nutzt« (Brandt/Gärtner/Meyer 2017, 4), definiert. Eine reine Dienstleistungsproduktion zählt danach nicht dazu. Es ist selbstverständlich auch sinnvoll, Filme, Software oder sonstige digitale Produkte in der Stadt herzustellen. Da diese Produkte aber nicht materieller Art sind, fallen sie hier nicht explizit unter den Begriff Urbane Produktion (▶ Abb. 2). Die Ausschließlichkeit unserer Definition soll aufzeigen, dass der Produktionssektor in den letzten Jahren vernachlässigt wurde. Tätigkeiten wie Reparatur und Verleih, die die Nutzungsintensität von Produkten erhöhen, werden zudem als Bestandteil Urbaner Produktion betrachtet. Aber auch Zwischenformen wie Workshops, bei denen Kund:innen gemeinsam mit den Produzierenden Dinge herstellen (Prosumenten), werden bei der eingangs angeführten Definition dazu gerechnet. So verwischen beispielsweise beim Konzept der »Experience Economy« (Pine/Gilmore 1999) die Trennlinien zwischen Produktion, Produktionserwerb und Erlebnis. Es handelt sich zwar nicht um eine reine Produktherstellung, aber es findet ein haptischer Umgang statt; Dienstleistung und Produktion sind dabei verbunden.

Die Fokussierung auf den Produktionssektor soll keinen Ersatz der Förderung von Dienstleistungsentwicklung, sondern eine Ergänzung darstellen und darauf hinweisen, dass der Produktionssektor in den letzten Jahren vernachlässigt wurde. So benötigt beispielsweise die städtische industrielle Fertigung Unternehmen in der Wertschöpfungskette, die Maschinen einrichten und warten bzw. eventuell Spezialmaschinen verleihen. Ferner profitieren sie von einer Forschungs- und Beratungsdienstleistung (z. B. Universitäten, Anwälte, Werbeagenturen), die im urbanen Kontext eher zu finden sind als an peripheren Standorten. Umgekehrt fragen die Dienstleistungsunternehmen Produktionsarbeit nach: Theater beauftragen z. B. die Produktion von Bühnenbildern etc.

Urbane Produktion lässt sich als Oberbegriff für Urbane Industrie, Urbane Landwirtschaft und Urbane Manufaktur verstehen (Brandt et al. 2017): Bei Urbanen Manufakturen handelt es sich um Produktionsbetriebe, die in kleinen Skalen im urbanen Raum Güter herstellen, verarbeiten oder reparieren. Das Zukunftsinstitut (2015) spricht von Urbanen Manufakturen als Pionieren, die sich den städtischen Raum als Produktionsstandort zurückerobern. Das Deutsche Institut für Wirtschaft (DIW) hat festgestellt, dass Gründungen im Produktionsbereich in den letzten Jahren vor allem in den Agglomerationsräumen stattgefunden haben (Gornig/Werwatz 2018). Auf Trends können Urbane Manufakturen besonders schnell reagieren, insbesondere, wenn sie in lokalen Unternehmensnetzwerken zusammenarbeiten. Ihre Größe, ihre Agilität und ihre Standorte erlauben in der Regel einen schnellen Warenumschlag und Informationsaustausch. Zum Umfang und zur Verbreitung Urbaner Manufakturen enthält die amtliche Statistik keine

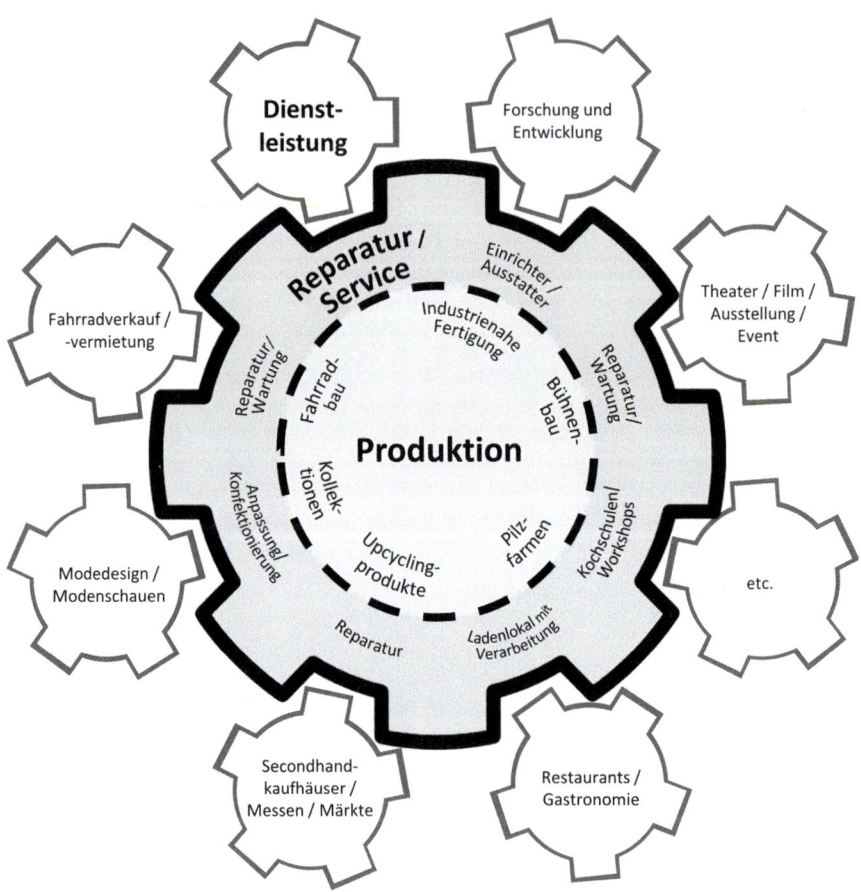

**Abb. 2:** Produktion als Basis für Service und Dienstleistungen (Quelle: Brandt/Gärtner/Meyer 2017).

Daten, die es ermöglichen würden, die kleinen Urbanen Manufakturen nach Größe, Branche und Standorten genauer zu analysieren (Mistry/Byron 2011). Einblicke in die jeweiligen Strukturen werden in der Regel durch Fallstudien und Veröffentlichungen weitergegeben.

Dass der Trend zur Urbaner Produktion nicht nur im Falle Urbaner Manufakturen und anderer kleiner und mittlerer Produktionsbetriebe eine Rolle spielt, sondern auch bei größeren Industrieunternehmen, wird durch Beiträge mit Titeln wie das *Comeback der Stadtfabrik* (Kieser 2012) deutlich gemacht. Beispiele für Urbane Industrie zeigen sich in einigen Städten im Bestand: bspw. zentrumsnahe Brauereien oder traditionelle Betriebe, wie Lindt in Aachen, Brose in Coburg oder Manner in Wien. Die Traditionssüßwarenfabrik Manner AG ist ein Beispiel für vertikale Urbane Industrie in einem Wiener Gründerzeitquartier, die eine platzsparende, emissionsarme und umfeldverträgliche Fertigungsweise ermöglich. Die vertikale Produktionsstruktur, bei der jedes Stockwerk eine eigene Funktion innehat und der Fertigungsprozess von oben nach unten durchgeplant ist, bietet im Gegensatz zur horizontalen Produktionsweise Effizienzgewinne und die optimale Nutzung des mehrstöckigen, städtischen Fabrikgebäudes. Zudem ermöglicht der urbane Produktionsstandort eine effiziente Nutzung der überschüssigen Wärme. Die Umstellung der Produktion auf die vertikale Produktionsweise und Zentralisierung in Wien (so wurde ein Produktionsstandort auf der grünen Wiese aufgegeben) bedeuten nicht nur Effizienzgewinne und ökologische Vorteile, sondern auch Imagegewinne für das Unternehmen (Brandt et al. 2017). Für diesen Teilbereich gibt es keine Aussagen zur ökonomischen und beschäftigungspolitischen Bedeutung. Da dieser Bereich aber sowohl die neuen Stadtfabriken als auch die gewachsenen Strukturen im Bestand umfasst, wird deren beschäftigungspolitische Bedeutung nicht unerheblich sein.

Weiterhin wird unter Urbaner Produktion auch Urbane Landwirtschaft verstanden. Es handelt sich dabei um professionelle landwirtschaftliche und gartenbauliche Aktivitäten in städtischen (urbanen) Räumen. Geringere Transportwege ermöglichen es, Lebensmittel schneller, ohne lange Lagerungszeiten und Zusatzstoffe zum Endverbraucher zu bringen (Halweil 2002). Urbane Landwirtschaft kann gerade dann eine ökonomische (und damit auch beschäftigungspolitische) und ökologische Bedeutung haben, wenn es nicht nur um die primäre Produktion, sondern auch um die Weiterverarbeitung bzw. um Kreislaufwirtschaft geht.

# 4 Messkonzept für Urbane Produktion

Eine Reihe von Forschungsprojekten beschäftigten sich zwar zurzeit mit dem Thema Urbane Produktion (für einen sicherlich nicht vollständigen Überblick siehe Brandt/Gärtner/Meyer 2017, 11). Die Vorstellungen davon, was unter Urbaner Produktion zu verstehen ist – ob es eher um eine industriepolitische Entwicklung oder um Stadtentwicklungspolitik geht, ob dabei Technologien (z. B. additive Fertigung) im Vordergrund stehen oder auch Handwerk und Landwirtschaft eingeschlossen sind – sind aber vielfältig. Ihr verbindendes Element ist, dass es sich einerseits um (materielle) Produktion handelt und andererseits um eine territoriale Zuordnung, dergestalt, dass die Produktion nicht auf der grünen Wiese, sondern in einer gewissen räumlichen Nähe zum Wohnumfeld stattfindet.

Abgesehen von der definitorischen Unklarheit, war oder ist keines der uns bekannten Forschungsprojekte in der Lage, systematische Aussagen hinsichtlich der ökonomischen, sozialen und ökologischen Wirkungen zu treffen. Aber auch hinsichtlich der Beschreibung der Branche und den Standortanforderungen liegen noch keine wirklichen quantitativ empirischen Ergebnisse vor. Folgend wollen wir beschreiben, was bereits vorhanden ist bzw. welche methodischen Ideen diskutiert werden. Dabei beziehen wir uns einerseits auf die Erwerbstätigen im Bereich Urbaner Produktion und zweitens auf die Standortanforderung der Branche.

## 4.1 Bestehende Messversuche

Der Trend der Tertiärisierung und der relative Abbau von Produktionsarbeitsplätzen in den Ländern des globalen Nordens wird in vielen regionalökonomischen und wirtschaftsgeografischen Analysen empirisch festgestellt. Für das Thema Urbane Produktion ist dies aufgrund der Branchenbeschaffenheit nicht so ohne Weiteres möglich. Denn es müsste nicht nur eine sektorale Abgrenzung bzw. Neugruppierung aufgrund der Wirtschaftsklassifikation durchgeführt werden, sondern es müsste auch eine georeferenzierte Zuordnung unterhalb der Stadt-/Kreisebene erfolgen. Auch wenn im Rahmen der Definition von sogenannten Querschnittsbranchen, wie der Gesundheitswirtschaft (Fretschner/Hilbert 2002) und der Kultur- und Kreativwirtschaft (Behr/Gnad/Kunzmann 1990), Erfahrungen zu deren Abgrenzung vorliegen, ist dies für die Kombination aus territorialer (unterhalb der städtischen Ebene) und sektoraler Abgrenzung noch nicht systematisch erfolgt. Piegeler und Spars (2019) haben zwar – soweit unser Kenntnisstand reicht – als erste ein Messkonzept entwickelt, um das wirtschaftliche Potenzial und mögliche Arbeitsplatzeffekte zu bestimmen. Ihr Konzept bezieht sich auf die beiden Hauptmerkmale »Territorium« und »Produktion« (im weiteren Sinne), jedoch scheitern sie bisher an einer mangelnden Datenverfügbarkeit. Denn Branchenanalysen und Analysen von Querschnittsbranchen greifen zur Messung der ökonomischen Bedeutung i. d. R. auf städtischer und regionaler Ebene auf amtliche Statistiken zurück. Diese ermöglichen übergeordnete Aussagen zur Bedeutung einzelner Branchen, allerdings wird die räumliche Lage von Unternehmen i. d. R auch aufgrund mangelnder Datenverfügbarkeit ausgeklammert. D. h., eine Unterscheidung der räumlichen Lage von produzierenden Unternehmen bspw. in Stadtrandlagen, eine Lage im Gewerbegebiet oder integrierte Lagen in Mischgebieten ist nicht möglich. Um insbesondere die Produktion in gemischten Lagen in Nähe zu den Wohnsiedlungen erfassen zu können, wird ein Messkonzept benötigt, das sektorale Daten mit einer räumlichen Verortung der entsprechenden Produktionsstandorte überlagert.

Für die sektorale Abgrenzung haben Piegeler und Spars (2019) stadtaffine Branchen definiert und auf Grundlage der Klassifikation der Wirtschaftszweige (WZ) von 2008 IKT-Produktion, Spitzen- und hochwertige Technologie, Gesundheitswirtschaft und Kreativwirtschaft sowie Bereiche des Handwerks als stadtaffine Urbane Produktion aggregiert. Für eine rein innovationsorientierte Sichtweise ist dieses Vorgehen angebracht. Da es bei unserer Betrachtung zwar auch um Innovation – eher aber um soziale Innovationen – geht, spielt für uns die verteilungspolitischen Perspektive von Produktions- bzw. Industriearbeitsplätzen (Rehfeld 2019; Rehfeld/Terstriep 2019) eine größere Rolle. Wir plädieren daher dafür, alle Branchen, die sich mit der Produktion und Ver- und Bearbeitung materieller Güter beschäftigen – in Folge sprechen wir von Materiellem Gewerbe –, miteinzubeziehen. Sonst würden beispielsweise Unternehmen wie Manner in Wien als nicht der Kategorie »Spitzen- und hochwertige Technologie« zugehörig herausfallen. Auch hat das DIW festgestellt, dass die meisten Neugründungen im Produzierenden Gewerbe in den Metropolen im Low-Tech-Bereich stattfinden und gerade für dieses Segment Metropolen attraktiv zu sein scheinen (Gornig/Werwatz 2018, 1009–1011).

Zur territorialen Klassifikation bzw. Georeferenzierung schlagen Piegeler und Spars vor, die Innerstädtische Raumbeobachtung (IRB) des Bundesinstituts für Bau-, Stadt- und Raumforschung zu verwenden, bei der bundesweit 56 mitmachende Städte die Lage ihrer Stadtteile (Innenstadt, Innenstadtrand oder dem Stadtrand) zuordnen (vgl. Piegeler/Spars 2019). Die räumliche Untergliederung unterscheidet sich allerdings zwischen den Städten sehr stark und geht von einem geografischen Zentralitätskonzept aus (Sturm 2010). Ein solch axiales Modell entspricht für viele Städte nur bedingt den siedlungsstrukturellen Gegebenheiten. Gerade in der Industrialisierung sind Städte anders gewachsen. So stellt sich die Frage, ob für eine Georeferenzierung nicht eher die bestehenden Nutzungen (z. B. Gebietskategorien der Baunutzungsverordnung oder Realnutzungskartierung) als Bezugsraum herangezogen werden sollten.

## 4.2 Unser Messkonzept für Urbane Produktion

In Anlehnung an die oben beschriebene Definition Urbaner Produktion und aufbauend auf dem Messkonzept von Piegeler und Spars (2019) leiten wir nun unser Messkonzept ab. Dabei präsentieren wir auf Grundlage der WZ-Klassifikation 2008 zunächst Daten ohne territoriale Einordnung für Deutschland (Kap. 4.2.1). Nachfolgend wird am Beispiel der Stadt Bochum betrachtet, an welchen Standorten sich welche Teilsegmente Urbaner Produktion befinden (Kap. 4.2.2).

### 4.2.1 Branchenklassifizierung: Materielles Gewerbe

Tab. 1 enthält alle Wirtschaftszweige, die nach unserem Verständnis produzieren bzw. sich mit Materialität beschäftigen und damit sektoral zur Urbanen Produktion gehören sollten. Diese von uns konstruierten Branchen nennen wir, wie gesagt, das »Materielle Gewerbe«. Erst wenn das Materielle Gewerbe urban stattfindet, wird es zur Urbanen Produktion. Die Tabelle gibt ferner die Anzahl der Beschäftigten für Deutschland (D) für das Jahr 2017 sowie für Bochum (BO) im Jahr 2018 im jeweiligen Wirtschaftszweig an.[1] Dies ist ein erster Versuch, anhand dieser Wirtschaftszweige Daten auszuwerten. Wir sind offen für weitere Anregungen von Kolleg:innen. Uns geht es vor allem darum, den wissenschaftlichen Diskurs zur Frage der Definition und Messung weiterzubringen.

---

[1] Bei der Betrachtung einzelner Kommunen kann entweder lediglich die WZ-1-Steller-Ebene oder es können die aggregierten Werte betrachtet werden. Wir verwenden in Tab. 4.1 Daten der Landesdatenbank IT.NRW sowie erworbene Daten von Creditreform, einem kommerziellen Anbieter von wirtschafts-, marketing- und bonitätsbezogenen Daten. In der Land- und Forstwirtschaft und in der Fischerei sind z. B. bei Creditreform lediglich vier Beschäftigte angegeben, während in der Landesdatenbank 100 (IT.NRW 2019) gezählt werden. Im Vergleich zur amtlichen Statistik wird deutlich, dass die Beschäftigtendaten grundsätzlich mit Vorsicht zu analysieren sind.

**Tab 1:** Wirtschaftszweige (nach WZ 2008) für den Sektor Materielles Gewerbe

| WZ 2008 | Beschreibung | Begründung | Anzahl Erwerbstätige D (2017) | Anzahl Erwerbstätige BO (2017) |
|---|---|---|---|---|
| A | Land- und Forstwirtschaft, Fischerei | Urbane Landwirtschaft, als Beitrag zur Versorgung der Bevölkerung in Hinblick auf kurze Wege (auch zur Weiterverarbeitung) | 616 000 | < 100* |
| C | Verarbeitendes Gewerbe | Kern des Produzierenden Gewerbes; Betriebe sollten sich so entwickeln, dass eine Produktion langfristig in der Stadt möglich ist | 7 621 000 | 16 300* |
| E38 | Sammlung, Behandlung und Beseitigung von Abfällen, Rückgewinnung | Abfälle spielen im Sinne der Kreislaufwirtschaft und Wiederverwertung eine größere Rolle in städtischen Kontexten (»Cradle to Cradle« / »Upcycling«) | 150 851 | 1 507** |
| F | Baugewerbe | Relevanter Wirtschaftszweig in der Stadt, der vor Verdrängung geschützt werden muss. Lagerflächen, Be- und Entladezonen | 2 490 000 | 9 200* |
| G45.2 | Instandhaltung und Reparatur von Kraftwagen | Spielt im Sinne der Kreislaufwirtschaft eine größere Rolle in städtischen Kontexten | 301 047 | 331** |
| G47.78.1 | Augenoptiker | Ebenfalls für die Herstellung & Reparatur von Brillen und Kontaktlinsen verantwortlich | 77 538 | 66** |
| R90.03.3 | Selbstständige bildende Künstler:innen | | Keine Daten verfügbar | 6** |
| R90.03.4 | Selbstständige Restaurator:innen | | Keine Daten verfügbar | 0** |
| S95 | Reparatur von Datenverarbeitungsgeräten und Gebrauchsgütern | Spielt im Sinne der Kreislaufwirtschaft und Wiederverwertung eine größere Rolle in städtischen Kontexten | 45 718 | 26** |
| | | Beschäftigte Materielles Gewerbe gesamt | 11 302 154 | ~37 536 |
| | | Beschäftigte gesamt | 44 269 000 | 130 040 |
| | | Anteil der Beschäftigten im Materiellen Gewerbe an Gesamtbeschäftigung | 25,53 % | ~28,86 % |

Quelle: Eigene Darstellung. Daten für Deutschland auf Grundlage des Arbeitskreises »Erwerbstätigenrechnung des Bundes und der Länder«, © Statistisches Bundesamt (Destatis) 2019. Daten für Bochum: *© IT.NRW, Düsseldorf, 2019; **Bureau van Dijk/Creditreform Markus + Markus G 2019.

Während sich das Produzierende Gewerbe üblicherweise aus den WZ-Klassifikationsbereichen B, C, D, E und in manchen Fällen auch F zusammensetzt, fassen wir in unserer Definition (Materielles Gewerbe) die o. g. Wirtschaftszweige zusammen, die sich wiederum Urbaner Landwirtschaft, Urbaner Manufaktur und Reparatur sowie Urbaner Industrie zuordnen lassen.

Dazu brechen wir bestehende Sektoren und Wirtschaftszweigmodelle auf und zählen, im Sinne der Stadt der kurzen Wege, auch die Landwirtschaft (WZ-A) dazu. Während Piegeler und Spars (2019, 18) nur bestimmte Zweige zu Urbaner Landwirtschaft zählen, nehmen wir den kompletten Bereich A auf. Zum einen geschieht dies aufgrund der Vereinfachung (Datenverfügbarkeit) und zum anderen ist nicht bekannt, ob es nicht doch auch andere landwirtschaftliche Betriebe in Städten gibt. Beispielgebend ist die City Farm in London-Hackney, in der es neben Schafen und Geflügel Pferde und Esel gibt. So können Innovationen im landwirtschaftlichen Bereich dazu führen, dass neue Wirtschaftsformen im urbanen Raum möglich werden. Wir wollen mit unserem Konzept nicht von vornherein Bereiche ausschließen, auch weil unsere Fallbeispiele zeigen, dass manchmal ungewöhnliche produzierende Betriebe im urbanen Raum vorhanden sind und weitestgehend konfliktfrei mit der Nachbarschaft im Einklang agieren (Brandt et al. 2017).

Die Gewinnung von Rohstoffen im Bergbau klammern wir aus, da dies in Siedlungsnähe unrealistisch erscheint bzw., wie u. a. beim Braunkohletagebau gesehen werden kann, die Siedlungen verdrängt bzw. abgebrochen werden, um die darunterliegenden Rohstoffe zu erhalten.

Der Wirtschaftszweig C gilt nach wie vor als Kern des Produzierenden Gewerbes, weshalb wir diesen vollumfänglich in die Definition aufnehmen, auch um zu erkennen, welche Arbeitsplatzeffekte der urbanen Betriebe in diesem Bereich vorliegen.

Die Wirtschaftszweige D und E werden weitestgehend nicht betrachtet, da es sich zum einen um leitungsgebundene Stofflichkeiten handelt, die zwar in der Stadt (z. B. Solarenergie) produziert werden können, jedoch keine Verkehre für Logistik etc. auslösen, und da zum anderen die Branchen nicht eindeutig klassifiziert werden und nicht zwischen den unterschiedlichen Arten der Energieerzeugung direkt unterschieden wird. Da im Sinne der Kreislaufwirtschaft Abfälle zunehmend eine hohe Bedeutung in städtischen Kontexten haben werden, zählen wir jedoch die Sammlung, Abfallbehandlung und Rückgewinnung von Stoffen (E38) zum Materiellen Gewerbe.

Des Weiteren zählt die Instandhaltung und Reparatur von Kraftwagen (G45.2) im Sinne Urbaner Manufakturen ebenfalls in unsere Definition, genauso wie die Reparatur von Datenverarbeitungsgeräten und Gebrauchsgütern (S95), worin z. B. die Reparaturen von Telekommunikationsgeräten sowie von Möbeln und Schuhen enthalten sind.

Im Baugewerbe (F) sind Arbeitnehmer:innen grundsätzlich zwar häufig nicht am Unternehmensstandort tätig, sondern bei den Auftraggeber:innen bzw. Bauherr:innen, weshalb dieser Wirtschaftszweig bei späterer Betrachtung des Standorts hinsichtlich der kurzen Arbeitswege für Arbeitnehmer:innen eine Ausnahme darstellt. Wir finden diesen Wirtschaftszweig jedoch dennoch relevant, da das Bauhandwerk bzw. die Bauindustrie einerseits mit materiellen Gütern arbeitet und somit Lagerflächen und Be- und Entladezonen an den jeweiligen Standorten benötigt und andererseits an unterschiedlichen Standorten innerhalb der Stadt tätig ist.

Bezugnehmend auf Piegeler und Spars (2019), nehmen wir Augenoptiker (G47.78.1) – aufgrund der Herstellung und Reparatur von Brillen und Kontaktlinsen – sowie selbstständige bildende Künstler:innen (R90.03.3) und selbstständige Restaurator:innen (R90.03.4) mit auf – da diese ebenfalls mit Materialien arbeiten und (neue) Gegenstände erstellen. Bei der Liste der Wirtschaftszweige sind wir aber weiterhin offen für Argumente von Kolleg:innen, die diesbezüglich zu anderen Ergebnissen kommen.

Zum besseren Verständnis des Materiellen Gewerbes in unserem Konzept wird Abb. 2 nun zu Abb. 3 anhand der Benennung der Wirtschaftszweige weiterentwickelt.

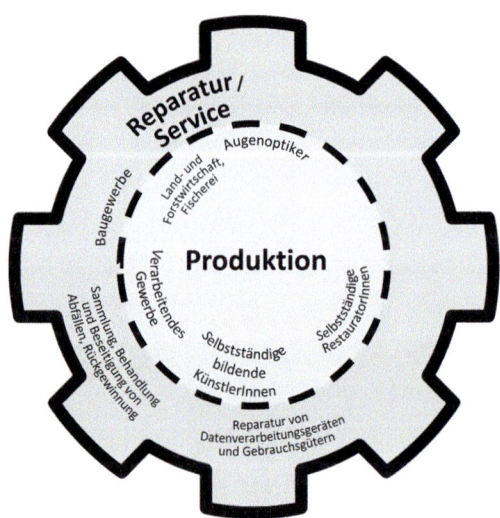

**Abb. 3:** Materielles Gewerbe nach Wirtschaftszweigen (WZ 2008) (Quelle: Eigene Darstellung nach Brandt/Gärtner/Meyer 2017).

Folgend wird die Entwicklung des Materiellen Gewerbes in den einzelnen Wirtschaftszweigen für Deutschland und Bochum dargestellt (▶ Abb. 4).

4 Messkonzept für Urbane Produktion

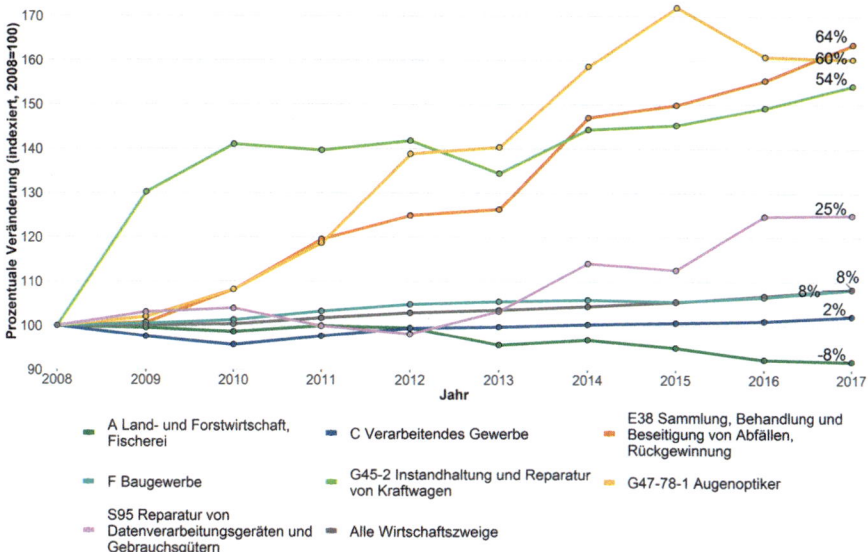

Abb. 4: Entwicklung der Erwerbstätigen in den WZ-Klassen des Materiellen Gewerbes in Deutschland (2008–2017) (Quelle: Eigene Darstellung auf Grundlage des Arbeitskreises »Erwerbstätigenrechnung des Bundes und der Länder«, © Statistisches Bundesamt (Destatis) 2019).

In Deutschland ist in allen betrachteten Wirtschaftszweigen mit Ausnahme der Land- und Forstwirtschaft und Fischerei (WZ A, −8 %) von 2008 bis 2017 ein Zuwachs der absoluten Anzahl der Erwerbstätigen (2008 entspricht der absoluten Anzahl in 100 %) zu verzeichnen. Einen sehr starken Anstieg der Beschäftigten von deutlich über 50 % zeigen die Wirtschaftszweige Sammlung, Behandlung und Beseitigung von Abfällen sowie Rückgewinnung (WZ E38), Augenoptiker (G47-78-1) und Instandhaltung und Reparatur von Kraftwagen (G45-2). Immerhin ein Viertel mehr Erwerbstätige lassen sich im Wirtschaftszweig Reparatur von Datenverarbeitungsgeräten und Gebrauchsgütern (WZ S95) feststellen. Im Verarbeitenden Gewerbe (WZ C) zeigt sich eine relativ konstante Entwicklung. Im gleichen Zeitraum hat die absolute Zahl der insgesamt Erwerbstätigen in Deutschland allerdings so stark zugenommen (von 40,86 Mio. auf 44,27 Mio.), dass trotz der absoluten Zuwächse in fast allen von uns betrachteten WZ des Materiellen Gewerbes (10,80 Mio. auf 11,30 Mio.) der Anteil dieser WZ an den insgesamt Erwerbstätigen im Verhältnis abnimmt (▶ Abb. 5).

In der Stadt Bochum (▶ Abb. 6) zeigt sich ebenfalls eine Zunahme zwischen 2014 und 2017 (aufgrund der Datenverfügbarkeit bei Creditreform wurde ein kürzerer Zeitraum gewählt) in allen WZ exklusive der Land- und Forstwirtschaft und Fischerei sowie dem Verarbeitenden Gewerbe. Die Zunahmen der Erwerbstätigen fallen allerdings in den meisten WZ deutlich gemäßigter aus (zwischen +3 % und +39 %). Ausnahmen bilden die Erwerbstätigenzahl im WZ Reparatur

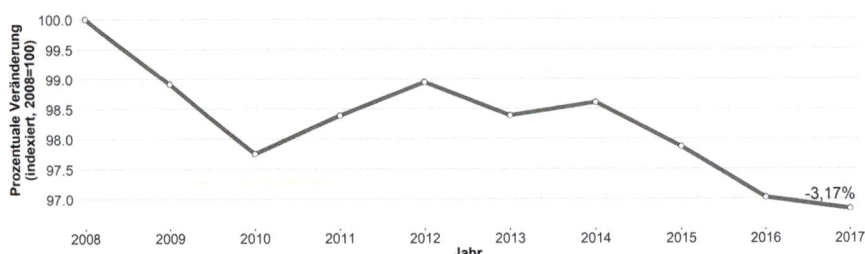

**Abb. 5:** Entwicklung der Summe der Erwerbstätigen in den WZ-Klassen des Materiellen Gewerbes im Verhältnis zu den Erwerbstätigen insgesamt in Deutschland (2008–2017) (Quelle: Eigene Darstellung auf Grundlage des Arbeitskreises »Erwerbstätigenrechnung des Bundes und der Länder«, © Statistisches Bundesamt (Destatis) 2019).

von Datenverarbeitungsgeräten und Gebrauchsgütern, die im Vergleich zum Bundeswert beispielsweise um 14 % stärker zunimmt sowie die rückläufige Anzahl der Erwerbstätigen im Verarbeitenden Gewerbe (–24 %), was in Bochum maßgeblich auf die Schließung von Opel im Jahr 2014 sowie des Outokumpu-Edelstahlwerks im Jahr 2015 und damit verbundener Arbeitsplatzreduktion bei Zulieferbetrieben zurückzuführen ist. Absolut hat der Wirtschaftszweig Verarbeitendes Gewerbe (C) dadurch ca. 5 200 Erwerbstätige in Bochum verloren.

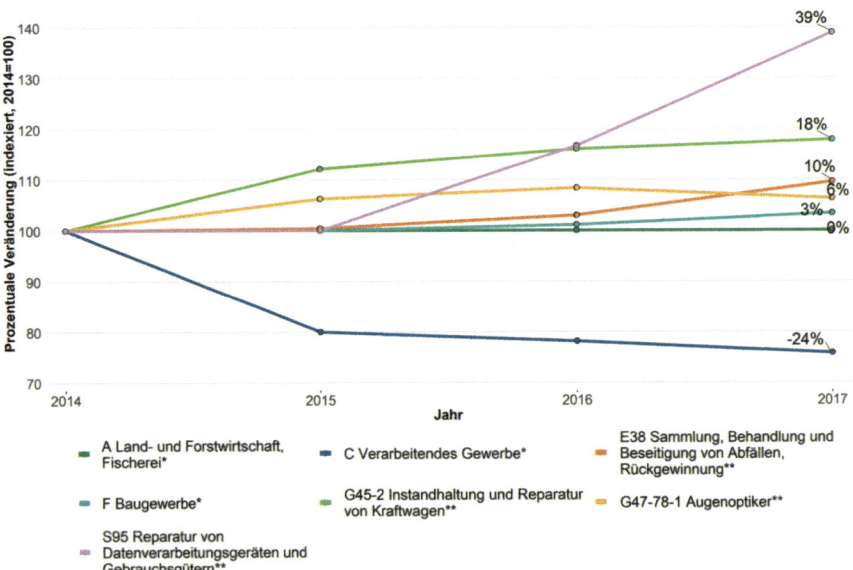

**Abb. 6:** Entwicklung der Erwerbstätigen in den WZ-Klassen des Materiellen Gewerbes in Bochum (2014–2017) (Quelle: Eigene Darstellung auf Grundlage von *© IT.NRW, Düsseldorf, 2019; **Bureau van Dijk/Creditreform Markus + Markus G 2019).

## 4.2.2 Territoriale Klassifikation: Urbane Produktion

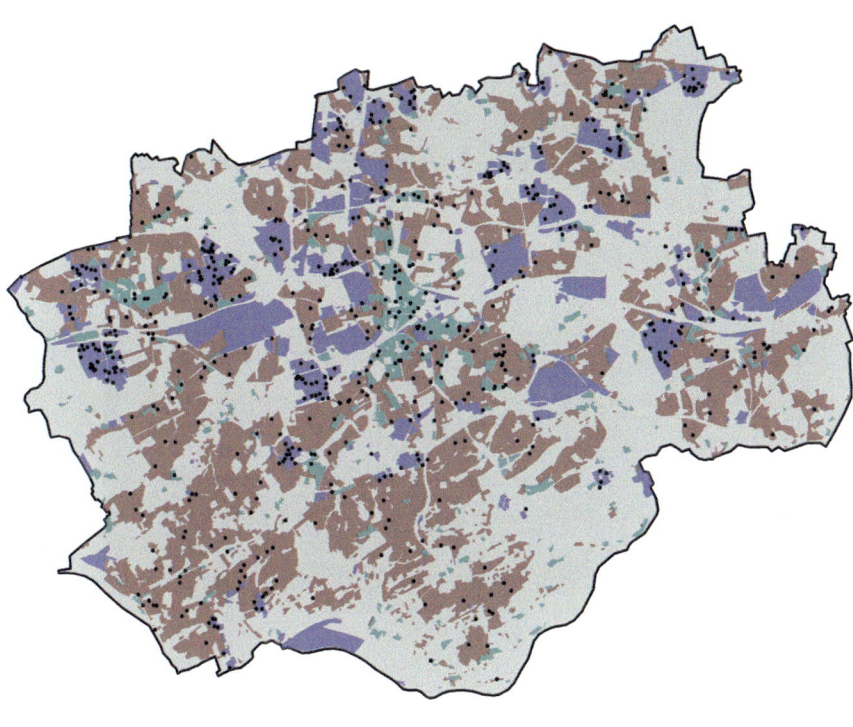

Tatsächliche Nutzung ■ Fläche gemischter Nutzung ■ Industrie- und Gewerbefläche ■ Wohnbaufläche

Unternehmensstandort •

**Abb. 7:** Standorte des Materiellen Gewerbes in Bochum 2017 und tatsächliche Nutzung (ATKIS Basis-DLM) (Quelle: Eigene Darstellung auf Grundlage von Bureau van Dijk/Creditreform Markus + Markus G 2019, Land NRW (2019), dl-de/by-2-0).

Gegenüber den bereits beschriebenen Ansätzen wäre für uns zur Quantifizierung Urbaner Produktion eine räumliche Überlagerung mit den Gebietskategorien der Baunutzungsverordnung wünschenswert. Die Baunutzungsverordnung differenziert zwischen reinen Wohngebieten, allgemeinen Wohngebieten, besonderen Wohngebieten, Dorfgebieten, Mischgebieten, Urbanen Gebieten, Kerngebieten, Gewerbegebieten, Industriegebieten und Sondergebieten. Wir schlagen für eine territoriale Abgrenzung Urbaner Produktion vor, die Gewerbegebiete, die Industriegebiete und die Sondergebiete auszuschließen. Hinsichtlich der territorialen Klassifikation bzw. Georeferenzierung legen wir u. a. aufgrund der planungsrechtlichen Realisierbarkeit einen stärkeren Fokus auf die Art der Nutzung. Da die Gebietskategorien der Baunutzungsverordnung sowie Gebiete gemäß § 34 BauGB, für die kein B-Plan vorliegt, nicht flächendeckend als Geodaten verfügbar sind, wird hinsichtlich einer übertragbaren Lösung auf die tatsächliche Nutzung des bundesweit einheitlich verfügbaren Digitalen Basis-Landschaftsmodells (ATKIS Basis-DLM) zurückgegriffen. Dies ermöglicht es, Unternehmensstandorte auf gemischt genutzten Flächen, Industrie- und Gewerbeflächen sowie Wohnbauflächen nach Lagen zu differenzieren. Die räumliche Verortung der Unternehmen kann entweder unmittelbar anhand von geografischen Koordinaten oder durch eine Geokodierung der Adressen erfolgen. Diese räumliche Verortung ermöglicht es, alle Unternehmen herauszufiltern, die per Definition zu den urban produzierenden Unternehmen zählen. Auch für diesen Ansatz sind Herausforderungen hinsichtlich der Datenverfügbarkeit zu bewältigen. Daher haben wir dies nicht flächendeckend mit Daten der amtlichen Statistik, sondern beispielhaft für die Stadt Bochum auf Grundlage der Datenbank von Creditreform durchgeführt (▶ Abb. 7).

In Bochum befindet sich mit 46 % der Großteil der produzierenden Betriebe in den Industrie- und Gewerbegebieten und dort arbeiten mit Abstand die meisten Beschäftigten im Materiellen Gewerbe (76 %). 37 % der urban produzierenden Betriebe liegen jedoch innerhalb von Wohnbauflächen, dort sind 13 % der Beschäftigten unserer Klassifikation tätig. 14 % der Unternehmen liegen in Flächen gemischter Nutzung (9 % der Beschäftigten) und 3 % auf sonstigen Flächen (1 % der Beschäftigten). Somit lassen sich in Bochum mindestens 50 % der Betriebe Urbaner Produktion zuordnen, welche 22 % der Erwerbstätigen in Bochum im Materiellen Gewerbe beschäftigen.

Bei einer Betrachtung der Beschäftigtenzahlen nach den unterschiedlichen Branchen in Abb. 8 wird klar, weshalb ein Großteil der Beschäftigten, in Industrie- und Gewerbegebieten arbeiten: Dort sind die größten Arbeitgeber im produzierenden Bereich angesiedelt. In WZ C gibt es 26 Betriebe in Bochum, die jeweils mehr als 100 Beschäftigte haben. Darunter fallen auch fünf Bäckereien inkl. ihrer Mitarbeitenden in den Filialen. Im WZ E38 befinden sich vor allem zwei große Betriebe mit je ca. 600 Mitarbeitenden. Im Bereich Baugewerbe sind es sechs Betriebe in Bochum, die mehr als 100 Mitarbeitende zählen. Größter Arbeitgeber ist hier eine GmbH, die sich um die Sanierung und Bestandspflege von Gebäuden kümmert.

Gewerbe- und Industriegebiete sind hinsichtlich der Produktion materieller Güter nach wie vor die wichtigsten Standorte innerhalb der Stadt Bochum. Bei Unternehmen, die außerhalb von Industrie- und Gewerbestandorten verortet sind, handelt es sich um kleine, mittelständische Unternehmen. Diese steuern jedoch immerhin knapp ein Viertel der Arbeitsplätze bei und machen etwa die Hälfte der Unternehmen aus. Folglich gilt es, insbesondere bei nicht-störenden Betrieben zu prüfen, ob diese zukünftig auch an wohnortnäheren Standorten angesiedelt werden könnten. Insbesondere in den Stadtteilzentren gewinnen derartige Überlegungen an Bedeutung, da diese zum Teil vermehrt durch gewerbliche Leerstände geprägt sind, die ehemals durch den Einzelhandel genutzt wurden.

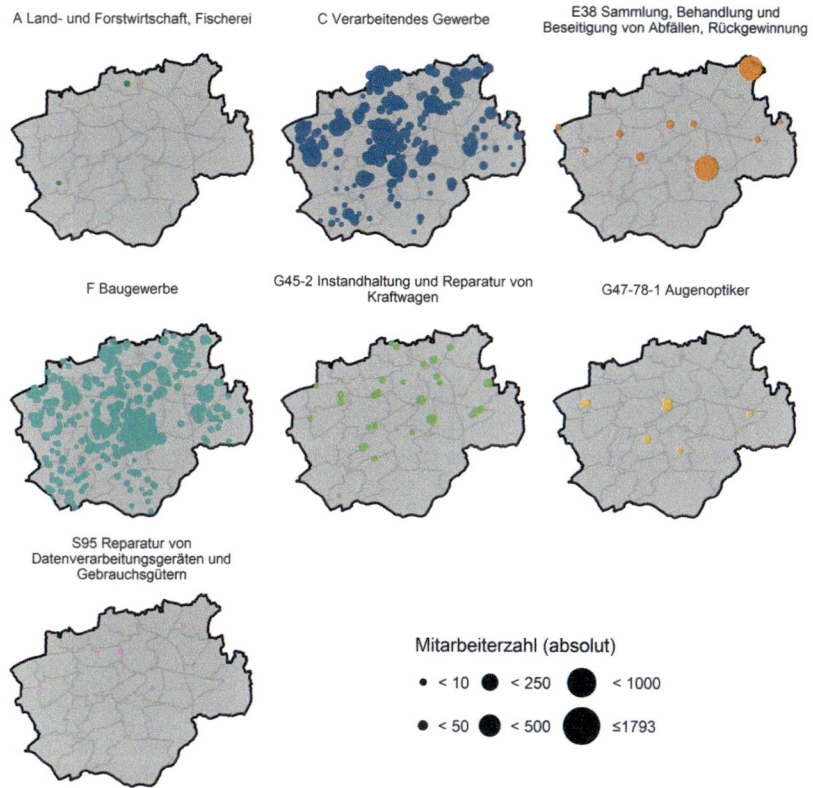

**Abb. 8:** Beschäftigtenzahlen und Standorte des Materiellen Gewerbes in Bochum 2017 (Quelle: Eigene Darstellung auf Grundlage von Bureau van Dijk/Creditreform Markus + Markus G 2019; Stadt Bochum, Raumbezugssystem der Stadt Bochum).

### 4.2.3 Standortanforderungen Urbaner Produktion am Beispiel von Manufakturen

Sowohl aktuelle Literatur zum Thema Standortanforderungen Urbaner Produktion (WiR 2016; Erbstößer 2016; Mühl et al. 2019) als auch eine im Rahmen des Projekts UrbaneProduktion.ruhr durchgeführte bundesweite Befragung Urbaner Manufakturen legen nahe, dass insbesondere geeignete Standorte für kleinteilige Urbane Produktion im Sinne von Manufakturen eine Reihe bestimmter Eigenschaften hinsichtlich der Immobilie, des Umfelds der Betriebsstätte sowie des Angebots von Infrastrukturen aufweisen müssen (▶ Abb. 9 und 10). Die befragten urbanen Manufakturen wurden mittels einer mehrstufigen WebGIS-gestützten Desktop-Recherche ermittelt. Die Stichprobe umfasst bundesweit insgesamt 1 200 Urbane Manufakturen, die sich auf die von der Ministerkonferenz für Raumordnung (MKRO) definierten Verdichtungsräume verteilen. Spezifiziert wurde der Untersuchungsraum durch den Fokus auf Siedlungsgebiete sowie Gewerbe- und Industriegebiete. Unternehmen in Gewerbe- und Industriegebieten sind dann Teil der Stichprobe, wenn sich diese in unmittelbarer Nähe zu Wohn- oder Mischgebieten befinden. Der Festlegung auf diese Gebietskulisse liegt die These zugrunde, dass produzierende Betriebe in dicht besiedelten Gebieten zwangsläufig häufiger in Siedlungsnähe liegen, sodass produktionsbezogene Nutzungskonflikte einerseits und die Vorteile von Nutzungsmischung und lokalen bzw. regionalen Wertschöpfungsketten anderseits im Rahmen der Befragung beleuchtet werden konnten.

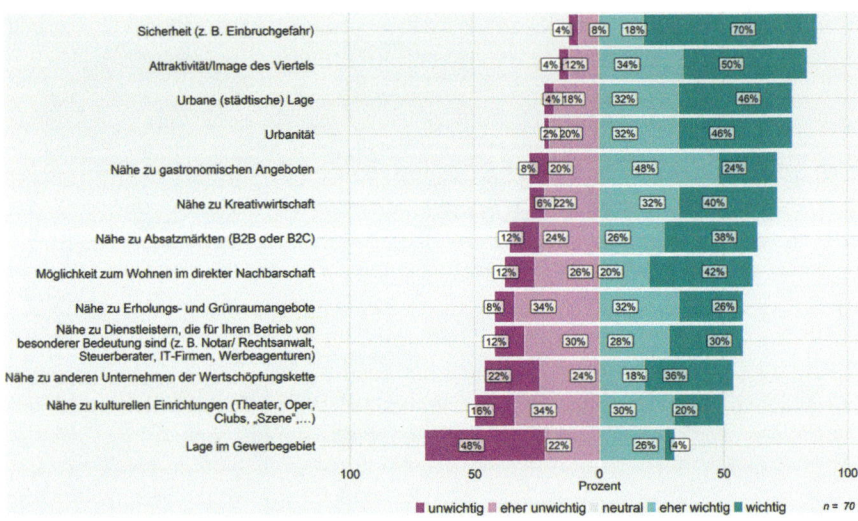

**Abb. 9:** Einschätzung der Wichtigkeit ausgewählter Indikatoren durch Urbane Manufakturen (Quelle: Eigene Darstellung auf Grundlage eigener Erhebung 2018/19).

Insgesamt weisen die Ergebnisse der Befragung auf Lagen in lebendigen Quartieren hin, die sich durch eine vielfältige Nutzungsmischung auszeichnen. Neben dem klassischen Aspekt Sicherheit (z. B. vor Einbrüchen) sind für deutlich mehr als drei Viertel der befragten Unternehmer:innen Aspekte wie das Image, eine urbane Lage und Urbanität wichtige Merkmale ihres Unternehmensstandortes. Für mehr als zwei Drittel zählen hierzu ebenso die Nähe zu gastronomischen Angeboten sowie zur Kreativwirtschaft. Knapp unter zwei Drittel bewerten die Nähe zu Absatzmärkten und die Möglichkeit, in der Nähe ihrer Betriebsstätte zu wohnen, als wichtige Standorteigenschaft. Die Lage in Gewerbegebieten hingegen empfinden mehr als zwei Drittel der Befragten als eher unwichtig bis unwichtig. Insbesondere Manufakturen sind auf die Nähe zu ihren privaten und gewerblichen Kund:innen angewiesen.

Eine für den potenziellen Konsumenten nach außen sichtbare und anziehend wirkende Produktion ist für diese Unternehmensform also ein Schlüsselaspekt. Daher ist die Bedeutung, die einer Erdgeschosslage (81 % eher wichtig bis wich-

# 4 Messkonzept für Urbane Produktion

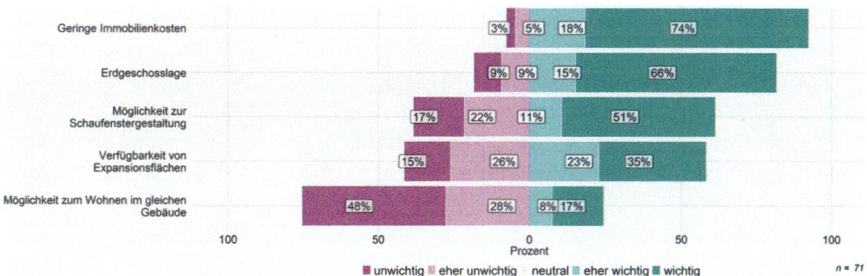

**Abb. 10:** Einschätzung der Wichtigkeit der Immobilieneigenschaften durch Urbane Manufakturen (Quelle: Eigene Darstellung auf Grundlage eigener Erhebung 2018/19).

tig) und der damit verbundenen Möglichkeit zur Schaufenstergestaltung (62 % eher wichtig bis wichtig) beigemessen wird, nicht weiter verwunderlich. Es handelt sich dabei vielfach um kleine Einzelunternehmer:innen, die über keine (ca. 50 %), eine:n Mitarbeiter:in (ca. 25 %) oder nur wenige Mitarbeiter:innen verfügen. Das private finanzielle Risiko ist dementsprechend hoch. Zudem zeichnen sich die Unternehmen durch hohe Anteile handwerklicher Produktionsweisen (80 %) und ein hohes Maß der Individualisierbarkeit der Produkte aus, sodass die Produktion vorwiegend auf Einzelfertigungen oder kleine Produktserien (75 %) ausgerichtet ist (▶ Abb. 11). Dies führt zu qualitativ hochwertigen Produkten, begrenzt jedoch auch die Skalierbarkeit und die erzielbaren Gewinne. Daher sind diese Unternehmer:innen auf geringe Immobilienkosten (92 % eher wichtig bis wichtig) angewiesen. In 58 % der Fälle wird außerdem die Verfügbarkeit von Expansionsflächen zur Unternehmenserweiterung als eher wichtig bis wichtig eingestuft. Der Wunsch nach einer Wohnung im gleichen Gebäude der Manufaktur ist mit 23 % eher gering.

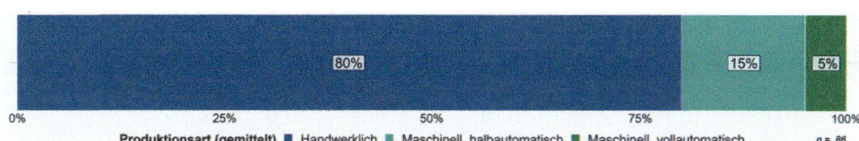

**Abb. 11:** Produktionsart der befragten Manufakturen (Quelle: Eigene Darstellung auf Grundlage eigener Erhebung 2018/19).

Die genannten Standorteigenschaften sind, mit Ausnahme geringer Mietpreise, eher in Misch- als in Gewerbe- und Industriegebieten zu erwarten.

Vor dem Hintergrund der skizzierten Trends wie der Abnahme von Einfacharbeitsplätzen im produzierenden Bereich und einer Zunahme gewerblicher Leerstände könnte ein ökonomischer Entwicklungsimpuls durch den Ausbau nichtstörender Urbaner Manufakturen in Mischgebieten bewirkt werden. Ein enges

Nebeneinander von Wohnen, Gewerbe und Industrie ist in Bochum, wie in Abb. 7 erkennbar, ohnehin bereits gelebte Realität. Insofern wäre eine Strategie zur Entwicklung von nicht-störendem Gewerbe in integrierten Lagen die konsequente Nutzung vorhandener Siedlungsstrukturen. Insbesondere in strukturschwachen Gebieten können derartige Bemühungen der Wirtschaftsförderung gezielt mit Maßnahmen der Stadterneuerung verknüpft werden. So können Aufwertungsprozesse initiiert und Standorte gezielt gemäß den beschriebenen Standortanforderungen potenzieller Gründer:innen ausgerichtet werden.

# 5 Fazit, Diskussion und Ausblick

In Erweiterung zu bisherigen Ansätzen, wurde in diesem Beitrag ein feinkörniger Messansatz gewählt. Dabei sind wir bezüglich der sektoralen Abgrenzung (Materielles Gewebe) auf Grundlage unserer Definition sowohl restriktiv als auch inklusiv vorgegangen: restriktiv, indem wir versucht haben, nicht-materielle Wirtschaftstätigkeiten wie die Produktion von Software oder die Filmproduktion zu exkludieren. Inklusiv, indem wir innerhalb der produzierenden Tätigkeiten (bis auf WZ B – Bergbau und Gewinnung von Steinen und Erden) keine Annahmen getroffen haben, welche Tätigkeiten stadtaffin sind bzw. Innovations- und Wissensspillover versprechen. Hier wollen wir in gewisser Weise die Empirie sprechen lassen und zunächst einmal sehen, welche Tätigkeiten tatsächlich wo vollbracht werden. In Bezug auf die territoriale Zuordnung haben wir einen Messansatz gewählt, bei dem weniger auf die Lage innerhalb einer Stadt, sondern mehr auf die dort stattfindende Art der Nutzung abgestellt wird.

Da die Daten der amtlichen Statistik auch für unsere Abgrenzung nicht die notwendige territoriale und gleichzeitig sektorale Tiefe hergeben, haben wir kommerzielle Daten verwendet. Die Vorteile dieses Ansatzes liegen in der detaillierten räumlichen Auflösung der Datengrundlage, mit der sich kleinräumige Schwerpunkte Urbaner Produktion sowie potenzielle Branchencluster identifizieren lassen. Die Grenzen dieses Messansatzes ergeben sich gleichwohl auch aus der genutzten Datengrundlage. Diese ist weder verpflichtend noch amtlich geprüft und demnach nicht mit amtlichen Daten vergleichbar. Speziell kleinere Unternehmen sind zum Teil nicht enthalten. Dies wirkt sich insbesondere auf Zeitreihenanalysen aus, da sich mangels Pflicht zur Datenübermittelung seitens der Unternehmen sowie eindeutiger Stichtage Datenlücken und unterschiedliche Erfassungszeiträume ergeben. D. h., rückläufige Zahlen weisen nicht zwingend auf Entlassungen oder Unternehmensschließungen hin, sondern können auch schlicht aus einer nicht erfolgten Erfassung resultieren. Insofern sind Analysen und Ergebnisse gründlich zu prüfen und zu hinterfragen. Verbessert werden könnte die Datengrundlage, indem sie mit den bei IHK sowie HWK vorliegenden Daten abgeglichen und angereichert wird. Hierbei ist jedoch fraglich, inwieweit Datenschutzanforderungen dieses Vorhaben einschränken.

Trotz der offenkundigen Schwächen ist es dringend nötig, weiterhin an einer sektoral und territorial differenzierenden Messmethodik sowie einer kleinräumig aufgelösten, belastbaren Datengrundlage zu arbeiten. Nur mit einer validen Argumentationsbasis kann speziell gegenüber Strukturpolitiker:innen, Wirtschaftsförderungen, Banken, Stadtplanungsämtern und potenziellen Investoren:innen der Bedarf und die Relevanz Urbaner Produktion hinreichend nachgewiesen werden bzw. bei Betrachtung von Zeitreihen die Verdrängung aus der Stadt diskutiert werden. Das gilt auch für die räumliche Verschneidung von Unternehmensdaten mit den bestehenden Gebietskategorien der Baunutzungsverordnung, für die zunächst eine flächendeckende Kartierung, differenziert nach reinen Wohngebieten, allgemeinen Wohngebieten, besonderen Wohngebieten, Dorfgebieten, Mischgebieten, Urbanen Gebieten, Kerngebieten, Gewerbegebieten, Industriegebieten und Sondergebieten, nötig wäre. Aufgrund der (überwiegend verbreiteten) Datenverfügbarkeit auf kommunaler Ebene ist hier derzeit höchstens die Unterscheidung nach der Realnutzungskartierung (Wohnbauflächen, Mischbauflächen, Gewerbeflächen, Industrieflächen) oder nach den Kategorien des Flächennutzungsplanes (Wohngebiet, Mischgebiet, Gewerbe-/Industriegebiet, Sondergebiet), beispielsweise über Daten des Bodenrichtwertinformationssystems (BORISplus.NRW), möglich.

Eine nach Wirtschaftszweigen differenzierte Messung von Beschäftigten- und Umsatzzahlen liefert Rückschlüsse zu Entwicklungen und zum Status quo. In diesem Beitrag wurden aufgrund der Datenverfügbarkeit lediglich die Erwerbstätigen betrachtet. Eine weitergehende Unterscheidung nach sozialversicherungspflichtig Beschäftigten und geringfügig Beschäftigten würde die Aussagekraft zusätzlich erhöhen.

Dieser Beitrag enthält ergänzende und neue Ansätze zur Weiterentwicklung der Messung Urbaner Produktion auf kommunaler Ebene. Die anschließenden Schritte liegen darin, die Messergebnisse in Bezug auf die Taxonomie Urbaner Produktion, d. h. Industrie, Manufakturen und Landwirtschaft, weitergehend zu differenzieren und klassifizieren. Zudem bietet sich eine anschließende, detaillierte Analyse und Bewertung der prägenden Eigenschaften städtischer Teilräume mittels geeigneter Indikatoren an. Die gewählten Indikatoren sollten kleinräumige Standortbedingungen möglichst genau darstellen und gleichzeitig anhand von amtlichen und frei verfügbaren (Geo-)Daten abgebildet werden können, um eine Reproduzierbarkeit und Übertragbarkeit auf weitere Städte zu gewährleisten. In Form einer Typologie können diese als Analyse-, Planungs- und Entscheidungswerkzeug zugänglich gemacht werden. Dies ermöglicht einerseits eine detaillierte Analyse des Status quo und anderseits können spezifische Handlungsoptionen und Maßnahmen entsprechend der jeweiligen Bedingungen in den städtischen Teilräumen abgeleitet werden.

Außerdem gilt es aufgrund der eingangs beschriebenen Mehrwerte Urbaner Produktion, diese v. a. hinsichtlich der ökologischen und ökonomischen Wirkungen zu überprüfen. Hierzu könnte unter anderem eine Analyse der Flächenproduktivität (Umsatz pro Fläche) sowie der Anzahl der Beschäftigten pro (Grund-)Fläche durchgeführt werden, um Urbane Produktion im Vergleich zu den Standorten in Gewerbe- und Industriegebieten zu betrachten.

## Quellen

Bauer, W.; Lentes, J. (2014): Wettbewerbsfähig produzieren durch Urbane Produktion. Nachhaltige Wertschöpfung im städtischen Umfeld, in: Industrie Management 30 (4), 7–10

Behr, V.; Gnad, F.; Kunzmann, K. (1990): Kulturwirtschaft in der Stadt (Dortmunder Beiträge zur Raumplanung 53). Dortmund: Rohn

Bell, D. (1976): The Coming of Post-Industrial Society. New York: Basic Books

Bogumil, J.; Heinze, R. G.; Lehner, F.; Strohmeier, K. P. (2012): Viel erreicht – wenig gewonnen: Ein realistischer Blick auf das Ruhrgebiet. Essen: Klartext

Brandt, M.; Gärtner, S.; Meyer, K. (2017): Urbane Produktion. Ein Versuch der Begriffsdefinition (Forschung Aktuell 08/2017). Gelsenkirchen: IAT. https://www.iat.eu/forschung-aktuell/2017/fa2017-08.pdf [Zugriff: 11.03.2021]

Brandt, M.; Butzin, A.; Gärtner, S.; Hennings, G.; Meyer, K.; Siebert, S.; Ziegler-Hennings, C. (2017): Produktion zurück ins Quartier? Neue Arbeitsorte in der gemischten Stadt. https://www.iat.eu/aktuell/veroeff/2017/Produktion-zurueck-ins-Quartier.pdf [Zugriff: 22.11.2018]

BMWi – Bundesministerium für Wirtschaft und Energie (2019): Nationale Industriestrategie 2030. Strategische Leitlinien für eine deutsche und europäische Industriepolitik. https://www.bmwi.de/Redaktion/DE/Publikationen/Industrie/nationale-industriestrategie-2030.pdf [Zugriff: 13.03.2019]

Dahlbeck, E.; Gärtner, S. (2019): Gerechter Wandel für Regionen und Generationen: Erfahrungen aus dem Strukturwandel im Ruhrgebiet. Berlin: WWF-Deutschland

Ellram, L. M.; Tate, W. L.; Petersen, K. J. (2013): Offshoring and Reshoring: An Update on the Manufacturing Location Decision, in: Journal of Supply Chain Management 49 (2), 14–22. DOI: 10.1111/jscm.12019

Erbstößer, A.-C. (2016): Produktion in der Stadt: Berliner Mischung 2.0. Berlin: Technologiestiftung Berlin

Fine, C. (2013): Intelli-Sourcing to Replace Offshoring as Supply Chain Transparency Increases, in: Journal of Supply Chain Management 49 (2), 6–7. DOI: 10.1111/jscm.12018

Fourastié, J. (1954): Die große Hoffnung des zwanzigsten Jahrhunderts. Köln: Bund-Verlag

Fretschner, R.; Hilbert, J. (2012): Die Entwicklung der Gesundheitswirtschaft: Struktur, Beschäftigung und Zukunftsperspektive. Bielefeld: Weiterbildendes Fernstudium »Angewandte Gesundheitswissen«, Studientext Nr. 16

Gärtner, S.; Flögel, F. (2017): Raum und Banken. Baden-Baden: Nomos

Gornig, M.; Werwatz, A. (2018): Anzeichen für eine Reurbanisierung der Industrie, in: DIW Wochenbericht 85 (47), 1006–1011. https://www.diw.de/documents/publikationen/73/diw_01.c.607770.de/18-47-2.pdf [Zugriff: 22.11.2018]

Halweil, B. (2002): Home Grown. The Case for Local Food in a Global Market (World Watch Paper 163). Washington, DC: Worldwatch Institute

WiR – Initiative Wissensregion FrankfurtRheinMain (2016): Urbane Produktion. Impulse für Frankfurt Rhein Main. https://www.frankfurt-main.ihk.de/imperia/md/content/pdf/innovation-umwelt/wir_urbane-produktion.pdf [Zugriff: 12.12.2016]

IT.NRW (2019): Landesdatenbank NRW. Erwerbstätige (Inland) nach Wirtschaftsbereichen (7) der WZ 2008 – kreisfreie Städte und Kreise – Jahr (Tabelle: 13312-02ir), Berechnungsstand: August 2018, Düsseldorf

Kieser, D. (2012): Comeback der Stadtfabrik, in: Industrieanzeiger 134 (22), 24–28

Läpple, D. (2013): Produktion zurück in die Stadt?, in: Kronauer, M.; Siebel, W. (Hrsg.): Polarisierte Städte. Soziale Ungleichheit als Herausforderung für die Stadtpolitik. Frankfurt a. M.: Campus, 129–150

Läpple, D. (2016): Produktion zurück in die Stadt. Ein Plädoyer, in: Stadt Bauwelt. Die Produktive Stadt 211 (35), 22–29

Lentes, J. (2015): Mit Industrie 4.0 zur urbanen Produktion. Impulsvortrag zum 1. Think Tank – Urbane Produktion. Fraunhofer-Institut für Arbeitswirtschaft und Organisation

IAO. Frankfurt am Main, 17.02.2015. http://www.wissensportal-frankfurtrheinmain.de/media/custom/2393_138_1.PDF?1426085776 [Zugriff: 13.12.2016]

Löckener, R.; Gornig, M. (2018): Herausforderungen für bestehende Industrieunternehmen am Beispiel Berlin, in: DIW Wochenbericht 85 (47), 1021–1027. https://www.diw.de/documents/publikationen/73/diw_01.c.607776.de/18-47-5.pdf [Zugriff: 22.11.2018]

Luttrel, B. (2009): The Pros and Cons of Onshoring. https://www.areadevelopment.com/siteSelection/Nov09/pros-cons-onshoring-offshoring-nearshoring5.shtml [Zugriff: 13.08.2019].

Matt, D. T.; Orzes, G.; Rauch, E.; Dallasega, P. (2018): Urban Production – A Socially Sustainable Factory Concept to Overcome Shortcomings of Qualified Workers in Smart SMEs, in: Computers & Industrial Engineering 139, 1–10. DOI: 10.1016/j.cie.2018.08.035

Meinke, U. (2019): Ruhrgebiet hinkt bei Produktivität noch hinterher, in: Westdeutsche Allgemeine Zeitung, 25.07.2019. https://www.waz.de/wirtschaft/ruhrgebiet-hinkt-bei-der-produktivitaet-noch-hinterher-id226577997.html [Zugriff: 31.07.2019]

Mistry, N.; Byron, J. (2011): The Federal Role in Supporting Urban Manufacturing. Washington, DC: WhatWorks Collaborative

Mühl, C.; Busch, H.-C.; Fromhold-Eisebith, M.; Fuchs, M. (2019): Urbane Produktion. Dynamisierung stadtregionaler Arbeitsmärkte durch Digitalisierung und Industrie 4.0? (Digitalisierung von Arbeit 14). Düsseldorf: FGW – Forschungsinstitut für gesellschaftliche Weiterentwicklung. https://www.fgw-nrw.de/fileadmin/user_upload/DvA_14_Studie_Muehl_et_al._web.pdf [Zugriff: 01.02.2019]

Petschow, U.; Ferdinand, J.-P.; Diekel, S.; Flämig, H.; Steinfeldt, M.; Worobei, A. (2014): Dezentrale Produktion, 3D-Druck und Nachhaltigkeit. Trajektorien und Potenziale innovativer Wertschöpfungsmuster zwischen Maker-Bewegung und Industrie 4.0 (Schriftenreihe des IÖW 206/14). Berlin: IÖW

Piegeler, M.; Spars, G. (2019): Urbane Produktion – Konzept und Messung (Schumpeter Discussion Papers, SDP 2019-001). http://elpub.bib.uni-wuppertal.de/edocs/dokumente/fbb/wirtschaftswissenschaft/sdp/sdp19/sdp19001.pdf [Zugriff: 10.3.2021]

Pine, J.; Gilmore, J. (1999): The Experience Economy. Boston: Harvard Business School Press

Rehfeld, D. (2019): Studiengruppe Industriepolitik. Fragen nach dem »Wie?«, in: 30 Jahre Strukturwandel. Geschäftsbericht 2016/2017/2018. Gelsenkirchen: Institut Arbeit und Technik, 100–102.

Rehfeld, D.; Terstriep, J. (2019): Regional Governance in North Rhine-Westphalia – Lessons for Smart Specialisation Strategies?, in: Innovation: The European Journal of Social Science Research 32 (1), 85–103

Rhodes, C. (2018): Manufacturing. Statistics and Policy (Briefing Paper 01942). https://researchbriefings.parliament.uk/ResearchBriefing/Summary/SN01942 [Zugriff: 24.09.2018]

Sturm, G. (2010): Die Innerstädtische Raumbeobachtung des BBSR. Ein Großstadtkatalog für die Aggregatdatenanalyse, in: Belina, B.; Miggelbrink, J. (Hrsg.): Hier so, dort anders. Raumbezogene Vergleiche in der Wissenschaft und anderswo. Münster: Verlag Westfälisches Dampfboot

Zukunftsinstitut (2015): Made in the City: Urban Manufacturing. Die kreative Stadt im digitalen Zeitalter verschafft auch Manufakturen eine Renaissance: Gerade in den Metropolen finden sie Entfaltungsräume und Anhänger. https://www.zukunftsinstitut.de/artikel/made-in-the-city-urban-manufacturing/ [Zugriff: 11.04.2019]

# Die Zukunftsstadt ist stets auch Ort Urbaner Produktion. Perspektiven für Forschung und Praxis

*Jens Libbe und Sandra Wagner-Endres*

## 1 Zukunftsstadt und Urbane Produktion

In den Diskursen um urbane Zukunft und nachhaltige Stadtentwicklung spielt die Frage der Zukunft von Produktion in der Stadt eine nur vergleichsweise untergeordnete Rolle. Themen wie Klimaschutz und Klimawandel, Migration und sozialer Zusammenhalt, Digitalisierung und Smart City oder auch Mobilität und Verkehr sind die dominierenden Themen. Dies sowohl in kommunalwissenschaftlicher als auch in politisch-praktischer Hinsicht. In Anbetracht der drängenden Herausforderungen in diesen Bereichen ist die Abwesenheit von stadtökonomischen Fragen zunächst einmal wenig verwunderlich. Die wirtschaftliche Entwicklung unserer Städte erscheint, trotz aller beträchtlichen regionalen Unterschiede, tendenziell positiv. Das Zeitalter der großen strukturellen Umbrüche (Stichworte: Kohle und Stahl, Transformation der ostdeutschen Industrie) wurde mehr oder weniger erfolgreich bewältigt. Seit Jahren erfreuen sich insbesondere die Ballungsräume großer Beliebtheit und in nahezu allen größeren Städten nimmt die Einwohnerzahl zu. Dass dieses Wachstum dabei auch und nicht zuletzt im Gewerbe Verdrängungseffekte mit sich bringt, wird zwar beklagt, jedoch ohne dass daraus bisher eine größere stadtökonomische Agenda erwachsen wäre.

Erst langsam beginnt sich dies zu ändern. In jüngerer Zeit wird mit Blick auf die Zukunft von Städten die Rückkehr der Produktion in die Stadt intensiver diskutiert (nicht zuletzt Läpple 2013; 2015 und 2018 sowie Gornig/Werwatz 2018). Ursächlich sind eine Reihe von Treibern. Digitale Steuerung ermöglicht eine stärker auf individuelle Bedürfnisse zugeschnittenen Produktion und Kleinserienfertigung. Technologische Entwicklungen machen Produktionsprozesse zudem leiser, effizienter und umweltfreundlicher. Auch gewinnen produktionsnahe Dienstleistungen mit einer entsprechenden Kundennähe an Bedeutung. Und nicht zuletzt verspricht die Weiterentwicklung zu Produktionsverfahren, bei denen Menschen, Maschinen, Anlagen, Logistik und Produkte unmittelbar miteinander kommunizieren und kooperieren, ein höheres Maß an Stadtverträglichkeit, als dies bei der altindustriellen Produktion der Fall war.

Vor diesem Hintergrund haben sich vor wenigen Jahren im Kontext der Fördermaßnahme »Nachhaltige Transformation urbaner Räume« des Bundesministeriums für Bildung und Forschung (BMBF) und darüber hinaus im Kontext der Leitinitiative Zukunftsstadt einige Forschungsvorhaben aufgemacht, Fragen zu Urbaner Produktion und zur Zukunft von Stadt als Wirtschaftsstandort genauer zu betrachten. Die Arbeiten konzentrieren sich weniger auf die Rolle von Städten im internationalen Standortwettbewerb als vielmehr auf die möglichen regionalwirtschaftlichen Potenziale, die Wirkungen auf die urbane Lebensqualität und damit auf den Beitrag zur nachhaltigen Stadtentwicklung insgesamt. Dieses war der Anlass für das Synthese- und Vernetzungsprojekt Zukunftsstadt (SynVer*Z), das die BMBF-Forschung wissenschaftlich begleitet, die Urbane Produktion als Fokusthema zu identifizieren und gemeinsam mit den Zukunftsstadt-Projekten übergreifende Forschungs- und Umsetzungsaspekte zu erörtern. Erweitert wurde dieser Kreis durch Vertreterinnen und Vertreter aus der Wirtschaftsförderung verschiedener deutscher Städte, die aus Perspektive der kommunalen Praxis eine Einordnung des Themas für die Stadtentwicklung vornahmen. Dabei wurde deutlich, dass derzeit noch große empirische Wissensdefizite zu konstatieren sind und die Urbane Produktion in der kommunalen Praxis noch viele Fragen aufwirft. Daher formulierten die Teilnehmerinnen und Teilnehmer des Erfahrungsaustausches gemeinsam Perspektiven für Forschung und Praxis (vgl. Libbe/Wagner-Endres 2019), auf denen die nachfolgenden Ausführungen basieren.

## 2 Urbane Produktion und ihre Stadtaffinität

Definitorisch können unter Urbane Produktion unterschiedliche Formen der Produktion materieller Güter im urbanen Raum verstanden werden. Im weiteren Sinne umfasst Urbane Produktion aber auch alle Dienstleistungen, aus denen im urbanen Raum seriell digitale Güter erbracht werden. So verstanden, bezieht sich Urbane Produktion zunächst vor allem auf den sekundären Sektor (vgl. Piegeler/Spars 2019).

Produktionsstätten, die mit Urbaner Produktion in Verbindung gebracht werden, sind beispielsweise Manufakturen zwischen (hochwertigem, auch kreativem) Handwerk und traditionellem Stadtteilgewerbe, emissionsarme Stadtfabriken und hybride Produktionsformen der Industrie 4.0. Im Bereich des verarbeitenden Gewerbes betrifft dies die Leichtindustrie, die Bereiche der Nanotechnologie, der Medizintechnik oder des kleinteiligen Maschinenbaus. Aber auch die Konsumgüter- und Lebensmittelindustrie besitzt aufgrund ihrer Affinität zur Kundennähe ein Potenzial für Urbane Produktion (vgl. Schaaf/Spindler 2019). Im Weiteren geht es aber auch um die Wirtschaftsbereiche der Informations- und Kommunikationstechnologie, die Gesundheits- und die Kreativwirtschaft bis hin zu Formen des Urban Farming (vgl. Piegeler/Spars 2019 sowie Brandt et al. 2017).

Kennzeichnend für viele der genannten Bereiche ist, dass sie für wissensintensive und kreative Tätigkeiten stehen und darauf angewiesen sind, Mitarbeiterinnen und Mitarbeiter mit überdurchschnittlichen Profilen rekrutieren zu können, wofür insbesondere wachsende Ballungsräume mit Hochschulstandorten die Basis bieten. Die produzierenden Bereiche der Urbanen Produktion weisen aber auch ein hohes Maß an Heterogenität auf. Zum einen erscheinen dabei die Grenzen zwischen traditioneller Konkurrenzwirtschaft und kollaborativen Wirtschaftsformen fließend. Zum anderen geht es stets auch um Produktionsformen, die in einem Zusammenhang mit ihrer urbanen Umgebung stehen. Piegeler/Spars (2019) fassen letzteres unter dem Konzept der »stadtaffinen Branchen«, bei dem davon ausgegangen wird, dass einige produzierende Branchen stadtverträglicher sind als andere.

Urbane Produktion wird vor allem mit den Lagetypen der City, des Cityrands und der Innenstadt in Verbindung gebracht (ebd.), also Räumen mit einer hohen funktionalen Dichte und einer Mischung unterschiedlicher Nutzungen (vgl. Brandt et al. 2017). Anders formuliert: Urbane Produktion findet an Standorten in integrierten Lagen statt, also an Orten, wo sich auch die Tertiärisierung der Ökonomie zeigt. Die Tertiärisierung geht seit langem mit einer Zunahme von Bürogebäuden und Arbeitsplätzen in zentralen städtischen Lagen einher und ist mit einem Funktionswandel bzw. einer Revitalisierung von ehemals sekundärwirtschaftlich genutzten Arealen verbunden. Auf diese drängen nun auch die neuen Formen Urbaner Produktion.

Die besondere Stadtaffinität der Produktion begründet sich vor allem in der Qualität der urbanen Standortfaktoren. Ausschlaggebend sind, neben einem geeigneten »kreativen« Arbeitskräftepotenzial und Kundennähe, die Nähe zu Hochschulstandorten, ein attraktives Umfeld mit hoher Aufenthaltsqualität und Repräsentativität, die relative Nähe von Wohnen und Arbeiten, vorhandene technische (insbesondere Breitband- und Mobilfunknetze) und soziale Infrastrukturen, gute Erreichbarkeit und kurze Wege sowie ein ansprechendes Freizeit- und Erholungsangebot. Besondere Relevanz für die Betriebe besitzen aber auch bezahlbare Immobilienpreise sowie verfügbare Gewerbeflächen, möglichst in Erdgeschosslage (Meyer 2019). Gerade in innerstädtischen Lagen wachsender Städte stößt diese gewerbliche Flächennachfrage der Urbanen Produktion auf große Nutzungskonkurrenzen. Sie konkurriert dabei mit Nutzungen mit zum Teil deutlich höheren Flächenerträgen wie Wohnen und Büroflächen.

Anders stellt sich die Situation in weniger nachgefragten Kommunen oder Stadtteilen bzw. solchen mit rückläufiger Bevölkerungszahl dar. Hier werden die Möglichkeiten von Produktion in der Stadt und lokal eingebetteten Ökonomien als Chance für die Belebung untergenutzter, leerstehender oder brachgefallener Flächen betrachtet.

In der aktuellen Diskussion werden der (Re-)Integration von Produktion in die Stadt und damit der Entwicklung neuer lokal verankerter Ökonomien zum einen Wirkungen als Innovationstreiber zugeschrieben. Zum anderen werden darin Potenziale für die Stärkung regionaler Wirtschaftskreisläufe verortet, also für die Nutzung lokaler Ressourcen und für regionale Wertschöpfungsketten etwa im produzierenden Gewerbe, im Bereich Landwirtschaft und Ernährung oder im Baugewerbe. Es wird angenommen, dass diese Ökonomien positiv auf die Entwicklung von Beschäftigung und Qualifizierung, die Migrantenökonomie und damit auf die Stärkung sozialökonomischer Vielfalt in Städten und Regionen wirken, wobei die unterschiedlichen Rahmenbedingungen und Voraussetzungen in einzelnen Städten auch entsprechend differenzierte Handlungsmöglichkeiten bedingen.

# 3 Urbane Produktion als Beitrag für regionale Wirtschaftskreisläufe und lokale Suffizienzstrategien

Urbaner Produktion wird vonseiten der Forschung zum einen ein Potenzial für die Transformation der Städte in Richtung Nachhaltigkeit zugesprochen. Die Nutzung vorhandener Ressourcen und Wertschöpfungsketten sowie die Entwicklung neuer Wertschöpfungsnetze, etwa aus produzierendem Gewerbe, IKT und Kreativwirtschaft, ebenso wie im Bereich der Landwirtschaft/Ernährung oder im Baugewerbe, können erhebliche Potenziale in sich bergen. Zum anderen wird davon ausgegangen, dass bestimmte Formen der Urbanen Produktion auch vorhandene Ansätze für an Suffizienz[1] und Resilienz (vgl. Welschhoff et al. 2017) orientierte Produktions-, Lebens- und Wirtschaftsweisen unterstützen. Damit besitzen sie das Potenzial, zur Robustheit der lokalen Wirtschaft und damit lokaler Wohlfahrt beizutragen (Piegeler 2019). Ob diese Chancen eingelöst werden können, ist offen. Auch hier fehlt es derzeit an eindeutigen empirischen Belegen.

Urbane Produktion kann eine Brücke schlagen zwischen einer traditionell auf die Förderung von Clustern, regionalen Innovationspotenzialen und Technologie ausgelegten Strategie der Wirtschaftsförderung einerseits und stärker auf kooperative Wirtschaftsformen (vgl. Kopatz 2015, Kopatz/Hahne 2016) ausgelegten Ansätzen einer Gemeinwohlökonomie andererseits. Urbane Produktion wie kooperatives Wirtschaften zielen letztlich auf die Region als Wertschöpfungsraum. Die Einbeziehung von teilweise nicht der Erwerbsarbeit zugerechneten Tätigkeiten, wie Reparaturdienste oder umweltfreundliche Landwirtschaft, stärkt die Anerkennung dieser Arbeitsformen. Damit verbunden, werden andere Wege abseits des Postulats des Wirtschaftswachstums aufgezeigt (vgl. Seidl/Zahrnt 2019).

Erstrebenswert erscheint Urbane Produktion sowohl aus Perspektive von Politik und Verwaltung als auch aus Sicht der Bevölkerung dann, wenn die Orte der Urbanen Produktion zur Attraktivität von Quartieren und damit urbaner Lebensqualität beitragen, kieztypische Nischen und Nutzungen erhalten helfen, ressourcensparsame Produktion und Konsum fördern und zur Identifikation durch Regionalität beitragen. So verstanden, kann Urbane Produktion erhebliche Ausstrahlungskraft in der Zukunftsstadt entfalten, Urbanität zum Ausdruck bringen und wichtiger Baustein urbaner Transformation sein.

---

1 Vgl. https://www.uni-flensburg.de/nec/forschung/ehss/ [Zugriff: 11.03.2021].

## 4 Untersuchungsbedarf in Hinblick auf die Wirkungen Urbaner Produktion

Diesen Erwartungen gegenüber bestehen große Forschungslücken in Hinblick auf die ökonomischen, sozialen, sozial-räumlichen und auch ökologischen Wirkungen Urbaner Produktion. Weder sind die regionalwirtschaftlichen Effekte, also vor allem der Beitrag zur lokalen Wertschöpfung sowie die Arbeitsmarkteffekte, noch sind die sozialen oder sozial-räumlichen Wirkungen, etwa Verdrängungswirkungen auf dem Immobilienmarkt versus Integration urbaner Funktionen, dieser Prozesse bekannt. Es fehlt an einer Analyse der mit dieser Entwicklung verbundenen Chancen und Risiken – sowohl für die Stadtentwicklung als auch für die Entwicklung peripherer Standorte. Nicht ausreichend differenziert ist darüber hinaus die unterschiedliche Relevanz Urbaner Produktion für wachsende Schwarmstädte gegenüber weniger stark wachsenden oder vom Bevölkerungsrückgang betroffenen Mittel- und Kleinstädten. Benötigt werden insbesondere empirische Erkenntnisse und Beispiele über Wirkungen, um geeignete Strategien und Handlungsfelder für die Förderung lokal eingebetteter Ökonomien ableiten zu können.

Erschwerend kommt hinzu, dass die Wirtschaftsbereiche der Urbanen Produktion sehr heterogen sind, etwa was die Unternehmensgrößen oder Arbeitsplätze bzw. Tätigkeitsfelder angeht. Insofern lassen sich auch keine pauschalen Aussagen zu den regionalwirtschaftlichen Potenzialen der Urbanen Produktion treffen. Entscheidend ist die Zusammensetzung der Branchen Urbaner Produktion vor Ort. Hier unterscheiden sich Städte in ihrer Ausstattung an stadtaffinen Branchen, wobei zusätzlich zu berücksichtigen ist, dass die Unternehmens- und Beschäftigungsintensität auseinanderfallen (vgl. auch Piegeler/Spars 2019).

Deutliche Unterschiede zeigt die Flächenanalyse Urbaner Produktion. Historisch gewachsenen Stadtstrukturen bieten unterschiedliche Potenziale für die Ansiedlung entsprechender Betriebe. Anders formuliert: Auch wenn Urbane Produktion primär eine innerstädtische ist, so kann doch die Lage zwischen den Städten deutlich variieren, wobei genauer zwischen Standorttypen differenziert werden muss (Piegeler 2019).

## 5 Regulationsbedarf und instrumentelle Möglichkeiten

Die Einschätzungen der Wirtschaftsförderer zum regulatorischen Rahmen sind divergent. Kritisiert wird die zu hohe Regelungsdichte. So grenzt die Einteilung der Gebietstypen in der Baunutzungsverordnung die Möglichkeiten der Kommunen stark ein und verhindert Nutzungsmischung. Zugleich erschwert der im Planungsrecht nicht weiter differenzierte Begriff »Gewerbe« die Festlegung eindeutiger Entwicklungsperspektiven für Produktion in der Stadt. So fehlen sowohl konkrete sektorale Vorgaben zur Nutzungsmischung (Unterscheidung von produzierendem Gewerbe sowie Dienstleistung und Einzelhandel) als auch Angaben zur Körnigkeit (Mischung nach Baublöcken getrennt oder multifunktionale Gebäude).

Das in der Baunutzungsverordnung seit 2017 neu eingeführte »Urbane Gebiet« führt weniger zu einer neuen Nutzungsmischung, sondern in Städten mit einem boomenden Wohnungsmarkt vielmehr dazu, dass die Wohnnutzung immer stärker an das Gewerbe heranrückt (vgl. Piegeler/Spars 2019). Im Ergebnis zeigt sich ein höherer Wohnanteil in Mischgebieten.

In diesem Zusammenhang stellt sich die Frage nach der gangbaren städtebaulichen Dichte. Obwohl die neue Planungskategorie »Urbanes Gebiet« genutzt werden kann, sind die städtischen Planer derzeit noch zurückhaltend in der Umsetzung. Es fehlt an Erfolgsgeschichten im Sinne von Beispielen der gelungenen Integration Urbaner Produktion in innerstädtischen Lagen sowie der Bewältigung von Konfliktsituationen.

Auf der anderen Seite der Argumentation steht die Sicherung berechtigter Schutzansprüche empfindlicher Nutzungen. Grenz- oder Richtwerte zum Schutz der Nachbarschaft vor schädlichen Umwelteinwirkungen sind elementar, bedürfen für die Urbane Produktion aber auch einer flexiblen, ortsbezogenen Beurteilung von Zumutbarkeiten.

Dort, wo Urbane Produktion vorhanden ist, wird sie in boomenden Städten durch steigende Mietpreise und Immobilienspekulation immer wieder aus Neue in ihrem Bestand bedroht. Begegnet werden kann dem ein Stück weit durch städtischen Eingriff in den Markt. Handlungsmöglichkeiten bieten der Ankauf von Liegenschaften bzw. den Zugriff auf Liegenschaftsbrachen und die Bereitstellung von kommunalen Immobilien für Urbane Produktion. Kommunen sollten vorhandene eigene Liegenschaften nicht verkaufen und Gewerbeflächen künftig nur noch im Erbbaurecht vergeben. Auch die Bereitstellung von kommunalen Fördermitteln kann als Anreiz genutzt werden, um lokale Entwicklungen anzustoßen. Sofern doch angestrebt ist, Liegenschaften zu verkaufen, sollte der Fokus auf der Gebietsentwicklung liegen, d. h. unter anderem dem Verkauf von Grundstücken im Konzeptverfahren anstatt der Vergabe zum Höchstpreis. Ferner sollten Flächen für Urbane Produktion auch im Rahmen städtebaulicher Verträge gesichert werden.

Auf der anderen Seite werden für den Umgang mit Brachflächen und für die Wiederbelebung strukturschwacher Quartiere geeignete Nutzungs- und Aktivierungsstrategien benötigt. Für brachliegende Liegenschaften gilt es, das bestehende Instrumentarium dahingehend zu prüfen, inwieweit Zugriffsmöglichkeiten besser und konsequenter genutzt werden können.

## 6 Notwendige politische Unterstützung und Anforderungen an Stadtentwicklung und kommunale Wirtschaftsförderung

Anders als in altindustriellen Industrie- und Bergbaustädten, wo oftmals direkt neben dem Betrieb gewohnt wurde, fehlt heute vielfach der Bezug zwischen Produktionsstätten und Bevölkerung. Lieferverkehre, Geruchsemissionen u. a. werden schnell als störend empfunden. Dieser Entfremdung kann begegnet werden, sofern es gelingt, die Urbane Produktion durch städtebauliche, verkehrsplanerische oder andere Maßnahmen so zu begleiten, dass negative Auswirkungen minimiert werden.

Urbane Produktion setzt voraus, dass eine Mischung von Funktionen und damit ein Nebeneinander von Produktion und anderen Funktionen politisch gewollt sind und auch planerisch sichergestellt werden. Grundsätzlich bedarf es einer kommunalen Gesamtstrategie, die die eigenen Motive und Ziele von Urbaner Produktion formuliert und auch Zumutbarkeiten klärt bzw. für Akzeptanz wirbt. Dies setzt im Umkehrschluss voraus, dass Kommunalpolitik und -planung städtische Funktionen nicht gegeneinander ausspielen, sondern für Urbane Produktion werben. Produktion und Wohnen in innerstädtischen Lagen sind zwei Seiten einer Medaille und Charakteristikum einer lebendigen und lebenswerten Stadt. Dort, wo innerstädtisch Gewerbeflächen Urbaner Produktion vorhanden sind, sollten diese als erhaltenswerter Infrastrukturbestand angesehen und gesichert werden. Sofern Einzelinteressen sich gegen Urbane Produktion in der Nachbarschaft wenden, benötigt die Urbane Produktion öffentliche Wertschätzung und Unterstützung durch die städtischen Entscheidungsträger.

Ein kompetenter Akteur und zentrale Schnittstelle und Netzwerkknoten zwischen Wirtschaft, Politik und Verwaltung ist die kommunale Wirtschaftsförderung (Rother 2019). Die Förderung lokal verankerter Ökonomien und Formen Urbaner Produktion erfordert aber gerade auch in diesem Bereich veränderte Herangehensweisen und Kreativität abseits klassischer Politiken. Benötigt werden Erprobungs- und Austauschformate für neue Lösungswege, wie beispielsweise temporäre Nutzungen, Maker Spaces, Pop-Up-Stores etc.

Die Integration Urbaner Produktion in innerstädtische Lagen setzt einen aktiven Dialog zwischen Eigentümern, Gewerbetreibenden, Investoren, Stadtteilinitiativen und Anwohnerinnen und Anwohnern voraus. Stadtentwicklung und Wirtschaftsförderung kommt gleichermaßen die Rolle zu, diesen Dialog wo erforderlich anzustoßen und zu begleiten. Dies setzt eine entsprechende Kooperation zwischen beiden städtischen Einrichtungen voraus. Für konkrete Standorte bzw. Quartiere werden »Kümmerer« im Sinne eines Gebietsmanagements benötigt (vgl. Läpple 2018).

Urbane Produktion muss gewollt sein und setzt städtische Strategien voraus. Neben der Schaffung entsprechender baurechtlicher Voraussetzungen und einer aktiven Liegenschaftspolitik bedarf es eines adäquaten Standort- und Flächenmanagements. So gilt es einerseits, Steuerungsverantwortlichkeiten in der Verwaltung zu bestimmen; andererseits bedarf es der Koordination und Abstimmung zwischen den betroffenen Ressorts – nicht zuletzt Stadtplanung und Wirtschaftsförderung. Es geht um den Erhalt und die Förderung von Betrieben, die Förderung von Unternehmensgründungen, Unterstützung quartiersbezogener Projekte oder Kampagnen sowie Marketing für urban bzw. lokal produzierte Produkte.

Die (Re-)Integration von Industrie in die Stadt, wie sie derzeit anhand starker industrieller Gründungsintensitäten in Großstädten wie Berlin, München, Leipzig oder Dresden belegt wird, bedarf für ihre dauerhafte Stabilisierung auch der Unterstützung und dauerhaften Sicherung eines intensiven Wissenstransfers zwischen Wissenschaft und Wirtschaft (vgl. Gornig/Werwatz 2019).

Akzeptanz ist ein entscheidender Faktor bei der Ausgestaltung und Etablierung Urbaner Produktion. Hier geht es nicht zuletzt um städtebauliche Dichte sowie Emissionsbelastungen, insbesondere durch Lärm. Neben den planungsrechtlichen Voraussetzungen bedarf es des Einsatzes geeigneter Kommunikations- und Beteiligungsinstrumente, um entsprechende Projekte gemeinsam mit den Anwohnerinnen und Anwohnern umsetzen zu können. Eine wichtige Voraussetzung ist auch die entsprechende städtebauliche Arrondierung einschließlich flächensparsamer architektonischer Lösungen, die ein Miteinander der Funktionen von Produktion und Wohnen erlauben.

# 7 Forschungs- und Förderbedarf

Im Rahmen der Vernetzung und Synthese der zur Urbanen Produktion forschenden BMBF-Zukunftstadtprojekte sowie im Zuge des Erfahrungsaustausches mit kommunalen Wirtschaftsförderern konnten zwei zentrale förderpolitische Handlungsbedarfe herausgearbeitet werden.

## 7.1 Förderinitiative zu Stadtökonomie und Urbaner Produktion auflegen

Fragen der ökonomischen Entwicklung von Städten und ihrer Bedeutung für die nachhaltige Stadtentwicklung werden derzeit in der Stadt- wie in der Wirtschaftsforschung nur randständig behandelt. Dies ist auch ein Ausdruck dessen, dass einerseits die Stadt- und Regionalökonomie seit vielen Jahren nur noch ein Nischendasein in der Forschungslandschaft führt und dass andererseits ökonomische Fragen im Kontext der Nachhaltigkeitsforschung nur begrenzt behandelt werden.

Bezogen auf die Stadtentwicklung stellt das Thema »Urbane Produktion« letztlich nur einen Ausschnitt von notwendig zu behandelnden Fragen dar. Im größeren Kontext geht es um die Ökonomie von Städten jenseits einer Reduktion auf Stadt als Standortfaktor im internationalen Wettbewerb. Von kommunaler Seite wird vor diesem Hintergrund die Notwendigkeit einer Förderinitiative betont, die sich explizit grundsätzlichen wie handlungspraktischen Fragen einer zukunftsfähigen Stadtökonomie und nachhaltiger Urbaner Produktion widmet. Hier geht es um

a) die Bestimmung, was eine nachhaltige und resiliente städtische Ökonomie auszeichnet und welcher Umfang lokaler Wertschöpfung in diesem Zusammenhang als notwendig erscheint,
b) die empirische Analyse der Bedeutung Urbaner (innerstädtischer) Produktion für lokale Wertschöpfung, Arbeitsplätze, soziale Stadtentwicklung und Lebensqualität sowie Untersuchungen zur Stadtverträglichkeit verschiedener Formen urbaner Ökonomie,
c) die Wirkungen und Erfolgsfaktoren einer auf die Stärkung nachhaltiger Urbaner Produktion ausgerichteten Wirtschaftsförderung und Stadtentwicklungsplanung,
d) die Rahmenbedingungen und Kooperationsformen zur Stärkung lokaler Ökonomie.

Eine solche Fördermaßnahme sollte in den Kommunen gleichermaßen Stadtentwicklung und Wirtschaftsförderung adressieren. Gefordert und gefördert werden sollten integrierte Konzepte zur Stärkung lokaler Ökonomie und Wertschöpfung. Marktförmige Formen lokaler Ökonomie und Formen der Gemeinwesen-Ökonomie sollten gleichermaßen im Fokus stehen.

## 7.2 Kommunale Kompetenz stärken und kommunales Förderprogramm auflegen

Seitens der kommunalen Wirtschaftsförderer wird die Notwendigkeit betont, flankierend zur Forschung die Städte bei der Implementierung Urbaner Produktion durch ein entsprechendes Förderprogramm zu unterstützen. Hier geht es u. a. um

a) die Schaffung einer Informationsplattform und Datenbank zu erfolgreichen (stadtverträglichen) Beispielen Urbaner Produktion,
b) die Organisation von Regionalworkshops zum Erfahrungsaustausch über Urbane Produktion,
c) die Adressierung von Stadtplanern zum Thema »Urbane Produktion und Nutzungsmischung«,
d) die In-Wert-Setzung Urbaner Produktion im Kontext übergeordneter internationaler, nationaler und städtischer Entwicklungsziele, so etwa das Ziel Nr. 8 der Sustainable Development Goals: »Nachhaltiges Wirtschaftswachstum und menschenwürdige Arbeit für alle – dauerhaftes, breitenwirksames und nachhaltiges Wirtschaftswachstum, produktive Vollbeschäftigung und menschenwürdige Arbeit für alle fördern«,

e) die Unterstützung der Städte bei Maßnahmen der Kommunikation und Akzeptanzförderung zu Fragen von Urbanität und Urbaner Produktion,
f) die Bereitstellung von (auch investiven) Fördermitteln für Unternehmen der Urbanen Produktion.

# 8 Die Zukunftsstadt ist stets auch Ort von Produktion. Ein Fazit

Die (globale) Urbanisierung mit ihren volatilen Märkten, die Transformation des produzierenden Sektors in Verbindung mit der immer stärkeren Digitalisierung von Produktion hin zur Industrie 4.0, die zunehmende Aufhebung der klassischen Trennung von Produktion und Dienstleistung sowie der weiter steigende Fachkräftebedarf lassen Städte wieder stärker als Produktionsstandort interessant werden. Das Konzept der stadtaffinen Branchen macht darauf aufmerksam, dass die materielle innerstädtische Produktion auch in Zukunft eine Bedeutung hat. Neue, digitalisierte Produktionsformen sind heute weit mehr mit ihrem Umfeld kompatibel, als dies bei Altindustrien der Fall war. Eine Stärkung Urbaner Produktion, die auf lokalen Ressourcen aufbaut und deren Wertschöpfung ortsbezogen ist, leistet zugleich einen Beitrag für eine nachhaltige und resiliente städtische Ökonomie. Daher gilt, dass jedes Nachdenken über die Stadt der Zukunft stets auch die Möglichkeiten und Potenziale von Produktion in der Stadt einschließen sollte. Es erscheint daher dringend notwendig, dass stadt- und regionalökonomische Fragen im Kontext nachhaltiger urbaner Zukunft wieder mehr Aufmerksamkeit erfahren.

# Quellen

Brandt, M.; Gärtner, S.; Meyer, K. (2017): Urbane Produktion – ein Versuch einer Begriffsdefinition (Forschung Aktuell 08/2017). Gelsenkirchen: IAT. https://www.iat.eu/forschung-aktuell/2017/fa2017-08.pdf [Zugriff: 11.03.2019]
Gornig, M.; Werwatz, A. (2018): Anzeichen für eine Reurbanisierung der Industrie, in: DIW Wochenbericht 85 (47), 1006–1011. https://www.diw.de/documents/publikationen/73/diw_01.c.607770.de/18-47-2.pdf [Zugriff: 11.03.2021]
Kopatz, M. (2015): Wirtschaftsförderung 4.0. Kooperative Wirtschaftsformen in Kommunen, in: Politische Ökologie 142, 18–24
Kopatz, M. Hahne, U. (2016): Wirtschaftsförderung 4.0 – auch ein Thema für ländliche Regionen, in: »Kritischer Agrarbericht 2018«, 179–183
Läpple, D. (2013): Zurück in die Stadt. Ein Interview, in: Nachrichten der ARL 3, 22–29

Läpple, D. (2015): Metamorphosen der Arbeitsgesellschaft. Produktion zurück in die Stadt?, in: Landeshauptstadt Stuttgart (Hrsg.): Die produktive Stadt. Symposiums Dokumentation, 21–27. https://www.immobilienverlag-stuttgart.de/wp-content/uploads/2015/11/DIE_PRODUKTIVE_STADT_2015.pdf [Zugriff: 11.03.2019]

Läpple, D. (2018): Perspektiven einer Produktiven Stadt, in: Schäfer, K. (Hrsg.): Aufbruch aus der Zwischenstadt. Urbanisierung durch Migration und Nutzungsmischung (Urban Studies). Bielefeld: transcript, 150–175

Libbe, J. Wagner-Endres, S. (2019): Urbane Produktion in der Zukunftsstadt. Perspektiven für Forschung und Praxis (SynVer*Z Synthese Paper 1). Berlin. https://www.nachhaltige-zukunftsstadt.de/downloads/Synthese_Paper_Urbane_Produktion.pdf [Zugriff: 11.03.2021]

Meyer, K. (2019): Urbane Produktion in quantitativer und qualitativer Analyse: Befunde in Hinblick auf Standortentwicklung und Funktionsmischung. Vortrag auf dem SynVer*Z-Workshop »Urbane Produktion – Potenziale und Wirkungen für Wirtschaftsförderung und Stadtentwicklung«, Berlin am 20. März 2019

Piegeler, M. (2019): Gewerbe in der Stadt. Wandel im Bestand gestalten – Urbane Produktion in quantitativer und qualitativer Analyse. Vortrag auf dem SynVer*Z-Workshop »Urbane Produktion – Potenziale und Wirkungen für Wirtschaftsförderung und Stadtentwicklung«, Berlin am 20. März 2019

Piegeler, M.; Spars, G. (2019): Urbane Produktion – Konzept und Messung (Schumpeter Discussion Papers 2019-001). https://www.oekonomie-arch.uni-wuppertal.de/fileadmin/architektur/oekonomie-arch/Dateien/SDP_2019_001.pdf [Zugriff: 11.03.2019]

Rother, C. (2019): Wirtschaftsförderung 4.0. Lokale Produktion in Osnabrück. Vortrag auf dem SynVer*Z-Workshop »Urbane Produktion – Potenziale und Wirkungen für Wirtschaftsförderung und Stadtentwicklung«, Berlin am 20. März 2019

Schaaf, J.; Spindler, I. (2019): Urbane Produktion – Kommt die Industrie zurück in die Stadt? (Diskussionspapier 2019/04). Mittweida: Fakultät Wirtschaftsingenieurwesen Hochschule Mittweida. https://www.institute.hs-mittweida.de/webs/inim/forschungsprojekte/urban-production/veroeffentlichungen/ [Zugriff: 11.03.2021]

Seidl, I.; Zahrnt, A. (2019): Arbeit und Postwachstum. Neugewichtung von Erwerbsarbeit und Tätigsein für eine Postwachstumsgesellschaft, in: Ökologisches Wirtschaften 33 (1), 17–18

Welschoff, J.;Terstriep, J.;Seipel, N.; Gonka, T. (2017): Resilienz, Nachhaltigkeit und Transition als theoretische Leitplanken für das Projekt »Bottrop 2018+« (AP 1.2 Bericht des Projekts »Bottrop 2018+« – Auf dem Weg zu einer nachhaltigen und resilienten Wirtschaftsstruktur). Berlin. https://www.bottrop.de/microsites/wirtschaftsallianz/downloads/allgemein/Bericht_AP1.2_Resilienz_Nachhaltigkeit_und_Transition.pdf [Zugriff: 11.03.2019]

# Digitalisierung als Befähiger der Urbanen Produktion

*Joachim Lentes und Michael Hertwig*

## 1 Einführung

Die weitergehende Globalisierung, volatile Märkte, kurze Produktlebenszyklen, die geforderte Entkopplung von Wachstum und Ressourcenverbrauch sowie die Reduktion des $CO_2$-Ausstosses führen zu neuen Anforderungen an Unternehmen. Doch technologische Entwicklungen wie die Digitalisierung und Vernetzung sind nicht nur ein Wandlungstreiber, sondern auch ein Befähiger für erfolgversprechende Maßnahmen zur Weiterentwicklung von Unternehmen. Im vorliegenden Beitrag wird aufgezeigt, wie die Anwendung von Digitalisierung und Vernetzung in Industrieunternehmen, also gerade auch die »Industrie 4.0«, Unternehmen dazu befähigt, Produkte dezentraler, emissionsärmer, nachhaltiger und letztlich stadtkompatibler herzustellen. Mit einer derartigen stadtverträglichen Herstellung wird die Grundlage einer Re-Urbanisierung der Produktion zum Vorteil aller Beteiligten geschaffen: Stadt und Bürger, Unternehmen und Mitarbeiter (Bauer/Lentes 2014). Potenzielle Vorteile für Unternehmen bestehen in beschaffungs-, produktions- und absatzbezogener Hinsicht, allerdings abhängig von Branche, Unternehmen und Produkt. Die Vorteile basieren hauptsächlich auf kurzen Wegen und clusterartigen Effekten und können insbesondere bei kleinvolumigen hochpreisigen Produkten aus kleinen, tendenziell vernetzten Produktionseinheiten ausgeschöpft werden.

## 2 Digitalisierung und Industrie 4.0

Der technische Fortschritt führt im Kontext der Informationstechnologie zu immer leistungsfähigeren, kleineren und kostengünstigeren Computersystemen, die daher verstärkt als Eingebettete Systeme in Produkte und Produktionsanlagen sowie deren Teile eingebaut werden können (vgl. BMBF 2013). Durch deren Vernetzung untereinander und mit weiteren Computersystemen wie Servern werden sie zu sogenannten cyberphysischen Systemen (CPS) mit Aktoren und Sensoren (Kagermann et al. 2013). Durch Anwendung von CPS auf Produktions- und Logistikprozesse produzierender Unternehmen im Sinne einer Industrie 4.0 kann einerseits Transparenz zum Status von Objekten, Produkten und Produktionsanlagen sowie deren Teilen geschaffen werden. Andererseits wird es damit möglich, den jeweiligen Dingen Informationen zu übermitteln und sie damit unter anderem zu steuern. Damit wird sowohl eine horizontale wie auch eine vertikale Integration in und zwischen Fertigungsbetrieben möglich. Die horizontale Integration verknüpft die einzelnen Elemente und Prozesse der Wertschöpfungskette, vom Kunden bzw. Markt über die Produktentstehung bis zum Kunden bzw. Markt, demnach auch über Unternehmensgrenzen hinweg. Mit der vertikalen Integration wird die Vernetzung vom Sensor über Maschinenkomponenten, Maschinen und Anlagen, Produktionssysteme bis hin zum Planungs- und Steuerungsebene bzw. dem Management – und zurück realisiert. Ein dritter wesentlicher Faktor einer Industrie 4.0 ist nach Kagermann (2013) die digitale Durchgängigkeit der Produkt- und Produktionsentwicklung während des gesamten Vorgangs der Produktentstehung, also das kontinuierliche Fließen von Informationen durch die eingesetzten Softwaresysteme von der Idee für ein Produkt bis zu seiner Produktion und gegebenenfalls Nutzung.

Der durchgehende digitale Fluss von Informationen, auch über Unternehmensgrenzen hinweg, in Bezug auf das Produkt, seine Entstehung sowie die entsprechenden Ressourcen ermöglicht nicht nur eine erhöhte Transparenz und verbesserte Steuerung des Vorgehens, sondern auch dessen feingranularere Verteilung. Damit wird eine weitgehende Dezentralisierung der Produktentstehung in kleinere Einheiten möglich.

## 3 Urbane Produktion

Voraussetzung für die Wertschöpfung im urbanen Umfeld ist die Realisierung einer stadtverträglichen Produktion, also von Fabriken mit niedrigem Flächenverbrauch und hoher Effizienz bei minimalen Emissionen. Idealerweise würde eine Urbane Produktion eine Symbiose mit ihrer Umwelt eingehen, bei der der positive Beitrag der Produktion zu ihrem Umfeld optimiert und nicht der negative Beitrag minimiert würde.

Digitalisierung und Vernetzung, bis hin zu einer Industrie 4.0, schaffen die Möglichkeit für kleinere Produktionseinheiten, die mittels durchgehender digitaler Informationsflüsse vernetzt sind. Informationslogistik und Zusammenarbeit von Menschen, Organisationseinheiten und Unternehmen können nun auch in verteilten Wertschöpfungssystemen sichergestellt werden. Allerdings bleibt der Materialfluss als eine weitere Bestimmungsgröße bei der Organisation von Produktionseinheiten und -netzwerken weiterhin von Bedeutung für die Dezentralisierung der Wertschöpfung. Zur Auflösung des entsprechenden logistischen Dilemmas bestehen organisatorische und technische Lösungen. Organisatorisch gesehen, bietet es sich an, die Wertschöpfung in einen kunden- und auftragsneutralen Teil und einen kunden- und auftragsspezifischen Teil aufzugliedern und den spezifischen Teil möglichst dicht am Kunden, beispielsweise in der Stadt, anzusiedeln. Kunden- und auftragsneutrale Komponenten und Produkte könnten dann weiterhin unter Nutzung von Skaleneffekten in größeren Werken, beispielsweise in Industriegebieten hergestellt werden. Alternativ kann eine Produktion im städtischen Umfeld von den entsprechenden Vorzügen wie Clustereffekten, Fachpersonal und kreativem Potenzial profitieren und könnte daher auf wissensintensive bzw. innovative Produkte fokussieren. Ein technischer Befähiger kleiner Produktionseinheiten können digitale Fertigungstechnologien wie der 3D-Druck oder additive Fertigungsverfahren im Allgemeinen sein. Die Anwendung additiver Fertigungsverfahren ermöglicht es, eine relativ geringe Anzahl an Materialien einzusetzen, um auftragsspezifische Bauteile und Produkte herzustellen. Damit kann einerseits Komplexität in der Beschaffungslogistik deutlich reduziert werden. Andererseits wird die Anzahl notwendiger Fertigungshilfsmittel reduziert, da additive Fertigungsverfahren typischerweise keine produktspezifischen Werkzeuge oder Formen erfordern. Folglich unterstützt die Digitalisierung die Reduktion des Flächenbedarfs von Produktionseinheiten als einer der wesentlichen Anforderungen an eine Urbane Produktion.

Die wesentlich größere Informationstransparenz, die durch Digitalisierung möglich wird, unterstützt nicht nur eine feinere Überwachung der Fertigungsprozesse, sondern auch die Optimierung deren Betriebs über entsprechende Steuerungen. Damit kann die Digitalisierung einen Beitrag zur Steigerung der Effizienz und Reduktion von Emissionen leisten. Entsprechende Realisierungen können unter dem Begriff der Ultraeffizienzfabrik subsumiert werden (vgl. Lentes et al. 2017).

## 4 Wettbewerbsfähige nachhaltige Produktion im Einklang mit dem Umfeld

Die Digitalisierung bietet durch Vernetzung aller Entitäten in der Produktion die Schaffung von Transparenz. Durch die Zusammenführung aller Daten aus cyberphysischen Systemen, Maschinensteuerung und Softwaresystemen kann ein ganzheitliches Bild der Produktion geschaffen werden. Diese erhöhte Transparenz erlaubt die Erkennung von Abweichungen und Schwankungen der Auslastung. Damit verbunden, lässt sich gemäß Lean Verschwendung identifizieren (vgl. Balsliemke 2015, 4). Andererseits bietet das bessere Verständnis der Zusammenhänge auch potenzielle Synergien für die optimierte Steuerung in der Produktion. Dazu bedarf es aber eines digitalen Abbildes des Produktionsunternehmens (August 2019, 60). Der digitale Zwilling der Produktion bietet viele Vorteile. Denn die Maschinen werden mit wichtigen Sensoren ausgestattet bzw. gemessene Sensordaten werden verfügbar gemacht. All dies erlaubt eine verbesserte Beschreibung der Produktionsprozesse, auch hinsichtlich der Energiewerte und anderer Informationen, die für die Optimierung von Nachhaltigkeit, Effizienz und Verträglichkeit wichtig sind.

Durch die Entwicklung eines unternehmensspezifischen Modells, welches die verfügbaren Daten nutzt, kann nicht nur der aktuelle Status der Produktion abgeleitet werden. Durch Simulation ist auch eine Abschätzung der Zukunft möglich (vgl. Kruse 2015, 181). Abhängig vom Anwendungsfall sind verschiedene Simulationsansätze sinnvoll. So können die Produktionsprozesse beispielsweise mit der Discrete-Event-Simulation oder der Systemdynamik beschrieben werden (vgl. Sweetser 1999, 25). Dabei haben beide Methoden verschiedene Ziele. Die Discrete-Event-Simulation eignet sich, einen klaren Prozessbezug herzustellen mit konkretem Anfang und Ende (vgl. Maidstone 2010, 1). Die Systemdynamik erlaubt eine Bewertung des zeitlichen Verhaltens von komplexen Abhängigkeiten und Einflüssen (vgl. Oyarbide et al. 2003, 72). Für die Etablierung und Bewertung von Nachhaltigkeit und Ökoeffizienz hat sich die systemdynamische Entwicklung verbreitet (vgl. Kibira et al. 2009, 4).

Der Einsatz der Systemdynamik erlaubt die Betrachtung verschiedener Aspekte eines Produktionsunternehmens. So können neben den Stellgrößen Materialressourcen und Energieversorgung auch sozio-technische Aspekte wie Mitarbeiter, Nachbarschaft, Umwelt und die Organisation in die Betrachtung einbezogen werden (vgl. Mandel et al. 2016, 35). Durch Erstellung eines übergeordneten Modells können die Betrachtungsaspekte und -grenzen abgesteckt werden. Durch Konkretisierung der Zusammenhänge lassen sich Einflussparameter und Zielparameter ableiten (vgl. Mandel et al. 2016, 39). Dies unterstützt dabei, Auswirkungen über einen definierten Zeitraum vorauszusagen, und dabei, verschiedene Szenarien zu kalkulieren (vgl. Lentes et al. 2017, 489). Dies ist insbesondere bei der Entscheidung von potenziellen Entwicklungsmaßnahmen im Unternehmen sinnvoll. Denn einerseits erhalten die Verantwortlichen Kenntnis über die komplexen Zusammenhänge zwischen Investitionen und der Auswirkungen der Maßnahmen auf Effizienz, Effektivität, Nachhaltigkeit und Einfluss auf das Umfeld, andererseits können Aspekte neben der reinen fiskalischen Bewertung in den Entscheidungsprozess einbezogen werden (vgl. Singh et al. 2017, 282). Die Zielstellung dieser Optimierungsansätze ist die Auflösung der Verknüpfung von wirtschaftlicher Entwicklung und Ressourcenverbrauch (vgl. Bauernhansl 2015, 7).

Die Betrachtung kann ebenfalls erweitert werden. Denn meist sind der Steigerung von Effizienz in Kombination mit Nachhaltigkeit innerhalb des Unternehmens Grenzen gesetzt. Deshalb ist eine Erweiterung des Betrachtungsraums auf das nahe Umfeld, die direkte Nachbarschaft ein sinnvoller Schritt (vgl. Hertwig 2017, 6). Bei der Betrachtung urbaner Räume in Europa sind hierbei automatisch Industrie- und Gewerbegebiete im Fokus. Denn aufgrund der Funktionstrennung durch die Charta von Athen sind vielfach Industrie und Wohnungen getrennt agglomeriert (vgl. Jeanneret-Gris 1943, 162). Durch die Ausdehnung der Betrachtung auf das Industriegebiet sind Synergieeffekte mit benachbarten Unternehmen möglich. Denn die erhöhte Transparenz und Verfügbarkeit von Echtzeitinformationen erlaubt eine engere Zusammenarbeit über Unternehmensgrenzen hinweg (vgl. Lentes/Hertwig 2019). Hierbei wird auch die Ableitung möglicher Geschäftsmodelle wichtig, denn um Mehraufwand für die Schaffung der Symbiose abzudecken, ist der intrinsische Wille allein nicht ausreichend. Zumindest wird es nicht möglich sein, die Maßnahmen in allen Unternehmen zu etablieren, wenn der langfristige Nutzen nur schwer kommuniziert werden kann. Aber durch Sensibilisierung der Unternehmen und Unterstützung bei der Umsetzung lassen sich langfristig Maßnahmen zu beiderseitigem Nutzen umsetzen. Denkbare Ansätze sind beispielsweise:

- Optimierung der Energieausnutzung durch gemeinsame Energiepuffer,
- gemeinsame Nutzung von E-Mobility-Infrastruktur,
- Optimierung von Lagerflächennutzung durch Kombination von Lagereinheiten,
- Verbesserung der Nahverkehrsversorgung, insbesondere für die Mitarbeiter,
- Zusammenführung von Rohstoff-, Material- und Verbrauchsstoffdisposition und -beschaffung oder gar
- das gemeinsame Management von Maschinenressourcen inklusive gemeinschaftlicher Nutzung.

Diese und weitere Konzepte lassen sich durch die erhöhte Transparenz und echtzeitbasierte Informationsbereitstellung entwickeln und umsetzen (vgl. Hertwig et al. 2019, 204 und Hertwig 2018). Damit werden in verschiedenen Handlungsfeldern Optimierungsmaßnahmen hinsichtlich Nachhaltigkeit, Verträglichkeit und Symbiose ermöglicht.

# 5 Partizipation und Teilhabe als nachhaltiger Beitrag im Produktentstehungsprozess

Die durch Digitalisierung geschaffene Transparenz und ggf. Kleinteiligkeit in den Prozessen erlaubt eine verstärkte Interaktion mit dem und Einbindung des Kunden. Durch die enge Verzahnung und örtliche Nähe von Produktions- und Lebensraum werden kurze Wege ermöglicht (vgl. Spath 2013, 2). Die Ausprägungen der Kundeneinbindung sind vielfältig. So kann die Transparente Fertigung stets echtzeitnahe Informationen über den Erfüllungsgrad der Produktion liefern (vgl. Singh et al. 2017, 276). Die zunehmende Verfügbarkeit von Daten aus der Fabrik unterstützt die aktive Interaktion mit dem Kunden, denn es können Statusinformationen bereitgestellt oder gar der Produktionsprozesse bis zur letzten Minute angepasst werden. Der Kunde kann jederzeit durch Abruf des aktuellen Zustands Einfluss auf die weitere Produktion nehmen und Produkteigenschaften – soweit noch änderbar – anpassen (vgl. Matt 2015, 187). Weiterhin kann der Kunde in die Prozesse integriert werden. Damit kann der Kunde selbst Aufgaben übernehmen. Möglichkeiten der Kundeneinbindung kann durch entsprechende Schnittstellen zur Erweiterung und Individualisierung gegeben sein. Der Kunde kann dann das Produkt hinsichtlich seiner Bedürfnisse erweitern oder ergänzen (vgl. Majorel – Zukunft Kunde 2017). Dabei spielen Ansätze wie

Apps – kleine in sich geschlossene Softwarepakete mit dezidiertem Zugriff auf Daten – eine bedeutende Rolle. Erweitert auf Hardware sind physikalische Apps denkbar (vgl. Borrmann/Brand 2015, 4). Weitere Ansätze binden den Kunden oder Nutzer direkt in den Fertigungsprozess ein. Beim Ansatz der Open Production erfolgt eine flexible Einbindung externer Einrichtungen. Einfache Ansätze lagern in sich geschlossene Produktionsschritte aus. So kann der Kunde Bauteile selbst montieren, vielfach bekannt aus dem Aftermarket-Bereich in der Automobilindustrie (vgl. Redlich 2010, 143). Es können aber auch einfache Montageschritte am Ende der Produktion sein, wobei der Kunde bei seinem Produkt die Montageschritte begleitet (vgl. Grün/Brunner 2012, 90). Die Ausdehnung der Kundenintegration im Produktionsprozess wäre auch das Outsourcen der Montage an den Kunden, der einzig die Komponenten in passender Komplexität bereitgestellt bekommt (vgl. Redlich et al. 2009, 559). Dies kann als erster Schritt vom Konsumenten zum Prosumenten bezeichnet werden (vgl. Blättel-Mink 2012). Die Einbindung von Prosumenten wird bereits länger diskutiert. Insbesondere einfach zu managende Prozesse bieten sich an, bei denen der Kunde oder Nutzer ausschließlich Ideeninput gibt – Open Innovation Prozesse und Nutzerfeedback. Im Funnel in Abb. 1 sind das hauptsächlich die Randbereiche. Gleichzeitig ist es aber auch möglich größere Wertschöpfungsnetzwerke aufzubauen. Denn wenn alle Fertigungsstätten eher kleinteiligere Arbeitsschritte im Fokus haben, ist eine enge Zusammenarbeit zur Realisierung komplexer Produkte nötig (vgl. Basmer et al. 2015, 49).

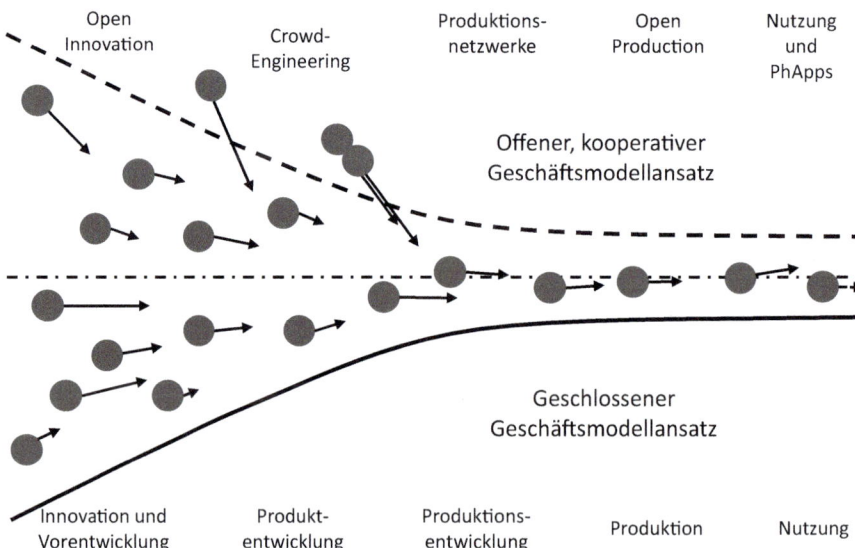

**Abb. 1:** Funnel des Produktentstehungsprozesses (oben: offener Ansatz; unten: geschlossener Ansatz; eigene Darstellung).

Durch die zunehmende Digitalisierung entstehen auch digital vernetzte Stakeholder-Gruppen, die aufgrund der vereinfachten Kommunikations- und Organisationsfunktionen auch verteilte Communities bilden können. Viele der Community-Mitglieder sehen sich selbst als Prosumenten, die ihr Fachwissen auch einbringen wollen. Die bisherigen geschlossenen Geschäftsmodelle (▶ Abb. 1, unten) müssen sich zur Einbindung externer Stakeholder öffnen und durchlässiger (▶ Abb. 1, oben) werden (vgl. Totz 2006, 82). Dazu bedarf es entsprechender digitaler Werkzeuge, um die Interaktion zu steuern und optimal zu gestalten. Die damit einhergehende Neustrukturierung der Produktentstehungsprozesse sowie das Management aller Beteiligten wird über Plattformansätze unterstützt (▶ Abb. 2). Die Öffnung im Bereich der Produktentwicklung kann als Co-Creation beschrieben werden. Unter Crowd-Engineering ist die konsequente Fortführung von Open Innovation Prozessen in die Konstruktion, Auslegung, das Design, die Funktionsbestimmung und Simulation zu verstehen. Die eingebundenen Prosumer benötigen erhöhtes Fachwissen und Zugang zu den entsprechenden Werkzeugen, um verwendbare Ergebnisse zu erzielen (vgl. Adam et al. 2019). Demnach könnten Kunden und Nutzer Produkte erstellen und diese könnten im lokalen Produktionsnetzwerk realisiert werden (vgl. Müller – Die lila Logistik 2019). Damit werden lokale Strukturen gestärkt und der negative Einfluss der Logistik minimiert (vgl. Lentes 2015).

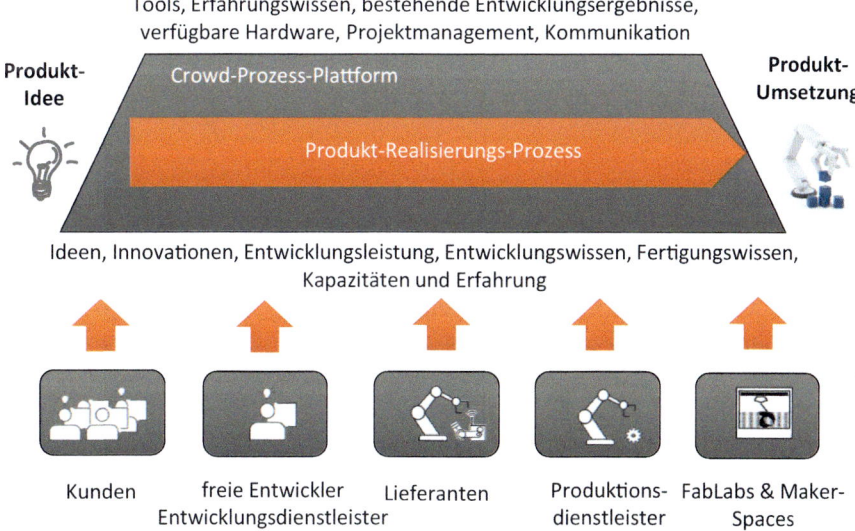

**Abb. 2:** Konzept einer digitalen Unterstützungsplattform (eigene Darstellung).

# 6 Zusammenfassung

Trends wie die Steigerung der Nachhaltigkeit, Senkung der Emissionen – gerade auch von Kohlendioxid –, die weitergehende Urbanisierung, gepaart mit der Forderung nach anhaltender Wettbewerbsfähigkeit, stellen Unternehmen vor zahlreiche Herausforderungen. Digitalisierung und Vernetzung stellen technologische Befähiger dar, die es produzierenden Unternehmen erlauben, diesen Herausforderungen zu begegnen. Sie erlauben es, kleinteiliger, nachhaltiger und emissionsärmer – mit einem Wort: stadtkompatibler – zu produzieren. Durch eine angemessene Kombination technischer und organisatorischer Maßnahmen kann eine wettbewerbsfähige Urbane Produktion gerade im kunden- oder auftragsspezifischen Anteil der Wertschöpfungskette oder auch für wissensintensive Produkte realisiert werden. Eine Urbane Produktion in Symbiose mit ihrem Umfeld kann Vorteile für alle Beteiligten bieten: Unternehmen und Stadt, Mitarbeiter und Bürger.

# Quellen

Adam, F.; Hertwig, M.; Barwasser, A.; Lentes, J.; Zimmermann, N.; Siee, M. (2019): Crowd-Engineering – Approach for Smart and Agile Product Development in Networks, in: Procedia Manufacturing 39, 1317–1326. DOI: 10.1016/j.promfg.2020.01.326

Balsliemke, F. (2015): Kostenoptimierte Wertstromplanung, Prozessoptimierung in Produktion und Logistik. Wiesbaden: Springer

Basmer, S.; Buxbaum-Conradi, S.; Krenz, P.; Redlich, T.; Wulfsberg, J. P.; Bruhns, F.-L. (2015): Open Production: Chances for Social Sustainability in Manufacturing, in: Procedia CIRP 26, 46–51. DOI: 10.1016/j.procir.2014.07.102

Bauer, W.; Lentes, J. (2014): Wettbewerbsfähig produzieren durch Urbane Produktion, in: Industrie Management 30, 7–10

Bauernhansl, T. (2015): Konzept der Ultraeffizienzfabrik. Vortrag auf der Konferenz »Ultraeffizienzfabrik«, 09.12.2015, Fellbach

Blättel-Mink, B. (2012): Prosuming 2.0. Vortrag auf der IÖW/VÖW-Jahrestagung, 08./09.03.2012, Berlin

BMBF – Bundesministerium für Bildung und Forschung (2013): Zukunftsbild »Industrie 4.0«. Bonn. https://www.plattform-i40.de/PI40/Redaktion/DE/Downloads/Publikation/zukunftsbild-industrie-4-0.pdf [Zugriff: 11.03.2021]

Borrmann, D.; Brand, M. (2015): Nutzerentwickelte Funktionen zur physischen Produkterweiterung. Physical Apps. Vortrag auf dem Stuttgarter Symposium für Produktentwicklung, SSP 2015 – Entwicklung smarter Produkte für die Zukunft, 19.06.2015, Stuttgart

Müller – Die lila Logistik (2019): Mit Co-Creation erreichen Sie die interdisziplinäre Schnittmenge für Ihren wirtschaftlichen Unternehmenserfolg. https://www.lila-logistik.com/de/co-creation [Zugriff: 25.09.2019]

Grün, O.; Brunner, J.-C. (2003): Wenn der Kunde mit anpackt – Wertschöpfung durch Co-Produktion, in: zfo 72 (2), 87–93

Hertwig, M. (2017): Konzeptstudie. Holistische Standortentwicklung von produzierenden Unternehmen unter Berücksichtigung von Wechselwirkungen mit dem Umfeld. Unter Mitarbeit von J. Lentes und M. Dangelmaier. Stuttgart: Universität Stuttgart

Hertwig, M. (2018): Urbane Produktion Symbiose zwischen Leben und Arbeiten. Vortrag auf dem VDI-Forum 2018 »Urbane Produktion und Logistik«, 20.11.2018, München

Hertwig, M.; Lentes, J.; Zimmermann, N., Dangelmaier, M. (2019): Stuttgart Region – Sustainable Industrialization in Stuttgart Metropolitan Region, in: Vinod Kumar, T. M. (Hrsg): Smart Metropolitan Regional Development. Economic and Spacial Design Strategies. Singapur u. a.: Springer, 175–236

Jeanneret-Gris, C.-É. (1943): Le Corbusier – Entretien avec les étudiants des Ecoles d'Architecture. Paris: Denoël

Kibira, D.; Jain, S.; McLean, C. R. (2009): A System Dynamics Modeling Framework for Sustainable Manufacturing, in: Proceedings of the 27th Annual System Dynamics Society Conference. https://tsapps.nist.gov/publication/get_pdf.cfm?pub_id=903291 [Zugriff: 11.03.2021]

Lentes, J. (2015): Mit Industrie 4.0 zur urbanen Produktion. Vortrag am 1. Think Tank – Urbane Produktion, 17.02.2015, Frankfurt

Lentes, J.; Mandel, J.; Schliessmann, U.; Blach, R.; Hertwig, M.; Kuhlmann, T. (2017): Competitive and Sustainable Manufacturing by Means of Ultra-Efficient Factories in Urban Surroundings, in: International Journal of Production Research 55 (2), 480–491. DOI: 10.1080/00207543.2016.1189106

Lentes, J.; Hertwig, M. (2019): Towards Ultra-Efficient Industrial Areas, in: Procedia Manufacturing 39, 804–813. DOI: 10.1016/j.promfg.2020.01.426

Kruse, A.; Butzer, S.; Drews, T.; Steinhilper, R. (2015): A Simulation-Based Framework for Improving the Ecological and Economic Transparency in Multi-Variant Production, in: Procedia CIRP 26, 179–184. DOI: 10.1016/j.procir.2014.07.101

Majorel – Zukunft Kunde (2017): Kundeninteraktion der Zukunft, Teil 4: Kein Produkt ist final. 18.04.2017. https://www.zukunftkunde.de/kundeninteraktion-der-zukunft-teil-4-kein-produkt-ist-final/ [Zugriff: 25.09.2019]

Maidstone, R. (2012). Discrete Event Simulation, System Dynamics and Agent Based Simulation: Discussion and Comparison. https://www.researchgate.net/publication/306157680 [Zugriff: 31.03.2021]

Mandel, J.; Schliessmann, U.; Lentes, J.; Stender, S. (2016): Die Ultraeffizienzfabrik (UltraEff-UP) – Ressourcenschonende Produktionstechnologien ohne Emissionen im urbanen Umfeld. Stuttgart: Fraunhofer-Gesellschaft. https://pudi.lubw.de/detailseite/-/publication/90755 [Zugriff: 11.03.2021]

Matt, D. T.; Rauch, E.; Dallasega, P. (2015): Trends towards Distributed Manufacturing Systems and Modern Forms for their Design, in: Procedia CIRP 33, 185–190. DOI: 10.1016/j.procir.2015.06.034

Oyarbide, A.; Baines, T. S.; Kay, J. M.; Ladbrook, J. (2003): Manufacturing Systems Modelling Using System Dynamics. Forming a Dedicated Modelling Tool, in: Journal of Advanced Manufacturing Systems 2 (1), 71–87. DOI: 10.1142/S0219686703000228

Redlich, T. (2010): Open Production – Gestaltungsmodell für die Wertschöpfung in der Bottom-up-Ökonomie, Diss. Helmut-Schmidt-Universität / Universität der Bundeswehr, Hamburg

Redlich, T.; Wulfsberg, J. P.; Bruhns, F.-L. (2009): Neue Kooperationsmuster in Entwicklung und Produktion. Open Production, in: Zeitschrift für wirtschaftlichen Fabrikbetrieb 104 (7–8), 552–567. DOI: 10.3139/104.110111

Singh, S.; Hertwig, M.; Lentes, J. (2017): Economic Impact of Ultraefficient Urban Manufacturing, in: Vinod Kumar, T. M. (Hrsg.): Smart Economy in Smart Cities. International Collaborative Research. Singapore u. a.: Springer, 273–293

Spath, D.; Lentes, J. (2013): Urban Production to Advance the Competitiveness of Industrial Enterprises, in: Proceedings of ICPR 22, Iguassu Falls

Spath, D.; Bauer, W.; Lentes, J. (2014): Urbane Produktion, in: Weinert, K. (Hrsg.): Stadt der Zukunft – Strategieelemente einer nachhaltigen Stadtentwicklung (acatech Materialien). München: acatech, 61–71

Sweetser, A. (1999): A Comparison of System Dynamics (SD) and Discrete Event Simulation (DES), in: International Conference of the System Dynamics Society 17, 20–27

Totz, C. (2006): Potenziale und Herausforderungen der Markenführung im Kontext internetbasierter Interaktionen (Arbeitsberichte des Kompetenzzentrums Internetökonomie und Hybridität 30). Münster: ERCIS. http://hdl.handle.net/10419/46586 [Zugriff: 12.03.2021]

Urban, A. (2019): Digitaler Zwilling für mehr Effizienz, in: ATZproduktion 6 (1), 58. DOI: 10.1007/s35726-019-0008-0

# Urbane Produktion und Handwerk 4.0 – Perspektiven der Innenstädte als Zukunftsstandorte für das Handwerk

*Carsten Benke*

Für das Handwerk bieten die Diskussionen über neue Ansätze der »Urbanen Produktion« große Chancen zur Weiterentwicklung seiner Betriebsstandorte. Neue Produktionstechniken und insbesondere die Folgewirkungen der Digitalisierung (»Handwerk 4.0«) eröffnen im Zusammenspiel mit sich wandelnden stadtplanerischen Leitbildern vielfältige Optionen, um innerstädtische Standorte langfristig zu sichern bzw. zu revitalisieren, moderne Fertigungen und Dienste näher und vernetzter an die Kunden heranzutragen sowie technische Modernisierungsprozesse zu flankieren. Ob diese Chancen durch die Unternehmen auch genutzt werden können, ist jedoch angesichts der zurzeit erkennbaren Entwicklungen noch keinesfalls sicher. Aktuell sind gegenläufige Tendenzen dominant, die eine verstärkte Verdrängung handwerklicher Standorte und damit sowohl »klassischer« als auch »neuartiger« Urbaner Produktionen aus den Innenstädten induzieren. Insbesondere der massive Wohnungsneubau und der hohe Verwertungsdruck des städtischen Grund und Bodens führen zur Aufgabe bisheriger innerstädtischer Standorte des Handwerks. Die Wohnquartiere, die heute neu entstehen, sind trotz des vielfachen verbalen Bekenntnisses von Politik und Fachdiskussion zur Nutzungsmischung in ihrer großen Mehrheit weit davon entfernt, wieder Orte für »Urbane Produktion« zu werden. Hinzu kommen wachsende Herausforderungen durch Immissionsschutzauflagen, zunehmende Sensibilität der Anwohner und Veränderungen der Mobilitätsstrukturen, die die gewünschte Nutzungsmischung auch im Bestand konterkarieren.

Für das Handwerk geht es deshalb nicht nur darum, Standorte in der Innenstadt für neuartige Fertigungen zu schaffen – Anspruch ist es, überhaupt gewerbliche Standorte mit Entwicklungsperspektive für die Breite der notwendigen Tätigkeitsfelder in den Innenstädten zu erhalten: Denn dort gehört das Handwerk mehr denn je hin – gerade in Zeiten der Energie- und Verkehrswende, des Klimaschutzes, der Digitalisierung, der Integration und des demografischen Wandels. Die sich bietenden Potenziale des modernen Handwerks in den inneren Stadtbereichen sollten offensiv genutzt werden – dazu braucht es Möglichkeitsräume und einen tiefgreifenden Wandel der stadtentwicklungspolitischen Praxis.

## 1 Das deutsche Handwerk

Das deutsche Handwerk ist mit ca. einer Million Betrieben, 5,53 Millionen Beschäftigten und 368 000 Auszubildenden einer der wichtigsten Wirtschaftsbereiche Deutschlands. In der Vergangenheit hat das Handwerk eine relativ hohe Krisenstabilität und Beharrungskraft gegenüber kurzlebigen Entwicklungen bewiesen. Die aktuellen Veränderungen sowohl durch die Digitalisierung und als auch durch den Wandel von Standortstrukturen betreffen die Betriebe fast aller Handwerksbereiche jedoch tiefgreifend. Stärker als der Handel oder die Industrie ist das Handwerk in allen Raumkategorien breit vertreten und findet sich sowohl in den Groß- und Mittelstädten, den Rändern der Ballungsräume als auch in ländlichen Gebieten. Kleinräumig ist das Handwerk – je nach Typus des Gewerks – in den Einkaufsstraßen und Mischbereichen sowie in Gewerbegebieten anzutreffen, aber auch in Mietshausquartieren und Einfamilienhausgebieten (vgl. ZDH 2019, 4 f.). Im Folgenden stehen die Standorte des Handwerks in den Innenstädten und weiteren dichtbebauten städtischen Gebieten im Vordergrund: 15 % Prozent der Betriebe sind nach aktuellen Umfragen in den inneren Stadtbereichen von Groß- und Mittelstädten angesiedelt, nochmals 20 % in den äußeren Stadtbereichen von Groß- und Mittelstädten (vgl. ZDH 2019, 5, fehlende Antworten herausgerechnet). Handwerksbetriebe befinden sich also zu einem erheblichen Teil in städtischen Lagen, wobei hier nicht einmal Unternehmen in Kleinstadtlagen berücksichtigt sind.

Die mehr als 130 Gewerke des Handwerks sind zwar hinsichtlich ihrer Tätigkeitsprofile zu vielgestaltig, um pauschale Aussagen über Standortstrukturen und zukünftige Entwicklungsläufe treffen zu können – von Ladenhandwerken wie Bäckern und Friseuren, die vielfach in Einkaufsstraßen angesiedelt sind, über Betriebe des Ausbaugewerbes und Kfz-Gewerbes, die sich breit über den Stadtraum verteilen, bis hin zu größeren Unternehmen des Bauhauptgewerbes oder Metallhandwerks in Gewerbegebieten. Allen Gewerken gemeinsam sind aber die starke Dominanz von Klein- bzw. Kleinstbetrieben, der hohe Anteil von eigentümergeführten Unternehmen, der tendenziell regional orientierte Aktionsradius, die starke Kunden- und Standortbindung und – natürlich – der hohe Anteil von individueller Handarbeit.

Im Handwerk gibt es – neben den dominierenden Kleinbetrieben – auch mittelständische Industriezulieferer mit räumlich weiter entfernten Abnehmern und sogar Betriebe, die sich in ihren spezialisierten Bereichen als ausgesprochene »Global Player« etabliert haben (z. B. Spezialbetriebe, die Techniken für Hochhäuser in der Golfregion herstellen: von der Turmuhr bis zum Innenausbau). Überwiegend ist das Handwerk aber auf kurze Wege zu seinen Kunden und auf den lokalen Markt angewiesen. Letztlich ist fast allen Betrieben – ob für den lokalen Markt produzierend oder mit weiterreichenden Verflechtungen – jedoch eine hohe Standortbindung gemeinsam, die schon dadurch bedingt ist, dass in der Regel die Fachkräfte aus dem lokalen Umfeld rekrutiert werden und es starke persönliche Verwurzelungen durch die im Handwerk dominierenden Tradition des Familienunternehmens gibt.

## 2 Die städtischen Standorte des Handwerks

Jeder vierte Betrieb hat schon heute – nach Einschätzung der Unternehmen in aktuellen Umfragen – seinen Standort in gemischten Lagen.[1] In inneren Stadtbereichen der Groß- und Mittelstädte sind sogar 38 % der Betriebe in »gemischten Lagen« angesiedelt, 17 % finden sich in »dicht bebauten Wohngebieten« und 21 % in Einkaufsstraßen. »Urbane Produktion« in der Stadt ist also im Handwerk keine Zukunftsvision, sondern die Praxis (vgl. ZDH 2019, 6).

Und die Nähe handwerklicher Dienste und Fertigungen zu den Kunden wird durch die wachsende Zahl älterer Menschen immer wichtiger. Auch der Klimaschutz und die Energiewende, die mit wachsenden Ansprüchen an Heizungs- und Klimatechnik einhergehen, sowie die Dezentralisierung der Energieerzeugung im Zusammenwirken mit »Smart Home« schaffen vermehrte Nachfrage nach kundennahem und hochqualifiziertem Service. Mit zunehmendem Qualitätsbewusstsein der Verbraucher werden individuelle handwerkliche Produktionen vor Ort – sei es vom Fleischer, Tischler oder Schuhmacher – an Bedeutung gewinnen. Nicht zuletzt die Mobilitätswende fordert die Vermeidung von unnötigen Fahrten und damit eine nachhaltige Stadt der kurzen Wege. Auf gesellschaftlicher Ebene werden gerade Handwerksbetriebe in den innerstädtischen Quartieren zudem als Ausbilder und bürgerschaftliche Akteure zur Stabilität und Integration benötigt. Nutzungsmischung ist also vor diesem Hintergrund ein Konzept für die Zukunft.

Die reale Standortentwicklung im Handwerk ist aber zwiespältig. Das Handwerk erlebt zwar aktuell aufgrund der (noch) positiven Wirtschaftslage und des Booms beim Wohnungsbau eine konjunkturell gute Phase (wenngleich das außerhalb des Baus etwas eingeschränkter für Kfz- und Lebensmittelgewerke gilt). Zudem bieten technische Entwicklungen beim Lärmschutz und neue innovative Fertigungsmethoden sowie die Digitalisierung die Chance, Handwerksbetriebe in Innenstadtlagen zu sichern oder neu anzusiedeln. Die Wissenschaft setzt angesichts dieses Trends »durch neue stadtaffine Produktionsweisen, Manufakturen, Kleingewerbe und Handwerk« für die Zukunft auf wachsende Möglichkeiten, Funktionsmischungen zu schaffen (Brandt et al. 2018, 7). »Digitalisierung, Tertiärisierung, insbesondere neue Dienstleistungen aus den Bereichen von Kreativ- und Kulturwirtschaft, sowie wenig störende handwerkliche Kleinst- oder Kleinserienproduktionen begünstigen eine Dezentralisierung ökonomischer Tätigkeiten und eine Wiederbelebung der Nutzungsmischung in urbanen Räumen.« (Hahne 2017, 1) Anhand von Einzelstudien wird bereits beobachtet, dass sich eine wachsende Zahl von Kleinstbetrieben reintegriert und damit die Nutzungsmischung stärkt (vgl. Altrock et al. 2017, 6).[2]

---

[1] Damit sind nicht nur formelle Mischgebiete nach BauNVO gemeint, sondern auch andere Bereiche, soweit eine gemischte Nutzung erkennbar ist.
[2] Wobei allerdings konstatiert wird, dass dies teils durch Abtrennung von kundennahen Präsentations- und Verkaufsräumen von einer peripheren Produktionsstätte ermöglicht wird (Altrock et al. 2017, 106).

Die reale Entwicklung läuft in den Innenstädten jedoch erkennbar in eine andere Richtung: Der Störungsfreiheit des Wohnens wird seitens der Planung und Bauverwaltung weiterhin hohe Priorität eingeräumt und Genehmigungen für Ansiedlungen oder Veränderungen häufig nur zurückhaltend erteilt. Das führt zu erheblichen Belastungen und Verdrängungsdruck für Handwerksbetriebe an ihren Bestandsstandorten (vgl. Altrock et al. 2017, 111; Steinborn 2011). Neben wachsenden immissionsschutz- und baurechtlichen Anforderungen und – realen oder auch nur befürchteten – Nutzungskonflikten wird die zunehmende Verdrängung insbesondere durch Wohnungsbau und Bodenpreisentwicklung befördert. Die nur begrenzte Möglichkeit der Handwerksbetriebe – im Gegensatz zu Handel und Dienstleistung –, auch deutlich höhere Mietpreise zu zahlen, stellt einen weiteren wesentlichen Treiber der Verdrängung dar.

17 % der innerstädtischen Betriebe berichten in Befragungen schon heute von geplanten Standortverlagerungen in den kommenden zwei Jahren (vgl. ZDH 2019, 13). Fehlende Erweiterungsmöglichkeiten, Kündigung durch den Eigentümer und zunehmende Nutzungskonflikte sind in Umfragen die drei am häufigsten genannten Ursachen für kommende Verlagerungen (vgl. ZDH 2019, 14). Erzwungene Verlagerungen stellen die Betriebe vor große Herausforderungen, weil die meisten Unternehmer aufgrund der engen Bindung an ihren lokalen Kundenstamm in der Nähe ihres bisherigen Standortes bleiben wollen (vgl. Fuhrmann 2017, 2). Die zunehmende Verdrängung von Handwerk und Produktion führt dazu, dass »viele Stadträume reduziert [werden] auf monofunktionales Wohnen, Konsum und Unterhaltung« (Läpple 2016, 29). Abnehmende Verfügbarkeit von innerstädtischen gewerblichen Flächen betrifft nicht nur die Bestandsbetriebe, sondern kann als erhebliche Hürde gegenüber der Umsetzung innovativer Ideen von »Handwerk 4.0« wirken.

## 3   Digitales Handwerk – Handwerk 4.0

Unabhängig von bestehenden Flächenknappheiten ist die Digitalisierung längst im Handwerk angekommen und manifestiert sich sichtbar auch in den Innenstädten. Eine exakte Definition des Begriffs »Handwerk 4.0« bleibt schwierig. Die Begrifflichkeit lehnt sich zwar an »Industrie 4.0« an, doch kann die Theorie der vier Wellen der Produktionsinnovation von der Industrie nicht deckungsgleich auf das Handwerk übertragen werden, das eine ungleich ältere Geschichte hat. Der Terminus »4.0« bezieht sich deshalb eher symbolisch auf die aktuelle Phase der Digitalisierung in allen Wirtschafts- und Lebensbereichen und meint im Kern die tiefgreifende Umwandlung zu einem »digitalen Handwerk«. Der Begriff »digitales Handwerk« umfasst – je nach Abgrenzungssystematik – u. a. »neue Geschäftsmodelle und veränderte Strukturen«, »optimierte Geschäftsprozesse und Effizienzsteigerung« und »veränderte Kundenansprache und angepasstes Marketing« sowie »chancenreiche Technologien und neue Verfahren« (vgl. HWK Niederbayern-Oberpfalz 2016, 2).

Dieser Terminus wird auch durch das im April 2016 gegründete »Kompetenzzentrum Digitales Handwerk« verwendet, das vom Bundesministerium für Wirtschaft in dessen Förderprogramm »Mittelstand 4.0 – Digitale Produktions- und Arbeitsprozesse« gefördert wird. Anerkannt wird mit dieser Förderung durch die Bundesregierung, dass sich die Digitalisierung nicht auf die Automatisierung industrieller Prozesse einengen lässt – sie verändert vielmehr die Rahmenbedingungen für alle Teilnehmer in den Wertschöpfungsketten.

Festzustellen ist, dass dem Handwerk generell eine wichtige Rolle im Innovationsgeschehen der deutschen Wirtschaft zukommt und das Handwerk einen erheblichen Anteil an Produkt- und Prozessinnovatoren aufweist (vgl. Thomä 2016, 22). Eine weitere Chance, die Potenziale der Digitalisierung im Handwerk umzusetzen, bietet die starke Fokussierung darauf, individuelle Kundenwünsche zu erfüllen. Fast jeder Auftrag ist ein Unikat, Produkte und Leistungen werden an spezifische Gegebenheiten und Anforderungen angepasst. Gleichzeitig sind Geschäftsprozesse überschaubarer, direkter und die persönliche Nähe ist deutlich größer (vgl. itb 2019, 5).

Es gibt im Handwerk sehr leistungsstarke Unternehmen, vor allem unter den Zulieferern in den Bereichen Automobil, Luftfahrt, Medizin- und Energietechnik sowie in der Baubranche und selbst bei konsumnahen Handwerkszweigen, die das Thema Digitalisierung der Wertschöpfungskette, Produktion im Netzwerk und Automation bereits umsetzen und weiterentwickeln werden (vgl. Ax 2016, 36). Umfangreiche und schon vielfach bekannte Anwendungspotenziale für die Digitalisierung im Handwerk eröffnen sich insbesondere im Bereich der vernetzten digitalen Gebäudetechnik (Sanitär, Heizung und Klima, Elektrohandwerke) (vgl. Mühl et al. 2019, 23). Im Grundsatz werden aber alle Branchen des Handwerks von der Digitalisierung erfasst. 26 % der in aktuellen Erhebungen befragten Handwerksbetriebe haben in den vorangegangenen zwölf Monaten Digitalisierungsmaßnahmen umgesetzt (vgl. ZDH 2018, 4). Trotz erheblicher struktureller Wandlungen wird im Handwerk zwar auch im Rahmen der Digitalisierung nach wie vor das »Hand-Werk« dominieren, das aber zunehmend durch digitale Verfahren flankiert wird (vgl. HWK Niederbayern-Oberpfalz 2016, 2). So werden auch Daten im digitalen Handwerk zum neuen »Rohstoff«: Zugang und Verarbeitungskompetenzen zu großen Informationsmengen – teils in Echtzeit – über »Smart Homes« und autonome oder halbautonome Fahrzeuge werden z. B. für Elektro-, Heizungs/Klima- oder Kfz-Handwerke in Zukunft unverzichtbar, wollen sie im Wettbewerb mit industriellen Dienstleistern bestehen. Anderen Gewerken ermöglicht die Digitalisierung, in flexiblen Netzen zu produzieren und die Kunden in die Entwicklung und Gestaltung der Produkte auf allen Ebenen stärker einzubeziehen. Sie fördert sowohl die Dezentralisierung der Produktion als auch den globalisierten Einkauf (vgl. Ax 2016, 56). Neue Formen des Marketings, der Unterstützung bei Baumaßnahmen (von B.I.M. bis zur Drohnenerkundung von Dächern), der besseren Prozessorganisation bis hin zur künstlichen Intelligenz sind weitere Aspekte des digitalen Wandels im handwerklichen Mittelstand.

Neue Verfahren und Technologien ermöglichen es den Handwerksbetrieben, ihre Spielräume erheblich zu erweitern, ihre Prozesse zu verschlanken, ihre individuelle Kreativität und Problemlösungskompetenz auszubauen sowie ihre Arbeitsplätze stärker mitarbeiter- und gesundheitsorientiert auszugestalten (vgl. HWK Niederbayern-Oberpfalz 2016, 2). Die Kundenberatung kann verbessert (z. B. durch Virtual Reality), die Ausbildung weiterentwickelt (z. B. durch Simulatoren) oder die Mitarbeiter entlastet werden (z. B. durch Roboter in der Werkstatt oder der Baustelle). Die Digitalisierung eröffnet zudem neue Möglichkeiten, neue Kundenkreise zu erschließen – und das mit einem direkten kundenindividuellen Bezug zur Produktion, indem Online-Konfiguratoren eingesetzt und individuelle Produkte hergestellt werden.[3]

Im Folgenden sind vor allem die raumwirksamen Entwicklungen von Interesse, die insbesondere aus Veränderungen der Fertigungsprozesse resultieren, teils jedoch auch über veränderte Geschäftsmodelle und neuartige Kundenbeziehungen wirken.[4] Augenfällig sind vor allem neue Produktionstechniken, die Eingang in handwerkliche Arbeitsprozesse finden. So hält der 3D-Druck zunehmend Einzug in immer weitere Handwerksberufe, beispielsweise in den Metallhandwerken (z. B. Werkstücke oder Gussformen), den Gesundheitshandwerken (z. B. Zahnprothetik) und selbst in Konditoreien (Gussformen für Pralinen). 3D-Scanner werden z. B. für Gesundheitshandwerke (Prothetik), Schuhmacher (Leisten), Sattler oder auch in der Maßschneiderei immer wichtiger. Computer Aided Design (CAD) und Computer Aided Manufacturing (CAM) sind in den Metallhandwerken mittlerweile selbstverständlich anzutreffen. Auch Robotik wird in diesen Bereichen zwischenzeitlich genutzt (vgl. Wollseifer 2017, 54 ff.).

Digitale Fertigungstechniken schaffen neue Möglichkeiten der Kleinserienproduktion – zwischen den »klassischen« Tätigkeitsfeldern des individualisierten Handwerks und der industriellen Massenfertigung. Dadurch eröffnen sich auch Chancen neuer Formen der Urbanen Produktion »im Zusammenspiel von Ingenieurdienstleistungen und handwerklichen Produktionsschritten« (Mühl et al. 2019, 1). »Die Losgröße 1, die individuelle Problemlösung oder das individuelle Produkt waren in der Vergangenheit nahezu ein Alleinstellungsmerkmal des Handwerks […]. Der Erfolg der Industrie beruhte [dagegen] auf der Economy of Scale, auf sinkenden Lohnstückkosten.« (Ax 2016, 39) Diese klare Unterscheidung zwischen handwerklicher und industrieller Fertigung gerät ins Wanken, wodurch sich Chancen für das Handwerk eröffnen, aber auch Risiken entstehen – wenn auch die Industrie ihre Produkte und Dienstleistungen in Zukunft stärker individualisieren kann. Soweit bei neuen Fertigungs- und Bearbeitungsmethoden auch emissionsarme Techniken eingesetzt werden, entstehen für das

---

3 Für Beispiele vgl. itb 2019, 5 und https://handwerkdigital.de/erfolgsgeschichten [Zugriff 12.03.2021].
4 Die erheblichen Potenziale, die die Digitalisierung im Handwerk auch für Betriebe in ländlichen Räumen bringt, da über längere Entfernungen Kundenwünsche bedient und z. B. über B.I.M. – Building Information Modeling – eine sehr intensive Einbindung von Bauunternehmen in Vorhaben in den Ballungsräumen erfolgen kann, werden hier nicht vertieft. Siehe dazu Benke/Schenk 2018.

Handwerk neue Chancen, neben Dienstleistungen auch (wieder) Fertigung nahe bei den Menschen in den Innenstädten umzusetzen. Zu bedenken ist jedoch, dass stark emissionsreduzierte Fertigungsmethoden wie der 3D-Druck in einem Unternehmen zumeist nicht ausschließlich eingesetzt werden, sondern als weiteres Werkzeug zum bestehenden Maschinenpark hinzutreten.

# 4 Urbane Produktion aus Sicht einzelner Gewerke

Im Folgenden steht die »Urbane Produktion« im Sinne der in diesem Band verwendeten Definition (vgl. Piegeler/Spars in diesem Band, S. 25) im Vordergrund: Dingliche Produktion muss im urbanen Raum am Betriebsstandort erfolgen, und dies in möglichst stadtverträglicher Weise. Im Fokus stehen deshalb in erster Linie Gewerke und Betriebe, die in Innenstädten und anderen städtischen Bereichen angesiedelt sind – wobei es sich dabei nicht zwangsläufig um Metropolen, sondern auch um Mittel- und Kleinstädte handeln kann. Hinsichtlich der Gewerke, die im engeren Sinne für »Urbane Produktion« in Frage kommen, lässt sich keine trennscharfe Abgrenzung vornehmen: Reine Dienstleister wie Friseure, Kosmetiker und Textil- und Gebäudereiniger, die für Funktionsfähigkeit und Lebendigkeit der urbanen Räume wichtig sind, stehen hier nicht im Fokus. Auch Betriebe des Bau- und Ausbauhandwerks, die zwar typische produzierende Handwerksunternehmen darstellen, deren »Produktion« sich aber weitgehend außerhalb ihres eigenen Standortes auf Baustellen und bei Kunden manifestiert, können hier im Wesentlichen unbeachtet bleiben, obwohl gerade sie von den Entwicklungen der Digitalisierung sehr stark betroffen sind.[5] Einzubeziehen in die Betrachtung sind jedoch die Betriebe des Ausbauhandwerks, die auch am Standort produzieren, wie z. B. Tischler/Schreiner, die nicht im Innenausbau beim Kunden, sondern z. B. in der Möbelfertigung aktiv sind.

Der US-amerikanische Soziologe und Stadtforscher Richard Sennett beschreibt in seinem Buch *Das Handwerk* (*The Craftsman*, 2008) mit viel Sympathie das Bild eines typischen qualifizierten traditionellen Tischlerbetriebs:

»Wir schauen durch das Fenster einer Schreinerei und sehen einen älteren Mann, umgeben von seinen Gesellen und seinen Werkzeugen. Es herrscht Ordnung. Zwischen Schraubzwingen trocknen sauber verleimte Teile von Stühlen, der frische Duft von Sägespänen erfüllt die Luft, der Schreiner beugt sich über die Werkbank, um einen feinen Schnitt für die Intarsienarbeit auszuführen. Die Werkstatt wird bedroht von einer Möbelfabrik draußen vor der Stadt« (Sennett 2008, 31, vgl. auch Buschfeld 2011, 146).

---

5 Stichwort: Smart Home und insbesondere Building Information Modeling, das eine durchgängige digitale Vernetzung aller Beteiligten an Bauprojekten von der Planung bis hin zur Fertigstellung und dem Facility Management zum Ziel hat (vgl. Wollseifer 2017).

Offensichtlich handelt es sich um eine »Urbane Produktion« – der Betrachter schaut durch das Fenster aus einer städtischen Straße in eine Werkstatt hinein. In der Beschreibung Sennetts wird »draußen vor der Stadt« die Bedrohung in Gestalt einer industriellen Fertigung verortet. Sennett hält in seinem vielbeachteten Buch die großen Potenziale des Handwerks (im weiten Sinne) und seine Bewahrung von Tradition, Selbstverständnis und Qualifikation hoch und stellt sie der Simplifizierung und Entqualifizierung der Industrie (vornehmlich aus US-amerikanischer Perspektive) entgegen. Sennett ist optimistisch, sieht das Handwerk aber als bedroht an. Noch 2008 konnte er jedoch nicht wissen, dass digitale Anwendungen in die eher traditionell beschriebene Tischlerei einziehen können, ohne die qualifizierte Handarbeit und das von Sennett zentral gestellte handwerkliche Selbstverständnis zu verdrängen und um – im optimalen Fall – die Wettbewerbsfähigkeit gegenüber der Industrie zu stärken.

Gerade die holzverarbeitenden Gewerke sind heute ein Vorreiter der Digitalisierung. Tischler setzen bereits Fertigungsroboter und andere digitale Techniken zur Unterstützung der weiterhin zentralen »hand«-werklichen Tätigkeiten ein. So fertigen handwerkliche Modellbauer in innerstädtischer Lage mit digitaler Unterstützung hochkomplexe Architekturmodelle oder Prototypen für die Industrie und präsentieren gleichzeitig diese Produktionstechnik im Schnittpunkt von Tischlerei, CNC-Technik, 3D-Druck, Robotik im Rahmen einer Gläsernen Manufaktur.[6] Andere Tischlereien in der Möbelfertigung eröffnen ihren Kunden die Möglichkeit, das gewünschte Möbelstück im Internet zu konfigurieren und online den Fertigungsprozess zu verfolgen.[7]

Die Lebensmittelhandwerke – Bäcker, Fleischer, Brauer, Konditoren, Eishersteller – sind klassischerweise in der Innenstadt angesiedelte produzierende Handwerksbetriebe. Die Zahl selbstständiger handwerklicher Fleischer und Bäcker geht angesichts des preiswerten Angebots der Discounter und der Lebensmittelindustrie kontinuierlich zurück. Es gibt jedoch auch Ansätze zur erfolgreichen Anpassung an die Entwicklung. Mittelständische Bäcker und Fleischer reagieren auf mangelnde Flächenverfügbarkeit, wachsende Auflagen und die Konkurrenz der Fleisch- und Backindustrie zunehmend, indem sie ein eigenes Filialnetz zum Erhalt innerörtlicher Standorte aufbauen, wobei allerdings die Produktion häufig in periphere Standorte ausgelagert wird. Andere kleinere innerstädtische Bäcker und Fleischer modernisieren Produktion und Energiemanagement hingegen an ihrem traditionellen Standort: Sie richten sich durch ambitionierte Rohstoffauswahl und Verarbeitungsmethoden gezielt auf eine individuelle anspruchsvolle Nachfrage der urbanen Kundschaft aus und ergänzen das durch digitale Vermarktungsmethoden. Eine bemerkenswerte Entwicklung im Lebensmittelhandwerk ist die aktuelle Zunahme von neuen innovativen handwerklichen Kleinbrauereien in den Innenstädten, die Produktion und Verkauf bzw. Konsum zu einem ganzheitlichen Erlebnis gestalten. Moderne handwerkliche Speiseeisproduzenten, »Mar-

---

[6] Z. B. https://www.werk5.com/ in Berlin-Kreuzberg [Zugriff: 12.03.2021].
[7] Siehe Beispiel: http://www.handwerkdigital.de/deulocal/textbilder/images/Publikationen%20und%20Flyer/Brosch%C3%BCre_PDF/KDH_BR_Umsetzungsprojekt_Kasper_Holzgespuer_Online.pdf [Zugriff 25.03.2021]

meladenmanufakturen« und urbane »Bonbonfabriken« gehen aktuell ähnliche Wege.

Ein besonderes Augenmerk im Hinblick auf die Anwendung digitaler Fertigungsinnovationen verdienen die Gesundheitshandwerke. Deutlich überdurchschnittlich gegenüber anderen Handwerksgruppen sind die Orthopädiemechaniker, Orthopädieschuhmacher, Augenoptiker, Hörgeräteakustiker und Dentaltechniker im Bereich der Digitalisierung engagiert: 54 % der Betriebe haben in den zwölf zurückliegenden Monaten Digitalisierungen umgesetzt, im Vergleich zu 26 % aller Handwerksbetriebe (vgl. ZDH 2018, 4). Diese Gewerke zeichnen sich zudem überproportional durch innerstädtische Standorte aus (vgl. ZDH 2019, 6 f.). Neben dem Service und Verkauf sind diese Branchen in der Regel direkt am Standort mit der Herstellung oder Bearbeitung von Brillen, Hörgeräten, Prothesen oder Schuhen beschäftigt. Die Notwendigkeit, Maße abzunehmen und später nachzujustieren, erfordert kundennahe Standorte. Da auch der Absatzmarkt dieser Gewerke sich mit dem demografischen Wandel und der Zunahme der Zahl älterer Menschen ausweitet, können die Gesundheitshandwerke als besonders zukunftsträchtiger Aspekt der Urbanen Produktion gelten. Ein wesentlicher Teil ihrer Produkte ist weiterhin individuell-handwerklich anzufertigen, was aber nicht gegen einen verstärkten flankierenden Einsatz der Möglichkeiten der Digitalisierung spricht. Zahntechniker verwenden schon seit Längerem 3D-Drucker, um damit die Fertigung von Zahnersatz zu unterstützen. Digitale Technik kommt auch bei Orthopädietechnikern zum Einsatz, wo 3D-Drucker, Scanner und 3D-Fräse bei der Herstellung von Prothesen zusammenwirken. Aus Sicht des Patienten ist es positiv, dass sich die Herstellung der Medizintechnikprodukte beschleunigt.

Die Textilhandwerke, die über Jahrhunderte in den Städten mit der Produktion von Kleidung und Schuhen eine wichtige wirtschaftliche Funktion hatten, wurden durch die Industrialisierung – abgesehen von Nischen – weitgehend auf den Bereich der Reparatur und Ausbesserung zurückgedrängt. Heute zeigen sich erste Ansätze, auf Basis digitaler Techniken und gewachsener Qualitätsansprüche der Kunden wieder verstärkt individuelle Fertigungen zu etablieren – und das über den einzelnen Maßanzug und Spezialschuh hinaus. Erkennbar ist »eine Renaissance des Handwerks, zum Beispiel in städtischen Manufakturen, die ihre Produktion (u. a. auch Schuhe) auf eine Kundschaft ausrichten, die nachhaltig produzierte und dauerhafte Produkte kaufen möchte.« (Läpple 2018, 27) Im Sinne der Renaissance alter Handwerke ist eine verstärkte Textilhandwerksproduktion für den gehobenen Bedarf, wie Krawattenmacher oder Taschenmanufakturen, zu beobachten. Die enge Verschränkung von handwerklicher Einzelproduktion für Prototypen mit nachfolgender hochwertiger industrieller Schuhproduktion hat sich z. B. in italienischen Städten bis heute als wichtiger Teil der Produktionskette erhalten. Inwieweit sich aus diesen Ansätzen auch Kleinserienfertigungen für breitere Bevölkerungskreise entwickeln können, hängt nicht nur von Technik und betrieblichen Innovationen ab. Entscheidend sind die Entwicklung gesamtgesellschaftlicher Rahmenbedingungen und die Wandlungen des Verbraucherbewusstseins hinsichtlich Qualität, Kostenaufwand und des Anspruchs an Dauerhaftigkeit.

In der öffentlichen Diskussion weniger präsent sind die Handwerke für den gewerblichen Bedarf: Metallbauer, Drucker, Feinwerkmechaniker, Informationstechniker, Wärme-, Kälte- und Schallschutzisolierer, Kälteanlagenmechatroniker, Galvaniseure und Elektromaschinenbauer, die aber schon heute wichtige Akteure der Digitalisierung und Urbanen Produktion sind. Häufig sind die Betriebe des gewerblichen Bedarfs in Zulieferfunktionen für die Industrie eingebunden und deshalb auch mit deren Digitalisierungsschritten eng verzahnt. Bei den Metallbauern erfolgt die Produktion längst unter Zuhilfenahme von teilautomatisierten Maschinen, wie z. B. Lasern, CNC-Maschinen oder Plasmaschneidern. Bei Feinwerkmechanikern ist die Produktion per Hand mit der Unterstützung von teilautomatisierten CNC-Dreh- und Fräsmaschinen vernetzt. Einige Betriebe nutzen CAD-Programme und haben eine einfache digitale Prozesskette realisiert.

Die Gewerke für den gewerblichen Bedarf sind heute aber tendenziell überproportional in Gewerbegebieten angesiedelt (19 % statt 11 % im Gesamthandwerk, ZDH 2019, 7) – bedingt durch ihre größeren Flächenbedürfnisse und eher höheren Emissionen. Zumindest theoretisch eröffnen sich aber bei entsprechenden Flächenangeboten in der Zukunft auch vermehrt innerstädtische Optionen. Ob sich diese Potenziale realisieren, hängt davon ab, wie sich Verflechtungen mit ggf. auch wieder verstärkt innerstädtisch agierender Industrie entwickeln.

## 5   Neue moderne Standorte des urbanen Handwerks

Für die langfristige Perspektive innerstädtischer Lagen spricht, dass es Standorte mit langer Tradition sind, dass die Kundennähe dort ausgeprägt ist und eine gute Verkehrserschließung vorliegt. Für viele Unternehmen überwiegen diese Urbanisationsvorteile gegenüber den Nachteilen (vgl. Mühl et al. 2019, 50). Der urbane Raum birgt jedoch auch Konfliktpotenziale, mit denen die Unternehmen umgehen müssen. Die Meisterinnen und Meister brauchen dauerhaft Sicherheit vor Nutzungskonflikten mit der Nachbarschaft. Anders als bei »Start ups« mit geringem Eigenkapitaleinsatz oder börsenorientierten Unternehmen befindet sich bei Handwerksbetrieben am Standort durch die dortigen Bauten und Maschinen letztlich ein Großteil des Betriebsvermögens und damit die Existenzgrundlage der Handwerksfamilien.

Die Stadtentwicklungspolitik vor Ort und der Bundesgesetzgeber wollen schon länger der Problematik der Entmischung und Verdrängung entgegenwirken. So ist der Grundgedanke des im Mai 2017 eingeführten »Urbanen Gebietes« (MU) sinnvoll, soweit es bessere Möglichkeiten zur verträglichen Nutzungsmischung in der Innenstadt schafft und heute überholte Vorgaben des Trennungsgrundsatzes überwindet. Die Umsetzung in der Planungspraxis ist jedoch hochkomplex: In der Realität droht, dass das MU dazu genutzt wird, hochverdichteten Wohnungsbau noch näher an bestehende gewerbliche Flächen heranzurücken. Erfolgt keine nachhaltige planerische Problembewältigung, können hier mittelfristig wieder Nutzungskonflikte zwischen Neumietern und Bestandsbetrieben entstehen. Lediglich das Schutzniveau abzusenken, wird auf Dauer vor Gerichten keinen Bestand haben. Im Resultat kann schlimmstenfalls eine weitere Verdrängung des Gewerbes erfolgen. Das spricht nicht grundsätzlich gegen das MU. Konflikte müssen jedoch durch die Planung vorausschauend bewältigt werden. Das MU kann geeignet sein, Schnittstellen zu organisieren, bereits bestehende Gemengelagen verträglich zu sichern oder neue innovative Formen der Nutzungsmischung mit Wohnen und Handwerk zu entwickeln. Die Frage ist, ob es heute private Bauherren gibt, für die ein solches Verwertungsmodell in Betracht kommt. Da dies zumindest aktuell nicht absehbar ist, ist das Engagement der kommunalen Stadtentwicklungspolitik besonders wichtig. Diese sollte darauf ausgerichtet sein, bestehende innerstädtische Flächen zu sichern, weiter zu qualifizieren oder neue verdichtete Möglichkeiten für innerstädtische Ansiedlungen zu schaffen. Gut erschlossene Innenstadtstandorte unterliegen naturgemäß erheblichem Verwertungsdruck, den das Handwerk kaum bedienen kann. Es bedarf also entsprechender Schutzmaßnahmen durch Baurecht bzw. – soweit es einen öffentlichen Eigentümer gibt – entsprechende Vermietungsregeln, um einen Mindestbesatz von Gewerbe zu sichern.

Ein wichtiger Ansatz mit guten Steuerungsmöglichkeiten sind neue Gewerbehöfe im öffentlichen Eigentum, wie sie – teils mit Beteiligung der örtlichen Wirtschaftskammern – schon länger in München und nun auch in Hamburg entstehen und in anderen Städten in Planung sind. Sie bieten sich als Standorte für innenstadt- und wohngebietsnahe Urbane Produktionen an, wenn die Verkehrsanbindung, Internetanschluss und technische Ausstattungen (z. B. Lastenaufzüge) optimal gesichert sind. Innerhalb der Gewerbehöfe können sich auch Fühlungsvorteile zu weiteren Betrieben außerhalb des Handwerks (Ingenieurbüros etc.) entwickeln. In einigen neueren Stadtentwicklungsplänen wie dem »Masterplan Handwerk« der Hansestadt Hamburg wurde das Potenzial der Urbanen Produktion schon ausdrücklich identifiziert. In Kooperation mit der Handwerkskammer sollen neue Typen von mehrgeschossigen Gewerbebauten entwickelt werden, die flexible Raumnutzungsmöglichkeiten für Produktion und Büros für Urbane Produktion entlang von Bahntrassen bieten (vgl. Hansestadt Hamburg/Handwerkskammer Hamburg 2018, 21). In mittelfristiger Perspektive könnten auch die durch den Onlinehandel sinkenden Umsätze im Einzelhandel und ein zunehmender Leerstand – so bedauerlich dies aus Sicht der Stadtentwicklung ist – mittelfristig für das Handwerk eine weitere Chance bieten, neue innenstadtnahe Standorte zu schaffen.[8]

Die Nutzungsmischung und damit auch die Urbane Produktion haben Zukunft: Nur wird die zukünftige Entwicklung nicht durchgängig in Formen der historischen – teils sehr engen – Nutzungsmischung erfolgen können. Der pro-

---

8 Dieser Aspekt wurde etwa auf der 42. urbanicom-Studientagung mit dem Thema »Rückkehr der Produktion in die Innenstädte«, 13./14.05.2019 in Aachen, diskutiert (https://urbanicom.de/?p=76; Zugriff: 13.03.2021).

duzierende Tischler und Metallbauer in Stockwerksmischung mit Wohnen, wie es ihn in der »alten Stadt« gegeben hat, ist im Bestand nur mit einem großen baulichen Aufwand zu sichern. Im Rahmen eines Neubauvorhabens ist das kaum wieder zu reproduzieren, wenn es sich nicht um eher kunsthandwerkliche Kleinbetriebe handelt. Es ist deshalb sinnvoll, sich bei Neuanlagen auf realistische Mischungsszenarien zu konzentrieren, die auf Basis innovativer Konzepte Beeinträchtigungen des Wohnens möglichst reduzieren: Auch wenn durch Fortschritte der Technologie die Emissionen weiter abnehmen: Der 3D-Drucker ergänzt, aber ersetzt zumeist nicht die Kreissäge. Ein Problem bleibt auch die Anlieferung, selbst wenn die Elektrifizierung der Transporter in Zukunft gewisse Lärmreduzierungen bringt. Die Anlieferung von Holz und Metallgegenständen in den frühen Morgenstunden ist zwar auch innerstädtisch verträglich zu organisieren – aber kaum innerhalb eines Wohnkomplexes. Wichtig ist es, über die passfähige »Körnigkeit« der Nutzungsmischung zu diskutieren: Von geeigneten handwerklichen Nutzungen in Ladengeschäften, gewerblichen Einzelgrundstücken, bewusst erhaltenen Gemengelangen an Bahnrandflächen, integrierten Gewerbehöfen bis hin zu kleinen wohngebietsnahen Gewerbegebieten und peripheren Industrie- und Gewerbeflächen muss es differenzierte Angebote für die vielfältigen Urbanen Produktionen und Dienste der Zukunft geben.

## 6   Fazit

Die großen Potenziale, die die Digitalisierung für die Urbane Produktion im Handwerk eröffnet, sind schon heute offensichtlich. Dabei darf die Diskussion jedoch nicht nur auf »hippe Start ups« und spektakuläre Fertigungen mit Roboterarmen verengt werden. Handwerkliche Produktions- und Unternehmensmodelle, die durch die Digitalisierung völlig neu entstehen und nach baurechtlichen Standards gänzlich wohngebietsverträglich ausgestaltet werden, sind möglich, werden aber in der Gesamtschau aller Unternehmen eher eine Nische bleiben. Die Betrachtung ist deshalb einzubetten in eine breite Debatte darüber, wie eine zukunftsfähige Nutzungsmischung zu stärken und eine neue Nähe von Wohnen und Arbeiten in den Innenstädten zu erreichen ist: Vom vollständig durchdigitalisierten Betrieb über teilmodernisierte Fertigungen bis hin zu bewusst traditionell gehaltenen Handwerken sollten alle Bereiche berücksichtigt werden, die im innerstädtischen Kontext – sei es in Urbanen, Misch- oder Gewerbegebieten – stadtverträglich produzieren können – auch unter dem Aspekt, auf diese Weise Wege der Kunden zu Produkten und Diensten zu reduzieren, einen Beitrag zum Klimaschutz zu leisten und innerstädtische Arbeitsplätze zu sichern. Neue Standorte in »Urbanen Gebieten« können bestehende gewerbliche Flächen in den Innenstädten ergänzen, aber keinesfalls innenstadtnahe Gewerbegebiete und kleinteilige gewerbegeprägte Mischgebiete ersetzen. Das Handwerk – ob produzierend oder eher dienstleistend – kann bei der Entwicklung nachhaltiger, ressourcenschonender und sozial stabiler Stadtstrukturen eine entscheidende Rolle spielen.

Die neuen Entwicklungen betreffen die einzelnen Handwerksbetriebe ebenso wie ihre Kammern und Verbände, die sich auf diese Herausforderungen vorbereiten müssen. Gleichfalls entstehen große Anforderungen an die Stadtentwicklungspolitik, die sich der schwierigen Aufgabe stellen muss, Zukunftsstandorte für »Urbane Produktion« auch real zu sichern und neu zu schaffen – in einem Umfeld hoher Wohnungsnachfrage, steigender Bodenpreise, komplexerer bau- und immissionsschutzrechtlicher Regelungen und fortbestehender nachbarlicher Konfliktpotenziale. Niemand kann jetzt schon exakt das Potenzial ermessen oder abschätzen, in welchen Bereichen sich Urbane Produktionen dauerhaft etablieren können. Jetzt müssen aber die Möglichkeitsräume dafür gesichert werden. Es ist eine Mammutaufgabe, den Stadtumbau, der einstmals unverträgliche Nutzungen aus den Wohngebieten verbannte und de facto weit darüber hinaus Verdrängungen gewerblicher Nutzungen in Gang setzte, wieder darauf auszurichten, verträgliche Nutzungen in unterschiedlicher Körnigkeit zu integrieren und zu ermöglichen.[9]

# Quellen

Altrock, U.; Bertram, G.; Galda, A.; Haller, C.; Hammler, L.; Kloss, C.; Pietschmann, H. (2017): Nutzungsmischung und die Bewältigung von Nutzungskonflikten in Innenstädten, Stadt- und Ortsteilzentren – Chancen und Hemmnisse (BBSR-Online-Publikation 23). Bonn: BBSR. https://www.bbsr.bund.de/BBSR/DE/veroeffentlichungen/bbsr-online/2017/bbsr-online-23-2017.html [Zugriff: 12.03.2021]

Ax, C. (2016): Erhalt und Verbesserung der Wettbewerbsfähigkeit des Handwerks – unter besonderer Berücksichtigung der Digitalisierung. Gutachten im Auftrag der Enquete Kommission »Zukunft von Handwerk und Mittelstand in Nordrhein-Westfalen gestalten – Qualifikation und Fachkräftenachwuchs für Handwerk 4.0 sichern, Chancen der Digitalisierung nutzen, Gründungskultur und Wettbewerbsfähigkeit stärken«. https://www.landtag.nrw.de/Dokumentenservice/portal/WWW/dokumentenarchiv/Dokument/MMI16-396.pdf [Zugriff: 12.03.2021]

Brandt, M.; Gärtner, S.; Meyer, K. (2018): Urbane Produktion, Planungsrecht und dezentrale Finanzsysteme (Forschung Aktuell 10/2018). Gelsenkirchen: IAT. https://www.iat.eu/forschung-aktuell/2018/fa2018-10.pdf [Zugriff: 12.03.2021]

---

9 Das Manuskript des Artikels wurde Ende 2019 noch vor dem Beginn der Corona-Pandemie abgeschlossen. Die Flächenfrage in den Innenstädten, stellt sich durch den beschleunigten Rückgang des Handels zum Zeitpunkt der Drucklegung in anderer Weise: Bieten sich nun neue Flächenressourcen in nicht mehr benötigten Warenhäusern, Einkaufszentren und Verbrauchermarkthallen? Eine Debatte, ob Urbane Produktion und weitere handwerkliche Dienste zukünftig einen größeren Beitrag zu Vielfalt, Lebendigkeit und Resilienz der Stadtzentren leisten können, hat bereits eingesetzt. Die Chancen einer stärkeren »Rückkehr von Handwerk und Produktion« rücken noch mehr in den Fokus der Stadtentwicklungspolitik.

Buschfeld, D. (2011): Handwerk in sich – Berufsbildung und ihr Bezug zum Selbstverständnis des Handwerks, in: Cramer, G.; Müller, K. (Hrsg.): Quo vadis Handwerk? Identität des Handwerks im Wandel (Göttinger Handwerkswissenschaftliche Studien 82), Duderstadt: Mecke, 141–158. https://www.ifh.wiwi.uni-goettingen.de/upload/veroeffentlichungen/Studien/ifh-Studie_82.pdf [Zugriff: 12.03.2021]

Fuhrmann, A. (2017): Handwerkskammer befragte Unternehmen nach Standortzufriedenheit – Mehr Augenmerk auf Standortbedingungen. Pressemitteilung HWK Düsseldorf Nr. 18 vom 8. Mai 2017

Hahne, U. (2018): Rückkehr der Wirtschaft in die Stadt und transformative Stadtentwicklung. Paper im Rahmen des Forschungsprojektes, Wirtschaftsförderung 4.0. Kassel/Flensburg

Handwerkskammer Niederbayern-Oberpfalz (2016): Handwerk 4.0 – Zukunft im digitalen Zeitalter. Passau/Regensburg

Hansestadt Hamburg/Handwerkskammer Hamburg (2018): Masterplan Handwerk 2020, Fortschreibung 2018. https://www.hamburg.de/contentblob/12032230/data/masterplan-handwerk-fortschreibung-2018.pdf [Zugriff: 12.03.2021]

itb – Institut für Technik der Betriebsführung im DHI e. V. (Hrsg.) (2019): Handwerksbetriebe auf dem Weg in die Arbeitswelt 4.0 – Praxisbeispiele zum Einsatz digitaler Technologien im Handwerk. Karlsruhe: DHI. https://www.itb.de/files/content/itb/downloads/Publikationen/2019_itb_Beispiele-guter-Praxis.pdf [Zugriff: 12.03.2021]

Läpple, D. (2016): Produktion zurück in die Stadt. Ein Plädoyer, in: Stadt Bauwelt. Die Produktive Stadt 211 (35), 22–29

Mühl, C.; Busch, H.-C.; Fromhold-Eisebith, M.; Fuchs, M. (2019): Urbane Produktion. Dynamisierung stadtregionaler Arbeitsmärkte durch Digitalisierung und Industrie 4.0? (FGW-Impuls Digitalisierung von Arbeit 14) Düsseldorf. http://www.fgw-nrw.de/fileadmin/user_upload/Impuls-I40-14-Fuchs-2019_01_16-web.pdf [Zugriff: 12.03.2021]

Sennett, R. (2008): Handwerk. Berlin: Berlin Verlag

Steinborn, J. (2011): Bauliche und nutzungsbezogene Standortsicherung. Bau- und Planungsrecht für Handwerksbetriebe. Lüneburg: Handwerkskammer Braunschweig-Lüneburg-Stade

Thomä, J. (2016): Die Rolle von Handwerksunternehmen für die volkswirtschaftlichen Funktionen des Mittelstands (Göttinger Beiträge zur Handwerksforschung 11). Göttingen. DOI: 10.3249/2364-3897-gbh-11

Wollseifer, H. P. (2017): Digitalisierung im deutschen Handwerk – Herausfordernde Chancen, in: Franz, O. (Hrsg.): Digitalisierung – Chancen und Risiken für den deutschen Mittelstand, RKW-Kuratoriumsband 2017. Eschborn, 53–71

ZDH – Zentralverband des Deutschen Handwerks (2018): Digitalisierung der Handwerksbetriebe – Ergebnisse einer Umfrage unter Handwerksbetrieben im ersten Quartal 2018, Berlin: ZDH. https://www.hwk-ff.de/wp-content/uploads/2018/08/Auswertung-ZDH.pdf [Zugriff: 12.03.2021]

ZDH – Zentralverband des Deutschen Handwerks (2019): Betriebsstandorte im Handwerk – Ergebnisse einer Sonderumfrage unter Handwerksbetrieben im ersten Quartal 2019, Berlin: ZDH. https://www.hwk-ff.de/wp-content/uploads/2019/08/ZDH-Auswertung.pdf [Zugriff: 12.03.2021]

# Nachhaltigkeitspotenziale in urbanen Gewerbegebieten entfesseln und Nachhaltigkeit institutionalisieren – aus internationalen Erfahrungen lernen

*Frank Betker*

## 1 Vorbemerkung

Vielerorts findet Stadtentwicklung noch immer unter dem städtebaulichen Leitbild der Funktionentrennung statt. Das betrifft weite Teile der Städte, den Stadtrand, den Innenstadtrand, die Quartiere und die City. Aber inzwischen deutet sich ein Leitbildwandel an und der erfasst auch das Wirtschaften in der Stadt. Jahrzehntelang ist insbesondere Produktion in monofunktionale Industrie- und Gewerbegebiete an die Ränder der Stadt gedrängt worden. In den Innenstädten wurde handwerkliches Kleingewerbe und teils auch Wohnen verdrängt, um etwa dem Handel und wirtschaftsnahen Dienstleistungsunternehmen Platz zu machen. Seit einiger Zeit kommt jedoch Bewegung in die verkrustete Stadtstruktur. »Urbane Produktion« und »nachhaltige Gewerbegebietsentwicklung« sind die Begriffe für zwei Trends, die versprechen, die Funktionentrennung aufzubrechen und negative stadtklimatische Begleiterscheinungen der stadträumlichen Monostruktur zumindest abzumildern. Systematisch im Zusammenhang diskutiert wurden die beiden Trends bisher jedoch noch kaum. Beide Debatten liefen bislang parallel und weitgehend unabhängig voneinander. Brückenschläge gibt es erst seit jüngster Zeit, so etwa im Rahmen der Zukunftsstadt-Forschung des BMBF[1] oder des Experimentellen Wohnungs- und Städtebaus (ExWoSt) des BMI (BBSR 2020a). Die Diskussion ist mit der dokumentierten ExWoSt-Veranstaltung vom Mai 2019 jedoch ein Stück weiter gekommen, und zwar indem die beiden Diskursstränge »Urbane Produktion« in innerstädtischen potenziell gemischten Lagen – mit einem sehr starken Fokus auf Urbanität (Wohnen, Arbeiten, Sozio-Kultur) – mit der »Revitalisierung und ökologischen Erneuerung der Gewerbegebiete an den Stadträndern« (Fokus: Energie, ökologische Qualität der Freiräume, Funktionalität) verbunden wurden. Damit einher geht auch ein starkes Plädoyer dafür, Urbanität und Nachhaltigkeit in Stadträumen stärker zusammenzubringen (vgl. Läpple 2020, 10).

Die verbindenden Schlüsselbegriffe für beide Trends – Nachhaltigkeit und Urbanität – sind in ihrer Synthese Vorzeichen eines neuen Paradigmas der Stadtentwicklung (vgl. Betker 2017). Im Zusammenhang mit einer Verkehrswende und einer Vitalisierung der City, die dem urbanen Raum wieder mehr Aufent-

---

[1] Siehe etwa die Projekte zum Fokusthema »Urbane Produktion« im Rahmen der BMBF-Fördermaßnahme »Nachhaltige Transformation urbaner Räume« (https://www.nachhaltige-zukunftsstadt.de/; Zugriff: 15.03.2021).

haltsqualität und Nutzungsvielfalt verleiht, können Urbane Produktion in den Quartieren und Innenstädten und die nachhaltige Transformation städtischer Gewerbegebiete dazu beitragen, die jahrzehntelangen urbanen Auflösungstendenzen unter dem Label der »gegliederten und aufgelockerten Stadt« zu beenden und Stadt auch wieder zu mehr Kompaktheit zu verhelfen.

Dieser Beitrag soll sich in einem Umfeld von Beiträgen zur Urbanen Produktion vor allem den städtischen Gewerbegebieten und deren Transformation zur Nachhaltigkeit widmen. Diese Gebiete spielen eine maßgebliche Rolle in der Stadtentwicklung der Nachkriegszeit hin zur funktionsgetrennten, gegliederten und aufgelockerten Stadt. Das macht sie zu einem relevanten Handlungs- und konkreten Experimentierfeld, in dem viele Klimaschutz- und Nachhaltigkeitspotenziale schlummern, die erst seit der Jahrtausendwende näher ins Blickfeld geraten und erst ansatzweise erforscht, aber bei weitem noch nicht ausgeschöpft sind. Mit einem Fokus auf die grundlegende Frage, wie Nachhaltigkeit in Gewerbegebieten zu institutionalisieren ist, und vor dem Hintergrund erfolgreicher Beispiele aus den Nachbarländern Niederlande und Belgien wird ein mögliches Governance-Modell entwickelt. Der sich an diesen Aufsatz anschließende Beitrag von Susanne Smolka kann als praktische Erprobung dieses Modells in Remscheid gelesen werden.

## 2    Abnutzungserscheinungen und Revitalisierungsbedarf

Noch immer wird eine verschwenderische Landnahme an Stadträndern und in ländlichen Gebieten betrieben. Neuerschließungen von Industrie- und Gewerbegebieten zählen auch dazu. Gleichzeitig leiden die älteren und stadträumlich integrierten Gebiete aus den 1960er bis 1980er Jahren unter Abnutzungserscheinungen und Dysfunktionalitäten. Sie bestehen häufig aus einem Flickenteppich an industriellen und kleingewerblichen Nutzungen, meist Produktion, weisen eine kleinteilige Parzellierung auf und beherbergen Unternehmen mit stark voneinander abweichenden wirtschaftlichen Perspektiven und Branchenzugehörigkeiten. Sie verlieren an Attraktivität und es staut sich ein hoher Sanierungs- oder Revitalisierungsbedarf auf. So kommt es zu dem Paradoxon, dass einerseits brachfallende innenstadtnahe Flächen häufig keine Nutzer:innen mehr finden und andererseits an den Stadträndern unverbrauchte Gebiete neu ausgewiesen und von Unternehmen nachgefragt werden. Dieser Mechanismus wird bislang noch nicht entscheidend durchbrochen.[2] Der fortgesetzte Flächenverbrauch am Stadtrand ließe sich gleichwohl eindämmen, wenn die älteren Standorte städtebaulich aufgewertet und funktionaler gestaltet sowie vor allem auch nachhaltig entwickelt würden.

---

2   Zum neuesten Stand siehe BBSR 2020b, 23 ff.

Während die Diskussion über die städtebauliche Revitalisierung schon älter ist, drängt die Leitidee der Nachhaltigkeit seit jüngster Zeit auch stärker in den Diskurs über die »Weiterentwicklung von Gewerbegebieten«. Da geht es dann auch um Ressourceneffizienz und Klimaschutz (Gebäudeenergetik, erneuerbare Energien, Stoffkreisläufe etc.) sowie Klimaanpassung vor dem Hintergrund von Hitzeereignissen und Hochwasserrisiken (BBSR 2020b, 46–70). Während ein großer Teil der klassischen Themenfelder den öffentlichen Verkehrs- und Freiraum betrifft und damit in die Zuständigkeit der Kommunen fällt, ist bei den Nachhaltigkeitsthemen viel mehr als zuvor der einzelne Betrieb und das einzelne Unternehmen gefragt. Es stellen sich also häufiger als zuvor Fragen der Koordination, Kooperation und des (Gebiets-)Managements.

Dass in der Gewerbegebietsentwicklung noch so wenig für die Nachhaltigkeit, insbesondere für den Klimaschutz, getan wird, liegt unter anderem an der fehlenden standortbezogenen Kooperationskultur. Die in Gewerbegebieten benachbarten Unternehmen kooperieren meist nicht miteinander. Nachhaltigkeitspotenziale zu nutzen, erfordert aber kooperations- und lernwillige öffentliche und privatwirtschaftliche Akteure und entsprechend innovative beziehungsweise anpassungsfähige institutionelle Strukturen. Es sind also nicht nur technisch-energetische, ökonomische und städtebauliche Fragen, stadtökologische und Raumnutzungsfragen zu beantworten. Die Schlüsselfrage bei der Revitalisierung und nachhaltigen Entwicklung von Gewerbebestandsgebieten lautet: Wie sind neue Handlungsmuster im Sinne der Nachhaltigkeit zu institutionalisieren und zu verstetigen, so dass einmal begonnene Maßnahmen und Prozesse dauerhaft wirken?

Die Antwort liegt in einem Nachhaltigkeitskonzept, das darauf baut, gesellschaftlich zu gestalten, also Markt- sowie öffentliche und zivilgesellschaftliche Akteure in kooperative Strukturen einzubinden. Dementsprechend geht es darum, neue Organisationsformen und Handlungsprinzipien zu (er-)finden. Es geht um nicht weniger als das »Konzept eines neuen Gesellschaftsvertrages für die Transformation zur Nachhaltigkeit« (WBGU 2011, 2) in Industrie- und Gewerbegebieten.

Im Folgenden wird in zwei Schritten mithilfe institutionentheoretischer Überlegungen ein konzeptioneller Rahmen für den Kultur- und Institutionenwandel in Industrie- und Gewerbegebieten abgesteckt. Vor dem Hintergrund der Strategie nachhaltiger Revitalisierung in den Nachbarländern Niederlande und Belgien (Flandern) wird dieser für die weitere Debatte fruchtbar gemacht. Dabei werden als neue institutionelle Arrangements mit einem Potenzial zur Problemlösung das Gewerbegebietsmanagement und die Netzwerkbildung am Standort sowie die Kooperation von Unternehmen und Kommunen identifiziert und näher betrachtet (vgl. Betker 2013).

## 3 Institutionalisierung der Leitidee Nachhaltigkeit

Der soziologischen Institutionentheorie zufolge findet Institutionalisierung statt, wenn aus Wertvorstellungen und einer Leitidee eine praktisch anwendbare Verhaltensorientierung (Institution) wird, die einen eigenen Handlungskontext ausdifferenziert, über geeignete Sanktionsmittel zur Durchsetzung verfügt, Folgen bearbeitet und Konflikte bewältigt (vgl. Lepsius 1995b, 329): Das ist etwa bei Gesetzen, Verträgen, rechtsfähigen Organisationen wie auch bei symbolischen Repräsentationen der Fall. Wesentlich im soziologischen Verständnis des Begriffs Institution ist der Begriff der Leitidee, denn Institutionen entstehen nicht einfach so aus sich heraus oder nur aufgrund funktionaler (objektiver) Notwendigkeiten. Ihnen liegt eine wirkungsmächtige Leitidee zugrunde (Lepsius 1995a, 394).

Nachhaltigkeit kann die Funktion solch einer Leitidee erfüllen; sie ist im Bewusstsein vieler Menschen bereits präsent. In vielen gesellschaftlichen Bereichen ist der Nachhaltigkeitsgedanke jedoch noch »unterinstitutionalisiert« (ebd.). Zur Institution kann Nachhaltigkeit werden, wenn sie als Leitidee nicht nur in kulturelle Werte und moralische Vorstellungen eingewoben wird, sondern auch das organisierte Handeln spürbar strukturiert. Wenn diese Handlungsorientierung dauerhaft, nicht nur »situativ, spontan, einmalig oder abweichend« (ebd.) ist, gilt sie als institutionalisiert.

Welche institutionellen Arrangements oder Formen von Governance wären also geeignet, die Leitidee Nachhaltigkeit etwa in konventionellen Gewerbegebieten zu institutionalisieren und so zu deren klimaverträglichem Umbau beizutragen? Was könnte die Grundlage für Handlungsrationalitäten sein, die auf Nachhaltigkeit beruhen? Wer sind die Akteure, deren Handeln im Sinne der Nachhaltigkeit stärker aufeinander bezogen werden soll?

Der Kommune helfen ihre klassischen Planungsinstrumente, mit denen sie top-down die räumliche Entwicklung zu steuern versucht, bei der nachhaltigen Entwicklung von Gewerbebestandsgebieten nur sehr begrenzt weiter. Bei der klimaverträglichen Erneuerung ist sie auf die Mitwirkungs- und Kooperationsbereitschaft der Unternehmen angewiesen. Auch den Unternehmen, deren Perspektive vor allem eine betriebswirtschaftliche ist, wird ein Umdenken abverlangt. Gesellschaftliche Werte und Leitideen, zu denen auch Nachhaltigkeit gehört, müssen stärker ins betriebswirtschaftliche Kalkül einbezogen werden. Neue institutionelle Arrangements, wie etwa Kooperationen, sollten als Mechanismen wahrgenommen werden, die kostendämpfend wirken. Nachhaltigkeitsstrategien wie ÖKOPROFIT oder das Umweltlabel *Eco-Management and Audit Scheme* (EMAS) der Europäischen Union belegen dies.[3] Doch wird diese Erkenntnis bislang noch viel zu wenig in der Praxis umgesetzt.

---

3 Für ÖKOPROFIT siehe etwa http://www.oekoprofit-nrw.de, für EMAS siehe https://www.emas.de [beide Zugriff: 16.03.2021].

# 4 Vom einzelwirtschaftlichen Standort über die Ressourcengemeinschaft zum Gemeingut

Es liegt nahe, anzunehmen, dass Unternehmen, die miteinander kooperieren, eher in der Lage sind, die natürlichen Ressourcen zu schonen und gleichzeitig Kosten zu sparen: Stoffkreisläufe einrichten, Regenwasser sammeln, Anlagen zur regenerativen Energieversorgung installieren – all dies sinnvoll zu organisieren, ist Betrieben an einem Standort meist nur im Verbund möglich. Gewerbegebiete, in denen Betriebe zwar einzelwirtschaftlich, jedoch räumlich nah beieinander wirtschaften, bilden eine wichtige Voraussetzung für diesen Effizienzvorteil. Ein Gewerbegebiet kann so den Rahmen für eine »Ressourcengemeinschaft« darstellen (Müller-Christ/Liebscher 2010). Grundlegend sind neue Koordinationsmechanismen beziehungsweise Governance-Formen. Sie ergänzen die traditionellen betrieblichen Hierarchien und Marktmechanismen um die Dimension des Handelns in Netzwerken und Kooperationen. So entstehen hybride Koordinationsformen, zu denen vor allem die zwischenbetrieblichen Kooperationen gehören, die weitere Akteursgruppen einbeziehen, wie Staat/Kommune und Zivilgesellschaft. Demnach beschreiben Markt, Hierarchie und Kooperation einen institutionellen Zusammenhang, in dem auch ethische und moralische Grundsätze verankert sein können. Zweifellos begründet diese Verankerung aber noch keinen Paradigmenwechsel im ökonomischen Denken. Die Rationalität der Nutzen- und Gewinnmaximierung bleibt handlungsleitend.

Einen Schritt weiter geht die Politikwissenschaftlerin und Nobelpreisträgerin Elinor Ostrom. Im Rahmen ihrer institutionentheoretischen Allmende-Untersuchung (Ostrom 1999) stellt sie die Rationalität der Nutzenmaximierung infrage und arbeitet den Gedanken der »Rückeinbettung« (Rostock 2012) des Ökonomischen in die Sphäre des Sozio-Kulturellen als empirisch belegte Perspektive heraus. In den Allmenden sieht sie Gemeingüter, in denen Nachhaltigkeit gleichsam garantiert ist. Kooperation ist der Schlüssel dazu – und das entscheidende Instrument, die Umweltgüter zu schonen und zugleich eine langfristige wirtschaftliche Perspektive zu erhalten. Ostroms gesellschaftswissenschaftlicher Begriff der Gemeingüter (*commons*) beschränkt sich nicht auf die Umweltgüter Luft, Wasser, Boden, etc. an sich, sondern schließt das Handeln der Nutzer:innen und den Prozess der Institutionalisierung mit ein:

> »Gemeingüter entstehen überhaupt erst dann, wenn Nutzergemeinschaften Zugangs- und Nutzungsregeln aushandeln, die allen dienen. […] Man kann die traditionellen Commons also am besten als Referenz auf eine gemeinschaftlich getragene Ressourcenmanagement-Strategie verstehen, die immer unter Berücksichtigung kultureller, ökologischer, ökonomischer wie institutioneller Bedingungen erarbeitet werden muss« (Helfrich/Stein 2011, 11).

Die Nutzer:innen müssen also »soziale Übereinkünfte in der kollektiven, nachhaltigen und fairen Nutzung der Gemeingüter« treffen (ebd., 9). Solche Gemeingüter können in Gewerbegebieten öffentliche Räume oder gemeinschaftliche soziale Einrichtungen, gemeinsam betriebene Anlagen zur Energieerzeugung, die Organisation von Stoffkreisläufen und vieles mehr sein. Gemeingüter sind unabhängig von einer bestimmten Eigentumsform. Nach Ostrom sind selbstorganisierte und -gemanagte Institutionen der »Schlüssel für Gemeingüter«. Sind Gewerbegebiete dafür nicht ein geeignetes Experimentierfeld? (Ostrom 2011, 25, 39, 53, 67)

## 5 Lösung des Verstetigungsdilemmas

Eine zentrale Frage ist, wie dauerhaft Strukturen in Gewerbegebieten etabliert werden können. Die Projekte, die in Deutschland bereits diskutiert werden (BBSR 2020b; Betker/Rawak 2012), sind teils noch zu jung, um abschließend beurteilt werden zu können. Und vor allem es sind einzelne Beispiele, denen eine übergeordnete institutionelle Einbindung fehlt, ein wichtiges Element in einer Verstetigungsstrategie.

Hinweise finden sich jedoch im benachbarten Ausland, in den Niederlanden und im belgischen Flandern, wo die Institutionalisierung der Nachhaltigkeit in Gewerbegebieten bereits weiter vorangeschritten ist und neue dauerhafte Strukturen hervorgebracht hat (vgl. BBSR 2017; Betker 2017). Dabei geht es hier weniger um eine quantitative Messung von Erfolgen der nachhaltigen Entwicklung, sondern um die Beschreibung eines grundlegenden Transformationsprozesses, gleichsam um einen neuen Gesellschaftsvertrag für die Transformation zur Nachhaltigkeit in Gewerbegebieten. Dabei liegt das Hauptaugenmerk auf dem (nachhaltigen) Gewerbegebietsmanagement und der zwischenbetrieblichen Kooperation der Unternehmen am Gewerbestandort, in denen sich einige der zuvor beschriebenen Grundgedanken der Institutionalisierung, der Kooperation und der *commons* (Ostrom) wiederfinden.

### 5.1 Nachhaltige Revitalisierung in den Niederlanden

Eine hohe Siedlungsdichte und zahlreiche veraltete Gewerbegebiete sorgen in den Niederlanden und in Flandern für einen vergleichbaren Problemdruck wie in den dicht besiedelten Gebieten Deutschlands. Jedoch arbeiten unsere westlichen Nachbarländer bereits flächendeckend an Lösungen.

Das Programm zur Restrukturierung von Gewerbegebieten (*Bedrijventerreinen*) in den Niederlanden basiert auf der *Samenwerkingsagenda Mooi Nederland 2010–2020* (Agenda zur Zusammenarbeit für eine schöne Niederlande 2010–2020). Alle älteren Bestandsgebiete aus den 1960er und 1970er Jahren sollten revitalisiert und nachhaltig bewirtschaftet werden – insgesamt 15 800 Hektar. Neben städtebaulichen Zielen in den Problemfeldern Zersiedlung, Flächennutzung, Gestaltung und Funktionalität standen vor allem die Senkung des Energieverbrauchs und die Zusammenarbeit zwischen den Akteuren auf der Agenda. Mit der Vereinbarung *Convenant Bedrijventerreinen 2010–2020* delegierte die Regierung die Verantwortung an die Provinzen und stattete diese mit Fördermitteln aus (BBSR 2020b, 20). Gemeinsam mit den Kommunen entwickelten diese Basisprinzipien. Das Interesse der Unternehmen für ihr Gewerbegebiet soll stimuliert und zwischenbetriebliche Kooperationen und *private-public partnerships* zwischen Unternehmen und Kommunen sollen angeregt werden. Auf gesetzlicher Basis wurden auch Sonderwirtschaftszonen (*Bedrijven-Investerings-Zones*) eingerichtet, in denen sich die Unternehmen zu rechtsfähigen Vereinigungen zusammenschließen können, um bei der nachhaltigen Erneuerung zu kooperieren. Zwang besteht nicht, aber aufgrund der Anreize ist die Beteiligungsquote der Unternehmen sehr hoch. Gemeinsam mit der Kommune setzen diese ein professionelles Gewerbegebietsmanagement (Parkmanagement) ein, das ein wichtiger Träger der Zusammenarbeit ist. Kommunen und Unternehmensvereinigungen regeln die Zuständigkeiten und Verantwortlichkeiten untereinander, so dass Handlungssicherheit für das Parkmanagement besteht (vgl. Betker 2013; 2017; vgl. BBSR 2017). Dieses arbeitet in der Regel mit einer Pull-Strategie und kümmert sich zunächst um die zentralen Anliegen der Unternehmen, häufig etwa um die Ausstattung mit digitaler Infrastruktur, Videoüberwachung und Sauberkeit. Fragen der Nachhaltigkeit kommen erst später zum Zuge. Der Parkmanager Schiffelers hat die Strategie in folgender Folie zusammengefasst.

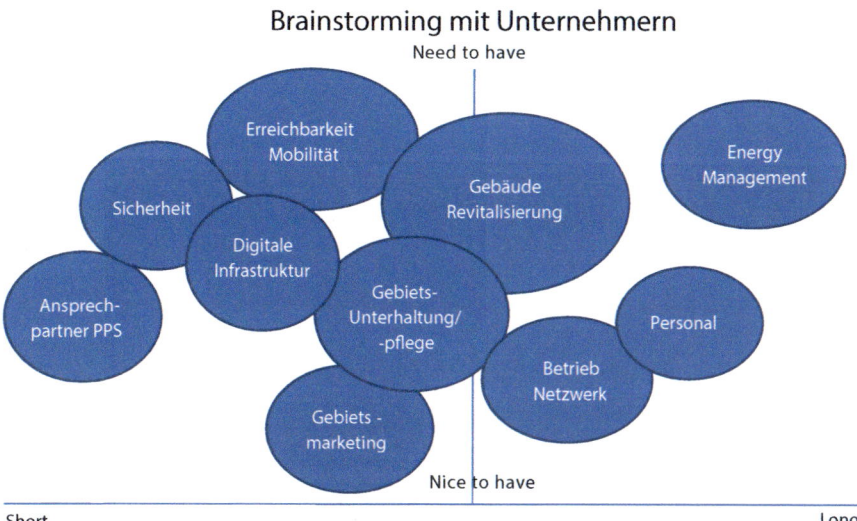

**Abb. 1:** Ergebnis eines Brainstormings mit Unternehmern in der niederländischen Provinz Gelderland (Grafik nach Etienne Schiffelers, PWF Projectmanagement BV 2019, Folie 96).

In den Niederlanden ist die Revitalisierung von Gewerbegebieten inzwischen weit vorangeschritten. Neu entstanden ist ein Markt von Anbietern des Parkmanagements. Auf diesem agieren private Agenturen oder Consulter genauso wie große private oder halbstaatliche Entwicklungsgesellschaften. Neueren Berechnungen zufolge gibt es in den Niederlanden insgesamt etwa 120 Parkmanagementfirmen, die rund 1 650 Gewerbegebiete betreuen, was knapp der Hälfte aller Gewerbegebiete in den Niederlanden (3 605) entspricht (Schiffelers 2019, Folie 93). Die Parkmanager haben meist keinen festen Sitz im Gewerbegebiet, sondern betreuen die Gebiete von ihren Unternehmensstandorten aus. Gleichwohl sind sie den Unternehmensnetzwerken gegenüber verantwortlich.

Alle Akteure können inzwischen auch auf ein etabliertes Wissensnetzwerk zurückgreifen, etwa die Plattform www.cooperator.nl/bedrijventerreinen. Anders als in Deutschland ist ein weitreichendes Netz von Institutionen, eine geradezu komplexe Governance-Struktur rund um die nachhaltige Erneuerung der Gewerbegebiete entstanden, so dass Verstetigung mehr ist als eine vage Perspektive.

## 5.2 Nachhaltiges Gewerbegebietsmanagement in Flandern

Ähnlich wie in den Niederlanden wurde auch in der Region Flandern (Belgien) ein staatlich gesteuerter Prozess der Institutionalisierung der Nachhaltigkeit in Gewerbegebieten angestoßen. Die ersten Impulse gingen von dem Projekt *Bedrijventerreinmanagement* (Gewerbegebietsmanagement) aus, das mit Mitteln der Europäischen Union (Interreg IIIA) und der Region Flandern 2006–2008 gefördert wurde. Weitere Pläne folgten. Seit 2016 gibt es die *Visie 2050*, in der Nachhaltigkeit das Leitprinzip ist (BBSR 2017, 9).

Es gelang, alle relevanten Akteure zur Steuerung und Durchführung der nachhaltigen Revitalisierung von Gewerbegebieten in einer beispiellosen Kooperation zu vereinen. Hand in Hand arbeiten staatliche Institutionen, die Provinzen mit eigens gegründeten Entwicklungsgesellschaften, die Kommunen unter Federführung der Wirtschaftsförderung, sowie die neu gegründeten Unternehmensvereinigungen zusammen. Viel Wert wird auf verbindlich umsetzbare Nachhaltigkeitskriterien gelegt (vgl. Betker 2013, 184).

Folgende Maßnahmen stehen im Fokus: Photovoltaikanlagen, Wassermanagement (Regenwasser), Stoffkreisläufe (Abfall), gemeinsamer Einkauf, städtebauliche und Freiraumqualität, Biotopverbund, Sicherheit und Sauberkeit, soziale und Versorgungsinfrastruktur.

Von der Universität Gent wird der Prozess wissenschaftlich-programmatisch begleitet und durch die Auflage von Hand- und Praxisbüchern unterstützt (van Eetfelde 2005; 2009).

## 6 Institutionalisierung der Nachhaltigkeit und neue Urbanität in Gewerbegebieten

Während in Deutschland bislang lediglich einzelne Projekte – weitgehend ohne Programmförderung – entwickelt wurden und diese eher als Bottom-up-Prozesse angelegt sind, haben in den Niederlanden und in Belgien staatliche Programme und Förderungen einen top-down-gesteuerten und bereits viel breiteren Institutionalisierungsprozess begründet, dessen Fortbestehen jedoch auf das Engagement und die Bottom-up-Initiative vor Ort (Kommunen und Unternehmen) angewiesen und dadurch auch erfolgreich ist.

Gemeinsam sind den dargestellten Beispielen folgende fünf signifikante Merkmale:

1. Die zwischenbetriebliche, rechtlich abgesicherte Zusammenarbeit der Unternehmen in einem Gewerbegebiet mit konkreten Projekten.
2. Die Mitwirkung lokalstaatlicher Akteure (Kommune) als kooperierende sowie die Mitwirkung staatlicher Akteure als rahmensetzende und fördernde Instanz (Bund, Land).
3. Das Gewerbegebietsmanagement als operative Handlungsebene zur Organisation und Durchführung von Maßnahmen, das zugleich die Kooperations- und Kommunikationsbeziehungen im Gewerbegebiet und die Verbindung zur Kommune und zu externen Partnern/Stakeholdern unterstützt.
4. Die Gestaltung der Institutionalisierung zugleich als Top-down- und Bottom-up-Prozess, so dass sich Engagement und Beteiligung strukturiert, zielgerichtet und rechtssicher entfalten können und verstetigt werden können.
5. Die Leitidee der Nachhaltigkeit als strukturierender und motivierender Impuls für alle Akteure. Wichtig sind *change agents*, die motivieren und lokal verankert sind.

Diese fünf Merkmale können auch als die tragenden Säulen einer erfolgreichen Institutionalisierung von Nachhaltigkeit in Gewerbegebieten bezeichnet werden. Sie sind im Übrigen auch ein wichtiges Fundament dafür, dass die Gewerbegebiete ihre isolierte Lage im überkommenen System der funktionsgetrennten Stadt überwinden und sich als wichtiger Sozialraum und Nachbarschaft in die urbane, funktionsgemischte Stadt einfügen und deren Urbanität unterstützen. Nur wenn Kommunikation nach innen aufgebaut wird, kann auch Kommunikation mit der Nachbarschaft entstehen, können sozial-räumliche Beziehungen aufgebaut und Barrieren abgebaut werden. Das fördert den Austausch bis hin zur gemeinsamen Nutzung öffentlicher und halböffentlicher Räume in den Gewerbegebieten.

Ein intakter, ökologisch wertvoller Außenraum, ein funktionierendes Netzwerk und eine die Unternehmen unterstützende und entlastende Struktur heben letztlich auch das Image und die Attraktivität eines Gewerbegebiets. Insofern sind vor dem Hintergrund der Erfahrungen in den Niederlanden und in Flandern die Bedenken mancher Wirtschaftsförderer, dass das Parkmanagement in einem Gewerbegebiet »Unternehmen von einer Ansiedlung abschrecken könnte«, zweifellos nur schwer nachzuvollziehen (BBSR 2020a, 5).

## 7 Ein neuer Gesellschaftsvertrag für Industrie- und Gewerbegebiete

Das idealtypische Governance-Modell in Abb. 2, entwickelt für das Projekt »Nachhaltige Gewerbegebietsentwicklung NRW« (Betker/Rawak 2012, 180), bündelt die Ansätze aus den vorliegenden Erfahrungen und veranschaulicht die Bezüge zwischen den wichtigsten Akteuren. Die Kommune kann ein Initiator für die Kooperation sein, aber auch das Unternehmensnetzwerk, sofern es sich bereits als rechtsfähige Netzwerkstruktur konstituiert hat und die Unternehmen als kollektiver Akteur auftreten. Beide zusammen begründen im hier beschriebenen Modell die Einrichtung eines Gewerbegebietsmanagements. Als dauerhafter Träger dieses Managements fungiert vor allem das Unternehmensnetzwerk, denn die Betriebe sollen die neue Struktur aufbauen, die die Zusammenarbeit langfristig koordiniert und sichert. Sie sollen in einen neuen Modus des Handelns eintreten und gemeinsam Verantwortung für den Standort übernehmen. Das Gewerbegebietsmanagement gewährleistet und unterstützt diesen Modus. Die Kommune kann optional das Management mittragen, ggfs. mitfinanzieren und als temporärer Träger auftreten. Zudem ist eine Arbeitsstruktur mit einer Programmatik zu einzelnen Zielen der nachhaltigen Entwicklung aufzubauen.

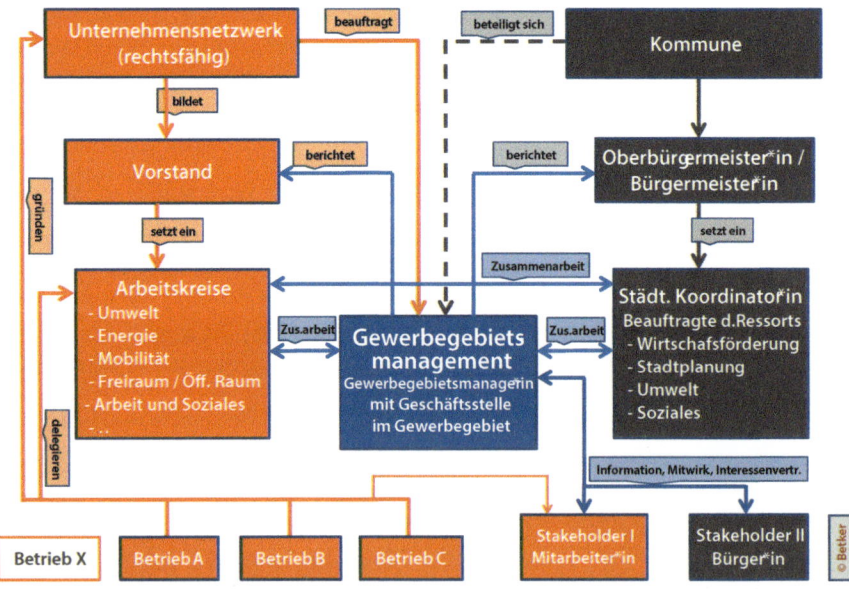

**Abb. 2:** Idealtypisches Governance-Schema zur Institutionalisierung der Nachhaltigkeit in Industrie- und Gewerbegebieten (Quelle: Betker/Rawak 2012, 180).

# 8 Fazit

Nun müssten weitere Forschungen die bereits angestoßenen Prozesse tiefergehend analysieren, Widerstände aufzeigen, die (mögliche) Rolle der Nachhaltigkeit in der betrieblichen Zusammenarbeit herausarbeiten etc. Überdies mangelt es noch an Untersuchungen, die quantitativ ermitteln, welches Potenzial die nachhaltige Erneuerung der Gewerbegebiete für die große Transformation und eine klimaverträgliche Entwicklung hat. Inzwischen gibt es aber weitere Erprobungen, wie das im folgenden Beitrag von Susanne Smolka vorgestellte Beispiel des Remscheider Gewerbegebiets Großhülsberg. Vor dem Hintergrund vergleichbarer Problemlagen und Zielsetzungen veranschaulicht dieses, dass Institutionalisierungsstrategien als Bottom-up-Ansatz erfolgversprechend sein können. Es gibt hier signifikante Gemeinsamkeiten zu den niederländisch-flandrischen Beispielen: Kooperation und Netzwerk sind tragende Grundgedanken für den Institutionalisierungsprozess; die Leitidee der Nachhaltigkeit wirkt als strukturierender und motivierender Impuls für alle Akteure.

So entsteht ein neuer Governance-Modus, der sich auf nachhaltige Entwicklung und Gemeingüter am Standort bezieht und für den neue Formen der Handlungskoordination zwischen Unternehmen, Staat/Kommune und Zivilgesellschaft grundlegend sind. Die Strukturen und der Prozess sind jedoch relativ fragil und brauchen auch die Top-down-Unterstützung des Staates. Zweifellos kommen eine Professionalisierung des Gewerbegebietsmanagements und die Entstehung eines Marktes für diese Dienstleistungen (wie in den Niederlanden und in Flandern) erst richtig in Gang, wenn die nachhaltige Revitalisierung auf eine breitere Basis gestellt wird. Dann besteht die Hoffnung auf einen neuen »Gesellschaftsvertrag«, der den veralteten Industrie- und Gewerbegebieten einen Weg der Transformation hin zur Nachhaltigkeit weist.

Die bisherigen Erfahrungen zeigen, dass dies unverzichtbar und auch möglich ist. Fördermittel sind gut investiert, denn insbesondere das $CO_2$-Einsparpotenzial in den Gewerbegebieten ist enorm. Dazu kommen die ökonomischen Effekte für Kommune und Betriebe sowie letztlich auch die ökologischen und sozial-räumlichen Effekte für eine nachhaltige und urbane Stadtentwicklung, die der Lebensqualität in der Stadt insgesamt zugutekommen.

# Quellen

BBSR – Bundesinstitut für Bau-, Stadt- und Raumforschung (Hrsg.) (2020a): Vergessene Stadträume – Weiterentwicklung von Gewerbegebieten im Bestand. Dokumentation der ExWoSt-Fachkonferenz, 20./21.5.2019 in Berlin. https://www.bbsr.bund.de/BBSR/DE/veroeffentlichungen/bbsr-online/2020/bbsr-online-02-2020-dl.pdf [Zugriff: 23.12.2020]

BBSR – Bundesinstitut für Bau-, Stadt- und Raumforschung (Hrsg.) (2020b): Nachhaltige Weiterentwicklung von Gewerbegebieten. Ergebnisbericht zum ExWoSt-Forschungsfeld.

Bonn. https://www.bbsr.bund.de/BBSR/DE/veroeffentlichungen/sonderveroeffentlichungen/2020/nachhaltige-weiterentwicklung-gewerbegebiete.html, letzter Zugriff: 23.12.2020.

BBSR – Bundesinstitut für Bau-, Stadt- und Raumforschung (Hrsg.) (2017): Nachhaltige Weiterentwicklung von Gewerbegebieten – Erfahrungen aus dem Ausland (ExWoSt-Informationen 49/2). https://www.bbsr.bund.de/BBSR/DE/veroeffentlichungen/exwost/49/exwost-49-2.pdf [Zugriff: 23.12.2020]

Betker, F. (2017): Transformation zur Nachhaltigkeit im Bestand. Wie können nachhaltige Ressourcengemeinschaften in Gewerbegebieten erfolgreich etabliert werden? Vortrag auf der FdW-Tagung, 17.11.2017 in Berlin. http://docplayer.org/78466434-Fdw-forum-deutscher-wirtschaftsfoerderer.html [Zugriff: 23.12.2020]

Betker, F. (2017): Urbanität und Nachhaltigkeit – zwei Seiten einer Medaille. Neue Fördermaßnahme im Rahmen der Sozial-ökologischen Forschung des BMBF, in: pnd-online 1/2017. http://archiv.planung-neu-denken.de/images/stories/pnd/dokumente/1_2017/pnd-online_2017-1.pdf [Zugriff: 23.12.2020]

Betker, Frank (2013): Nachhaltigkeit institutionalisieren: ein neuer Gesellschaftsvertrag für städtische Gewerbegebiete, in: GAiA. Ökologische Perspektiven für Wissenschaft und Gesellschaft 3/2013, 178–186. DOI: 10.14512/gaia.22.3.10

Betker, F.; Rawak, M. (2012): Nachhaltige Gewerbegebietsentwicklung in Nordrhein-Westfalen. Abschlussbericht, im Auftrag des Umweltministeriums NRW, hrsg. vom ILS gGmbH, Dortmund

Helfrich, S.; Stein, F. (2011): Was sind Gemeingüter?, in: Aus Politik und Zeitgeschichte 61 (28–30), 9–15

Läpple, D. (2020): Die Zukunft der Produktion in der Stadt. Zusammenfassung des Vortrags von Dieter Läpple, in: BBSR 2020a, 9–11

Lepsius, M. R. (1995a): Institutionenanalyse und Institutionenpolitik, in: Nedelmann, Birgitta (Hrsg.), Politische Institutionen im Wandel. Opladen: Westdeutscher Verlag, 392–403

Lepsius, M. R. (1995b): Max Weber und das Programm einer Institutionenpolitik, in: Berliner Journal für Soziologie 5 (3), 327–333

Müller-Christ, G.; Liebscher, A. K. (2010): Nachhaltigkeit im Industrie- und Gewerbegebiet, München: oekom

Ostrom, E.; Helfrich, S. (Hrsg.) (2011): Was mehr wird, wenn wir teilen. Vom gesellschaftlichen Wert der Gemeingüter. München: oekom

Ostrom, E. (1999): Die Verfassung der Allmende: Jenseits von Staat und Markt. Tübingen: Mohr Siebeck

Polanyi, K. (1978) [orig. 1944]: The Great Transformation. Politische und Ökonomische Ursprünge von Gesellschaften und Wirtschaftssystemen. Frankfurt a. M.: Suhrkamp

Rostock, S. (2012): Ziel: Große Transformation, in: Weitblick, Germanwatch Zeitschrift für eine global gerechte und zukunftsfähige Politik 04/2012, https://germanwatch.org/de/5541 [Zugriff: 23.12.2020]

Schiffelers, E. (2019): Gewerbegebiete in den Niederlanden, in: »In die Jahre gekommen…« Wie entwickelt man Gewerbegebiete im Bestand erfolgreich? Vortrag auf dem AGIT-Forum »Wirtschaftsflächen der Zukunft«, 24.10.2019, TZ Aachen, Folien 90–104. https://www.agit.de/fileadmin/user_upload/In_die_Jahre_gekommen.…_klein.pdf [Zugriff: 26.12.2020]

Van Eetvelde, G. et al. (2009): Praktijkboek Duurzaam Bedrijventerreinmanagement. Gent. https://core.ac.uk/download/pdf/55812645.pdf [Zugriff: 23.12.2020]

Van Eetvelde, G. et al. (2005): Groeiboeken Duurzaame Bedrijven Terreinen. 9 Bde. Gent: Universiteit Gent. https://dbt.ugent.be/groeiboeken/ [Zugriff: 23.12.2020]

WBGU – Wissenschaftlicher Beirat der Bundesregierung Globale Umweltveränderungen (2011): Welt im Wandel: Gesellschaftsvertrag für eine Große Transformation. Hauptgutachten, Berlin. https://www.wbgu.de/de/publikationen/publikation/welt-im-wandel-gesellschaftsvertrag-fuer-eine-grosse-transformation [Zugriff: 23.12.2020]

# Nachhaltigkeitsmanagement im Gewerbegebiet Remscheid-Großhülsberg.
# Erfahrungen und Erkenntnisse aus dem Projekt »Grün statt Grau – Gewerbegebiete im Wandel«

*Susanne Smolka*

## 1  Einleitung und Projekthintergrund

Die Revitalisierung und nachhaltige Entwicklung von bestehenden Gewerbegebieten wird von der Stadt Remscheid als wichtige Zukunftsaufgabe gesehen und führte zur Beteiligung am BMBF-geförderten Projekt »Grün statt Grau. Gewerbegebiete im Wandel«.[1] Als Modellgebiet wurde das Gewerbegebiet Großhülsberg im Stadtbezirk Remscheid-Lüttringhausen ausgewählt.

Der Industriestandort befindet sich als isolierte Einheit, gemäß einer klassischen städtischen Funktionstrennung am Nordrand der Stadt und bietet ein typisches Bild von Gewerbegebieten der 1960er bis 1970er Jahre. Großhülsberg profitiert aktuell zwar noch von guten Rahmenbedingungen, dennoch zeichnet sich die Notwendigkeit zur Revitalisierung ab. Der mit dem demografischen Wandel verbundene Fachkräftemangel, ökologische Erfordernisse, die Hitzebelastung, die angespannte Parkraumsituation und das optische Erscheinungsbild sind hier die maßgeblichen Faktoren.

Zur nachhaltigen Verbesserung des Gebiets wurde im Rahmen des Projektes ein vielfältiges Handlungskonzept erstellt, das u.a. Maßnahmen zur Verbesserung der (ökologischen) Standortqualität, Stärkung der Biodiversität, energetischen Qualifizierung von Gebäuden durch Begrünungsmaßnahmen sowie zum Klimaschutz und zur Klimaanpassung beinhaltet.

Entscheidend für einen erfolgreichen zukunftsfähigen Wandel im Gewerbe- und Industriegebiet ist aber neben der räumlichen Nähe der Unternehmen eine vertrauensvolle Zusammenarbeit der Betriebe vor Ort (vgl. Paar/Pehnt/Bödeker 2012, 20). Zudem können viele gebietsspezifische Probleme nur gemeinsam von den Unternehmen gelöst werden. Im Gewerbegebiet Großhülsberg bestanden vor Beginn des Projektvorhabens, wie in vielen vergleichbaren Gewerbegebieten auch, keine Initiativen oder Netzwerkstrukturen, die eine Kooperation der Unternehmen unterstützt hätten. Selbst zwischen direkten Nachbarbetrieben bestanden kaum Kontakte. Die Etablierung eines Gebietsmanagements stellte hier das zentrale Instrument für die Initiierung des Aufwertungs-, Profilierungs- und Qualifizierungsprozesses gemeinsam mit den Akteuren vor Ort (Bottom-up-Stra-

---

1  Das Projekt wird koordiniert vom Wissenschaftsladen Bonn, Dr. Anke Valentin, und ist eingebunden in die BMBF-Fördermaßnahme »Nachhaltige Transformation urbaner Räume« im Rahmen der Sozial-ökologischen Forschung (SÖF) des BMBF. Zum Projekt siehe http://gewerbegebiete-im-wandel.de/ [Zugriff: 15.03.2021].

tegie) dar. In Zusammenarbeit mit dem gegründeten Unternehmensnetzwerk Großhülsberg e. V. und weiteren Projektpartnern konnten die endogenen Potenziale des Gewerbegebiets als grünes und attraktives Quartier herausgearbeitet und zahlreiche Maßnahmen für eine verbesserte Standortqualität umgesetzt bzw. initiiert werden:

- Entsiegelungs- und Begrünungsmaßnahmen,
- Naturnahe Umgestaltung von Firmengeländen,
- Initiierung von Maßnahmen zur energetischen Optimierung von Gebäuden,
- Errichtung von Photovoltaikanlagen,
- Bau eines Radweges,
- Planung für eine multifunktionale Fläche.

Die im Projekt gemachten Erfahrungen fließen in die städtebauliche Entwicklung der Stadt Remscheid ein und werden bei der Planung neuer Gewerbegebiete und Verbesserung bestehender Industriestandorte genutzt. Mit dem Modellgebiet Großhülsberg steht damit gleichsam ein Experimentierraum zur Verfügung, um beispielsweise den Flächenverbrauch insbesondere am Stadtrand zu begrenzen. Dieser könnte eingedämmt werden, »wenn die älteren Standorte städtebaulich aufgewertet, also attraktiver und funktionaler gestaltet, sowie vor allem auch nachhaltig entwickelt würden« (Betker, in diesem Band).

## 1.1  Schwerpunkte der 1. Projektphase (2016–2019)

Neben der Modernisierung und Diversifizierung des Unternehmensbestandes und dem Standortmarketing geht es bei der nachhaltigen Transformation des Gewerbegebiets Großhülsberg vor allem um städtebauliche und freiraumplanerische Veränderungen. Dazu werden folgende gebietsbezogene Ziele verfolgt und bisher erfolgreich umgesetzt:

- Entwicklung des Industriestandortes zu einem grünen und attraktiven Quartier mit einer verbesserten Aufenthaltsqualität für Beschäftige und als attraktiver Transitraum für die benachbarte Wohnbevölkerung,
- Entwicklung und Darstellung optimierter, grüner und nachhaltiger Möglichkeiten der Selbstdarstellung und Standortprofilierung für die ortsansässigen Unternehmen sowie Stärkung der Betriebsidentität,
- Erhöhung der Biodiversität, Verbesserung der stadtklimatischen Situation am Ort und des Biotopverbundes mit den angrenzenden Landschaftsstrukturen (Klausener Bachtal),
- Einrichtung eines Gewerbegebietsmanagements und Entwicklung eines lokalen Handlungskonzeptes,
- Entwicklung von Mentoringpartnerschaften mit anderen Städten zum Transfer der Projekterfahrungen.

Die Projektaufgabe der Stadt Remscheid und der anderen kommunalen Partner[2] war es im Rahmen der ersten drei Projektjahre, die wissenschaftlichen Partner des Forschungsverbunds »Grün statt Grau«[3] ausgehend von den Charakteristika der Gewerbestandorte bei der Analyse maßgeblicher Faktoren und Ansatzpunkte zu unterstützen. Außerdem wurde eine intermediäre Kontaktstelle als Schnittstelle zwischen Kommune und Gebiet eingerichtet, die sich schnell als Gewerbegebietsmanagement etablieren konnte.

Die Netzwerkanalysen der Universität Osnabrück wurden durch das Gewerbegebietsmanagement unterstützt und aktiv mit der Unternehmerschaft kommuniziert. Dadurch ergab sich eine erhöhte Bereitschaft der Unternehmen, sich an einer Online-Befragung und quantitativen Interviews zu beteiligen.

## 1.2 Schwerpunkte der 2. Projektphase (2019–2021)

In der aktuell laufenden zweiten Phase werden die Erkenntnisse für eine weiter optimierte Akteursansprache und Netzwerkbildung genutzt und als übertragbare Strategie ausgearbeitet. Dabei wird die Entwicklung der Modellgebiete aus der ersten Phase mitverfolgt, um diese Erfahrungen in die Erarbeitung übertragbarer Ergebnisse einfließen zu lassen.

Die aktuellen Aufgaben der Stadt Remscheid liegen in der Verstetigung des Unternehmensnetzwerks sowie der Beratung und der Begleitung der Unternehmen zur Umsetzung individueller Nachhaltigkeitsmaßnahmen. Darüber hinaus wird die Stadt Remscheid in die Kriterienentwicklung und die Wirkungsanalyse der Praxismaßnahmen involviert und steht bei der thematischen Bestandsanalyse und dem Netzwerkaufbau der neuen Verbundkommunen als erfahrener Kooperations- und Austauschpartner zur Verfügung.

Als ein wichtiger neuer Ansatz ist geplant, die Möglichkeiten einer Mehrfachnutzung von privaten Firmengrundstücken zu untersuchen und zu initiieren. Die multifunktionale Nutzung bezieht sich auf Freiflächen, Verkehrs- und Lagerflächen und greift sowohl die Durchführung von öffentlichen Veranstaltungen wie Konzerte, Märkte etc. als auch Maßnahmen im Rahmen eines Regenwassermanagements auf.

In diesem Zusammenhang wurde ein städtisches Grundstück im Gewerbegebiet Großhülsberg ausgewählt, das schwerpunktmäßig als grüner »Coworking-Space« entwickelt werden soll. Die Planung des Bereichs befindet sich aktuell in der Vorentwurfsphase und basiert auf Entwürfen von Studierenden (Architektur-Fachbereich) der RWTH Aachen und der TU Darmstadt, die diese in einem Stegreif erarbeitet haben.

Die Fläche soll den Nutzern:nnen unterschiedliche Aufenthaltsmöglichkeiten (Veranstaltungen, grüner Pausenraum und Arbeitsplatz) bieten, aber auch ein Raum für Urban Gardening und Gemeinschaftsaktionen (z. B. Sportangebote,

---

2 Neben Remscheid waren in der ersten Phase Frankfurt a. M. und Marl mit dabei, in der zweiten Phase kamen Iserlohn, Vreden und Bocholt dazu.
3 Das sind die Universität Osnabrück, die zur Netzwerkbildung forscht, und die TU Darmstadt, die das Projekt zum Thema multifunktionale und effiziente Flächennutzung unterstützt (Näheres siehe ebd.).

Teambuilding-Maßnahmen, DIY) sein. Gleichzeitig wird ein naturnaher Ansatz bei der Gestaltung verfolgt, der eine pflegeleichte Bepflanzungen mit einheimischen Stauden und Gehölzen, Lebensräume für Tiere und die Verwendung von naturgemäßen Materialien vorsieht.

Das Gelände dient den Unternehmen als Modellfläche für eine naturnahe Außenanlage und als Orientierung sowie Anreiz für entsprechende Gestaltungsmaßnahmen von Firmengeländen. Nach Fertigstellung wird die Fläche dem Verein Unternehmensnetzwerk Großhülsberg e.V. übergeben, der die Unterhaltung und Verkehrssicherungspflicht übernimmt.

## 1.3 Das Projektgebiet Großhülsberg in Remscheid

Das Gewerbe- und Industriegebiet Großhülsberg liegt im Stadtbezirk Lüttringhausen im Nordosten der Stadt, unmittelbar angrenzend an die Stadt Wuppertal. Die Flächengröße des Gewerbegebietes liegt bei ca. 54 ha. Im Gebiet befinden sich derzeit rund 90 Betriebsstätten. Die Zahl der örtlichen Arbeitsplätze wird auf rund 2 000 geschätzt. Die Branchenstruktur ist heterogen, mit einem Schwerpunkt auf der metallverarbeitenden Industrie, der Automobilindustrie und Automobilzulieferung. Neben zwei Großunternehmen sind im Gebiet überwiegend kleine und mittlere Unternehmen, elf Handwerksbetriebe und einige Dienstleister ansässig.

Das Gebiet wurde in den späten 1960er und in den 1970er Jahren in zwei Abschnitten geplant und sukzessive belegt. In unmittelbarer Nachbarschaft befinden sich der ursprüngliche Ortskern Hülsberg mit dem Hülsberger Bach und die Wohnlage Klausen in Remscheid-Lüttringhausen. Zwischen den genannten Siedlungseinheiten verläuft mit dem Klausener Bachtal ein fußläufig querbarer Freiraum und Erholungsbereich, welcher überwiegend als Landschaftsschutzgebiet ausgewiesen ist. Das Ortszentrum Remscheid-Lüttringhausen befindet sich in einer Entfernung von ca. 600 m Luftlinie.

Das Gewerbegebiet ist mit einer direkten Anbindung an die Bundesautobahn 1 sehr gut erreichbar und liegt logistisch günstig im Bergischen Städtedreieck zwischen Rheinschiene und Ruhrgebiet. Hieraus resultieren gute Bedingungen für die ansässigen Unternehmen und Betriebe, so dass unerwünschte Nutzungen oder Problemimmobilien bislang kaum zu verzeichnen sind.

Der Industriestandort weist einen sehr hohen Grad an versiegelten Flächen auf (> 80 %). Diese Versiegelung führt zu einer Überhitzung im Sommer, einer unzureichenden Regenwasserrückhaltung sowie zu einem Mangel an Nahrungs- und Lebensraumangeboten für Tiere und Pflanzen.

Von den 204 000 m² Dachfläche sind lediglich ca. 1 % begrünt.[4] Darin liegt ein hohes Potenzial, das zum Teil mit geringem Aufwand begrünt werden und somit gegen Hitze und Feinstaub wirken könnte. Es gibt bislang keine Fassadenbegrünungen im Gebiet.

---

4 Quelle: TU Darmstadt, N. Pfoser, Dachflächenkartierung 06.17.

**Abb. 1:** Gewerbegebiet Remscheid-Großhülsberg (Luftbildaufnahme 2016, Foto: Stadt Remscheid).

Die Grünflächen haben eine geringe ökologische Qualität und sind zu einem großen Anteil mit nicht-einheimischer und nicht-standortgerechter Vegetation wie Fichten, Cotoneaster etc. bepflanzt. Die vorhandenen Gehölze sind zudem teilweise überaltert bzw. abgängig. Es wurde daher ein Konzept zur Umgestaltung und Ergänzung des Baumbestandes seitens der Stadt Remscheid erstellt.

Die Außenanlagen der Gewerbe- und Industrieflächen sind überwiegend reine Abstandsflächen und haben weder eine ökologische Funktion noch einen repräsentativen Charakter. Die Unternehmen werden durch den Global Nature Fund beraten, wie sie ihre Außenanlagen als »grüne Visitenkarte« ansprechend und zugleich naturnah gestalten können.

Die Parkraumsituation ist angespannt und wird durch die Nutzung der Parkflächen durch gebietsfremde LKWs verschärft.

## 2 Kooperatives Gewerbegebietsmanagement

Bei der Stadt Remscheid wurde für die Einrichtung eines Gewerbegebietsmanagements eine halbe aus Fördermitteln finanzierte Personalstelle im Fachdienst Stadtentwicklung, Verkehrs- und Bauleitplanung eingerichtet und mit einer Landschaftsarchitektin, der Verfasserin besetzt.

Bereits 2017 gründete sich, initiiert und koordiniert durch das Gewerbegebietsmanagement, ein Unternehmensnetzwerk im Gebiet (seit Januar 2020: Unternehmensnetzwerk Großhülsberg e. V.), das aktiv den Transformationsprozess vorantreibt. Es besteht aktuell aus 30 Unternehmen. Zur Identitätsbildung und Profilierung trugen die Erstellung einer Website sowie die Entwicklung eines Logos bei.

Die angestrebten prozess- und akteursbezogenen Handlungsansätze wurden im Zeitraum von 2017–2019 durch 21 unterschiedliche Öffentlichkeits- und Informationsveranstaltungen, Unternehmenstreffen, Projektwerkstätten und Beratungsangebote und vieles mehr umgesetzt. Dadurch wurden die Akteure im Gebiet für die Problemstellung sensibilisiert und haben eigene Teilprojekte entwickelt.

Der Einsatz des Gebietsmanagements war hier maßgeblich zur Motivation der ansässigen Unternehmen, sich zu engagieren und ein Netzwerk zu bilden. Als akteursbezogener Ansatz war dieses Vorgehen erfolgreich und bestätigt aktuelle Ergebnisse und Erfahrungen aus anderen Modellvorhaben (vgl. BBSR 2020b sowie Betker/Rawak 2012, Kommunalbefragung).

**Abb. 2:** Netzwerktreffen und Workshop Mobilität am 11.10.2017 (Foto: WILA Bonn).

## 2 Kooperatives Gewerbegebietsmanagement

**Abb. 3:** Aufgaben des Gewerbegebietsmanagements (Quelle: eigene Darstellung, angelehnt an agl/BPW, BBSR 2020a).

## 2.1 Schaffung von Governance-Strukturen

Dauerhafte und komplexe Transformationsprozesse in Gewerbegebieten erfordern geeignete und effiziente Governance-Strukturen. Parallel zur Unternehmensnetzwerkbildung wurden daher schon frühzeitig in der ersten Projektphase Kooperationen mit entsprechenden Institutionen und Fachämtern aufgebaut. Dies hatte viele Vorteile wie z. B. kompetente Beratungsleistungen für die Unternehmen zu allen relevanten Nachhaltigkeitsthemen (Fördermittelberatung, Gebäudebegrünung, Photovoltaik, Mobilität etc.), Organisation von gemeinsamen Veranstaltungen, Initiierung von Teilprojekten (Verbesserung der ÖPNV-Anbindung, Radwegeplanung, soziale Projekte, Gesundheitsmanagement etc.) sowie Kommunikation und Transfer nach außen. Da das Forschungsprojekt »Grün statt Grau« eine ökologische Ausrichtung hat und eine entsprechende Expertise von den beteiligten Hochschulen, dem Global Nature Fund und dem Wissenschaftsladen Bonn eingebracht wird, konnte – vermittelt über weitere Kooperationspartner – das Themenspektrum für die Unternehmen zusätzlich erweitert und eine qualifizierte Beratung angeboten werden. So wurde bei den ersten Netzwerktreffen deutlich, dass Themen wie nachhaltige Mobilität, Energieeffizienz und Abfallmanagement/Kreislaufwirtschaft über den freiraumplanerisch-ökologischen Schwerpunkt des Projektes hinaus miteinbezogen werden sollten. Mit dem Netzwerk aus Kooperationspartnern konnten so grundlegende Bedarfe der Unternehmen abgedeckt sowie ein sehr breites Spektrum an konkreten Maßnahmen zur nachhaltigen Transformation des Gewerbegebiets initiiert und implementiert werden.

Bei der Weiterentwicklung des Gewerbegebiets Großhülsberg wurden neben den genannten Forschungspartnern folgende kooperierende Institutionen und Ämter miteinbezogen:

- Forschungsprojekt BMM HOCH DREI – Betriebliches Mobilitätsmanagement
- Neue Effizienz – Bergische Gesellschaft für Ressourceneffizienz mbH
- Effizienz Agentur NRW (EFA)
- Wirtschaftsförderung der Stadt Remscheid
- Stadtmarketing der Stadt Remscheid
- Städtisches Klimaschutzmanagement
- Arbeitgeber-Verband Remscheid und Umgebung e. V.

## 2.2 Zum Aufbau des Unternehmensnetzwerks Großhülsberg e. V.

### 2.2.1 Phasen der Netzwerkbildung

Der Prozess zum Aufbau des Unternehmensnetzwerks Großhülsberg lief in drei Phasen ab. In der ersten Phase spielt die Kommune, unterstützt durch das Forschungsprojekt, eine entscheidende Rolle, um den Prozess zu initiieren. Mit der Gründung und Etablierung des Unternehmensnetzwerks gehen Initiative und Kompetenzen mehr und mehr an die Unternehmen und das Gebietsmanagement über, die die Netzwerkarbeit verstetigen und weitere konkrete Maßnahmen umsetzen sollen.

### 2.2.2 Datenerhebung, Akquise, Unternehmensansprache

Am Anfang stand die Datenerhebung. Da bezüglich des Gewerbegebiets Großhülsberg kaum bzw. nur veraltete Informationen zur Verfügung standen, mussten zunächst entsprechende Daten mittels Vor-Ort-Begehungen und Internetrecherche erhoben werden. Im nächsten Schritt hat sich dann eine direkte, persönliche Ansprache der Unternehmer:innen bewährt und war aufgrund der Anzahl von ca. 90 Unternehmen auch durchführbar. Ein solches Vorgehen ist zwar zeitaufwändig, hat aber den Vorteil, dass sich der Netzwerkaufbau schneller gestaltet. Die Unternehmen können gezielt über die Projektinhalte und Vorteile informiert werden und es können gleichzeitig individuelle Bedarfe und Motivationslagen sowie die Verbindungen zu anderen Unternehmen in Erfahrung gebracht werden.

Die Ergebnisse der Struktur- und Stärken-Schwächen-Analysen der TU Darmstadt wurden kontinuierlich während der Projektlaufzeit mit den Akteuren kommuniziert und hatten positive Effekte auf das Problembewusstsein der Unternehmen und erhöhte die Bereitschaft zur Durchführung von Nachhaltigkeitsmaßnahmen. Hier ist besonders die im Projekt durchgeführte thermografische Befliegung (Sommer 2018) zu erwähnen, die für die Unternehmen sehr gut nachvollziehbare Aussagen zur thermischen Belastung ihrer Gebäude und Grundstücksflächen lieferte.

 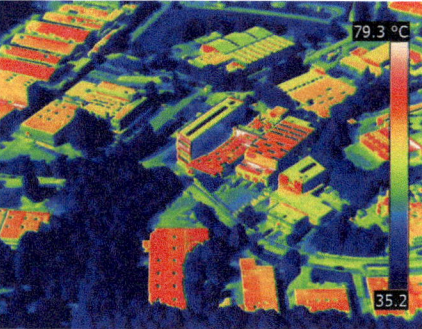

**Abb. 4 und 5:** Präsentation der Ergebnisse der Thermografiebefliegung durch Sandra Sieber von der TU Darmstadt am 11.10.2018 (Quellen: Anke Valentin, WILA Bonn / Infrarot Messtechnik Müllers).

### 2.2.3 Identifikation von »Change agents« und Motoren der Transformation

Im Zuge der Recherche konnten bereits nachhaltigkeitsaffine Unternehmen identifiziert werden, die später als Schlüsselakteure, sogenannte »Pioniere des Wandels«, fungierten und den Netzwerkaufbau und die Projektarbeit aktiv und intensiv unterstützten. Ein fördernder Faktor in diesem Zusammenhang war, dass von 90 gebietsangehörigen Unternehmen 48 inhabergeführt sind und bereits Firmennachfolger:innen im Betrieb mitarbeiteten. Bei diesen war ein hohes Interesse festzustellen, das eigene Unternehmen zukunftsfähig zu gestalten sowie Gebäude und Außenanlagen im Sinne der Nachhaltigkeit zu ertüchtigen. Von den 30 netzwerkangehörigen Unternehmen sind 29 inhabergeführt. Das ist zwar einerseits erfreulich, zeigt aber auch, dass ein Drittel der inhabergeführten Betriebe nicht im Netzwerk repräsentiert ist. In Zukunft wird es zudem wichtig sein, auch jene Unternehmen anzusprechen und zu interessieren, die lediglich als Mieter oder mit Zweigstellen bzw. Filialen im Gebiet ansässig sind.

### 2.2.4 Netzwerkanalyse

In der zweiten Phase wurde von der Uni Osnabrück eine Netzwerkanalyse durchgeführt, die auf den ermittelten Daten und Kontakten aufbauen konnte. Damit wurde Neuland betreten. Die Potenziale von lokalen Unternehmensnetzwerken innerhalb eines Gewerbegebietes für die Erreichung von Nachhaltigkeitszielen, die sich nicht direkt auf von Unternehmen erbrachte Produkte und Dienstleitungen beziehen, sind bislang noch nicht untersucht worden. Das Projekt leistet damit auch einen Beitrag zur Grundlagenforschung (Weiterentwicklung einer umweltorientierten Wirtschaftsgeografie). Und durch die absehbaren praktischen Erfolge können auch die bislang unterrepräsentierten Unternehmen zur Teilnahme motiviert werden.

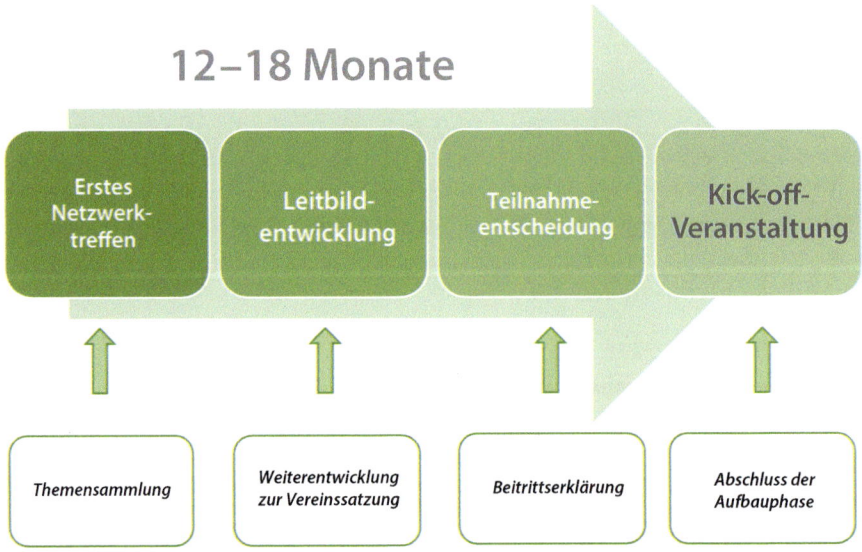

Abb. 6: Ablauf und Phasen des Netzwerkaufbaus (Quelle: eigene Darstellung, Projekt GeWa).

### 2.2.5 Zur ambivalenten Rolle des Gewerbegebietsmanagements in der Startphase

Prinzipiell wichtig ist es, dass das Gewerbegebietsmanagement von den Unternehmen als unabhängige Instanz wahrgenommen wird. Da die Initiative von der Kommune ausging, war es wichtig, dass das Gewerbegebietsmanagement in der Kommunikation mit den Unternehmen eine neutrale Haltung in den Vordergrund stellt. Dies kann insbesondere bei der ersten Ansprache der Unternehmen hilfreich sein, den Kontakt zu den Unternehmen positiv zu gestalten, da Unternehmen unterschiedliche Erfahrungen mit der Stadtverwaltung gemacht haben. Eine Barriere durch negative Vorerfahrungen musste bei ca. 10 % der kontaktierten Unternehmen zunächst überwunden werden.

## 2.2.6 Die »benefits« für Unternehmen und Anreize der Kommune

Eine häufige Frage der Unternehmen war, welcher direkte und indirekte Nutzen vom Forschungsprojekt selbst, von dem angestrebten nachhaltigen Gewerbegebiet bzw. von dem auf Nachhaltigkeit ausgerichteten Unternehmensnetzwerk zu erwarten sei. Dazu wurde im Rahmen der Kommunikationsstrategie ein Argumentationspapier entwickelt, das die Vorteile für die Unternehmen in Großhülsberg in den Vordergrund stellt (▶ Abb. 7).

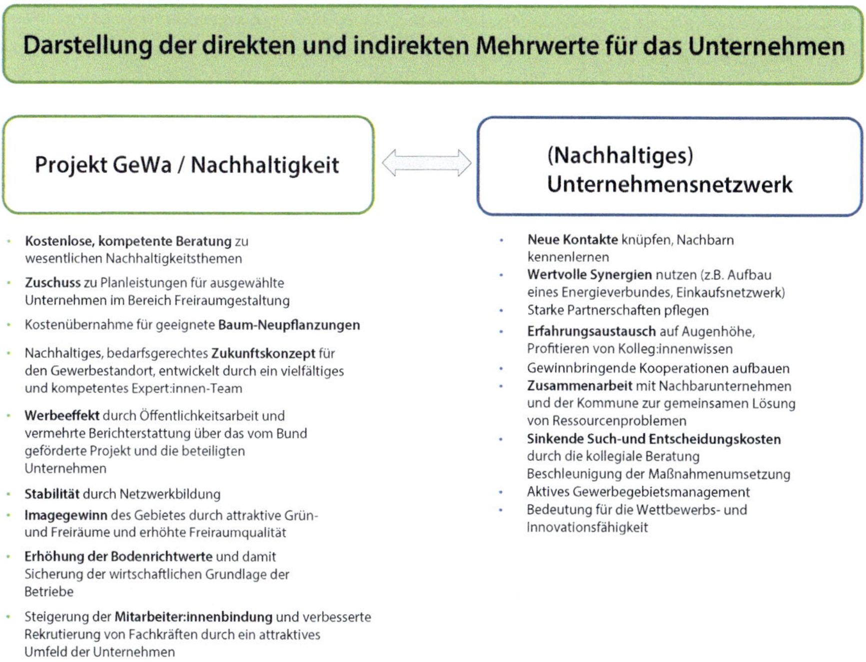

### Darstellung der direkten und indirekten Mehrwerte für das Unternehmen

**Projekt GeWa / Nachhaltigkeit**

- **Kostenlose, kompetente Beratung** zu wesentlichen Nachhaltigkeitsthemen
- **Zuschuss** zu Planleistungen für ausgewählte Unternehmen im Bereich Freiraumgestaltung
- Kostenübernahme für geeignete **Baum-Neupflanzungen**
- Nachhaltiges, bedarfsgerechtes **Zukunftskonzept** für den Gewerbestandort, entwickelt durch ein vielfältiges und kompetentes Expert:innen-Team
- **Werbeeffekt** durch Öffentlichkeitsarbeit und vermehrte Berichterstattung über das vom Bund geförderte Projekt und die beteiligten Unternehmen
- **Stabilität** durch Netzwerkbildung
- **Imagegewinn** des Gebietes durch attraktive Grün- und Freiräume und erhöhte Freiraumqualität
- **Erhöhung der Bodenrichtwerte** und damit Sicherung der wirtschaftlichen Grundlage der Betriebe
- Steigerung der **Mitarbeiter:innenbindung** und verbesserte Rekrutierung von Fachkräften durch ein attraktives Umfeld der Unternehmen

**(Nachhaltiges) Unternehmensnetzwerk**

- **Neue Kontakte** knüpfen, Nachbarn kennenlernen
- **Wertvolle Synergien** nutzen (z.B. Aufbau eines Energieverbundes, Einkaufsnetzwerk)
- Starke Partnerschaften pflegen
- **Erfahrungsaustausch** auf Augenhöhe, Profitieren von Kolleg:innenwissen
- Gewinnbringende Kooperationen aufbauen
- **Zusammenarbeit** mit Nachbarunternehmen und der Kommune zur gemeinsamen Lösung von Ressourcenproblemen
- **Sinkende Such-und Entscheidungskosten** durch die kollegiale Beratung Beschleunigung der Maßnahmenumsetzung
- Aktives Gewerbegebietsmanagement
- Bedeutung für die Wettbewerbs- und Innovationsfähigkeit

**Abb. 7:** Der Mehrwert für Unternehmen im Projekt GeWa (Quelle: eigene Darstellung, Projekt GeWa, vgl. Müller-Christ 2008, 43–48).

Durch die Aktivitäten innerhalb des Projekts wurde für das Gewerbegebiet ein Paket weicher Standortfaktoren geschnürt, das die lokale Wirtschaft stärkt und die Attraktivität sowie das Image des Gebietes steigert. Die Kontakte der Unternehmen im Rahmen des Netzwerks haben dazu geführt, dass einige der Netzwerk-Unternehmen vermehrt Aufträge aus dem Gewerbegebiet akquirieren konnten. Es ist zu erwarten, dass sich dieser Prozess und die Kooperationen noch erweitern und verstetigen.

Die Kommune trug zum Erfolg auch mit ganz konkreten Vorleistungen bei. Es wurde ein Pilotprojekt im Gebiet gestartet, in dem die Stadt Remscheid Baumpflanzungen auf privaten Firmengeländen realisiert. Die Maßnahme wird über Ausgleichsmittel aus der städtischen Baumschutzsatzung finanziert. Gemeinsam mit den Unternehmen werden geeignete Standorte ausgewählt und die Baumpflanzungen vertraglich abgesichert. Das Eigentum an den Bäumen wird auf die Unternehmen übertragen. Dieses Vorgehen fand großen Anklang und Interesse bei den Unternehmen und war häufig der »Türöffner« für die Teilnahme am Netzwerk. In den Jahren 2017–2020 wurden auf diesem Weg 102 überwiegend einheimische Laubbäume im Gebiet gepflanzt. Weitere Baumpflanzungen sind für das Jahr 2021 geplant.

Darüber hinaus wird der Bau eines Geh- und Radweges durch die Stadt Remscheid durchgeführt, der das Gewerbegebiet mit dem Bahnhof Lüttringhausen und weiter Richtung Bahnhof Wuppertal-Ronsdorf verbindet. Es werden auch benachbarte Gewerbegebiete angeschlossen. Von der neuen Fuß- und Radwegeverbindung profitieren auch die Wohnlagen Lüttringhausen und Klausen.

### 2.2.7 Prozess der Institutionalisierung

Das im Beitrag von Frank Betker in diesem Band beschriebene »Verstetigungsdilemma« zeichnet sich auch im Gewerbegebiet Großhülsberg ab. Mit Ablauf der 5-jährigen Förderphase wird das Gewerbegebietsmanagement Ende des Jahres 2021 eingestellt. Eine dauerhafte Lösung könnte über das Unternehmensnetzwerk entstehen, beispielsweise durch die Finanzierung eines Parkmanagements wie in den Niederlanden oder Flandern.

Bereits in der Phase des Netzwerkaufbaus ist es wichtig, den Prozess der Institutionalisierung und Verstetigung ins Auge zu fassen. Einen Beitrag dazu kann die gemeinsame Erarbeitung eines Leitbildes leisten, das auf dem Leitmotiv »Nachhaltigkeit« beruht, wie es im Prozess Remscheid-Großhülsberg geschehen ist. Dadurch entstanden ein einheitliches Problemverständnis und eine Basis für zukünftige Ziele, Maßnahmen und Strategien. Das Leitbild wurde später in die Satzung des Vereins Unternehmensnetzwerks Großhülsberg e. V.[5] aufgenommen und weiterentwickelt.

---

[5] Siehe: Das Unternehmensnetzwerk Großhülsberg, http://www.grosshuelsberg.net/ [Zugriff: 15.03.2021].

**Abb. 8 und 9:** Go-Live der Website und Vorstellung des Unternehmensnetzwerks Großhülsberg am 11.10.2018 (Fotos: Anke Valentin, WILA Bonn).

## 3 Fazit

Das Gewerbegebiet Großhülsberg ist erfolgreich in seine Transformation zur Nachhaltigkeit gestartet. Vor allem mit dem Unternehmensnetzwerk und dem Gewerbegebietsmanagement sind wichtige Träger einer Verstetigung des Prozesses geschaffen worden. Die Institutionalisierung einer nachhaltigen Entwicklung ist gleichwohl noch nicht abgeschlossen. Ziel muss es sein, das Gewerbegebietsmanagement fest zu etablieren und zumindest zum Teil auch in die finanzielle Verantwortung der Unternehmen zu überführen. Zu den Zukunftsaufgaben gehört auch, die Teilnahme der Unternehmen zu verbreitern und auch die nicht so ortstreuen oder lokal verankerten Betriebe stärker einzubeziehen. Das wird umso besser gelingen, je überzeugender die Maßnahmen umgesetzt werden.

## Quellen

BBSR – Bundesinstitut für Bau-, Stadt- und Raumforschung (Hrsg.) (2020a): Vergessene Stadträume – Weiterentwicklung von Gewerbegebieten im Bestand. Dokumentation der ExWoSt-Fachkonferenz am 20. und 21.5.2019 in Berlin (BBSR-Online-Publikation 02/2020). https://www.bbsr.bund.de/BBSR/DE/veroeffentlichungen/bbsr-online/2020/bbsr-online-02-2020-dl.pdf [Zugriff: 30.12.2020]

BBSR – Bundesinstitut für Bau-, Stadt- und Raumforschung (Hrsg.) (2020b): Nachhaltige Weiterentwicklung von Gewerbegebieten. Ergebnisbericht zum ExWoSt-Forschungsfeld. Bonn. https://www.bbsr.bund.de/BBSR/DE/veroeffentlichungen/sonderveroeffentlichungen/2020/nachhaltige-weiterentwicklung-gewerbegebiete.html [Zugriff: 29.12.2020]

Betker, F.; Rawak, M. (2012): Nachhaltige Gewerbegebietsentwicklung in Nordrhein-Westfalen. Abschlussbericht zur wissenschaftlichen Begleitforschung von 12/2010 bis 07/2012 für das Umweltministerium NRW. Aachen: ILS

BfN – Bundesamt für Naturschutz (Hrsg.) (2017): Urbane grüne Infrastruktur. Grundlage für attraktive und zukunftsfähige Städte. Hinweise für die kommunale Praxis. https://www.bfn.de/fileadmin/BfN/planung/siedlung/Dokumente/UGI_Broschuere.pdf [Zugriff: 29.12.2020]

Dettmar, J.; Rohler, H. P.; Biedermann, M. (2015): Reintegration monofunktionaler Infrastrukturen in die urbane Kulturlandschaft. In: Dettmar, J.; Rohler, P. (Hrsg.) (2015): Der Emscher Landschaftspark – Die Grüne Mitte der Metropole Ruhr – Weitergedacht. Essen: Klartext, 74–91

Dettmar, J.; Pfoser, N.; Sieber, S. (2016): Gutachten Fassadenbegrünung – Gutachten über quartiersorientierte Unterstützungsansätze von Fassadenbegrünungen. Darmstadt: MKUNLV NRW

Müller-Christ, G.; Liebscher A. (2010): Nachhaltigkeit IM Industrie- und Gewerbegebiet. Ideen zur Begleitung von Unternehmen in eine Ressourcengemeinschaft. München: oekom

Müller-Christ, G. (2008): Leitfaden – Nachhaltigkeitsmanagement von Gewerbegebieten. https://docplayer.org/26737848-Leitfaden-nachhaltigkeitsmanagement-von-gewerbegebieten-prof-dr-georg-mueller-christ-universitaet-bremen-forschungszentrum-nachhaltigkeit.html [Zugriff: 29.12.2020]

Paar, A.; Pehnt, M.; Bödeker, J.; Thamling, N. (2012): Masterplan 100 % Klimaschutz: Industrie- und Gewerbeparks – Klimaschutzmaßnahmen im Unternehmensverbund. Bericht. Heidelberg: ifeu, Prognos AG Berlin. www.ifeu.de/energie/pdf/NKI_Gewerbeparks.pdf [Zugriff: 29.12.2020]

Sieber, S. (2019): Leben und Arbeiten – nur ein Thema für die Innenstadt? Wie nachhaltige Gewerbegebiete auch die Randzonen in den Fokus nehmen, in: Transforming Cities 1/2019, 38–42

# Die Nutzungsdynamik in Gewerbegebieten

*Hanns Werner Bonny*

In vielen Städten besteht ein latenter Mangel an Bauflächen für das emittierende Gewerbe. Das stetige Wachstum der Wohn- und Gewerbeflächen sowie der weiteren Nutzungen in den letzten Jahrzehnten, die Entwicklung differenzierter Regelungen zum Umweltschutz und die ökologisch notwendigen Einschränkungen der Bodennutzung haben das Flächenpotenzial insgesamt verringert – eine Situation, die den Blick auf die bestehenden Gewerbegebiete lenkt. Dieser Beitrag will die bisherigen Erfahrungen auswerten und mit der Unterstützung einiger Indikatoren die Entwicklung der Gewerbegebiete transparenter machen.

Die Basis des Beitrages sind die langjährige Erfahrung und Gespräche mit Unternehmern und Planern. Hinzu kommt eine Untersuchung die in ihrem empirischen Teil im Abstand von vier Jahren wiederholt wurde. Hiermit liegt einiges Material vor, um (in Ansätzen) die Nutzungsdynamik in Gewerbegebieten zu beschreiben und Fragen zur künftigen Gewerbegebietsentwicklung aufzuwerfen.

## 1 Der Anlass der Diskussion

Eine Begehung von Gewerbegebieten vermittelt den Eindruck, dass im Bestand ein relevantes Flächenangebot besteht. Es sind ungenutzte Flächen, leerstehende Gebäude, Brachen und Mindernutzungen anzutreffen. Zum Nutzungsspektrum der Gewerbegebiete gehören gegenwärtig mit einem relevanten Anteil auch Kirchen, Bordelle, Märkte in ihren diversen Formen und Flächen für Event- und Freizeitzwecke wie Hochzeitssäle oder Fitness-Hallen sowie solitäre Büro- bzw. Dienstleistungsflächen. Es sind Nutzungen, die nicht nur Flächen für das emittierende Gewerbe belegen, sondern auch Konflikte auslösen und emittierende Nutzungen direkt und indirekt verdrängen.

Will man über Stadt und Stadtentwicklung etwas erfahren, dann ist die übliche Bestandsaufnahme oft nicht ausreichend. Städte weisen – biologistisch gesprochen – ein langes »Leben« auf und passen sich ständig neuen gesellschaftlichen und technischen Situationen an. Diese Anpassung ist aber oft langwierig und kann in diesem Prozess selbst wieder eine (temporäre) Entwicklungsrestriktion darstellen – ein Umstand, der auch für die Stabilität der Provisorien und Zwischenlösungen sorgt.

Insgesamt ist die Stadtentwicklung immer ein Zusammenspiel von Akteuren (Unternehmern, Immobilienbesitzern, Politikern, Bürgern etc.) und Strukturen. Die Akteure bzw. ihre Handlungen richten sich an den materiellen, rechtlichen, sozialen und politischen Strukturen aus, versuchen sich einzupassen oder die Strukturen so zu modifizieren, dass sie ihre Ziele realisieren können. Hier ist nicht der Raum, diesen Mechanismus ausführlich darzulegen, es sei daher nur ein Hinweis auf die Konzepte Max Webers, Norbert Elias' und ähnliche Vorstellungen gegeben (Prell 2016; Hentschel/Hopfenmüller 2017). Die Entwicklungen in einem Gewerbegebiet sind ein komplexes Ergebnis von Zwang, Chancen, Gelegenheiten und auch Abenteuerlust.

Die Interessen der Akteure sind nicht immer untereinander und mit den Strukturen kompatibel, sodass ein »Wettbewerb« oder weniger euphemistisch ein »Kampf« zwischen den Handlungsträgern um Ressourcen aller Art entsteht. Jeder Akteur hat seine eigenen Kenntnisse, Beziehungen und Durchsetzungspotenziale, allein oder mit Verbündeten. Der Prozess der Strukturveränderung erfolgt im demokratischen Diskurs oder resultiert aus der Macht der Akteure bis hin zu kriminellen Bündnissen. Die gegebenen oder geschaffenen Konfigurationen schützen/stärken die Positionen, um neue vorteilhafte Entwicklungschancen zu generieren oder den Status zu bewahren. Angesichts dieser Konstellation kann die klassische Bestandsaufnahme der Gewerbegebiete nur als »Szenenfoto« gelten. Die Bedingungen und Umstände zu diesen Szenen sind nicht unmittelbar zu erkennen. Ist man sich aber bewusst, dass der Zustand von gestern die Verhältnisse von heute bestimmt und diese den Zustand von morgen, können Bestandsanalysen nicht nur Zustände beschreiben, sondern auch Entwicklungsprozesse anzeigen.

Der Zusammenhang zwischen dem Lebenszyklus einer Stadt und ihrer Nutzungsstruktur ist evident. Auf der einen Seite besteht die Abfolge von der Planungsentscheidung mittels Planungsrecht über den kommunalen Investitionsvorgang, die De-Investitionen bis hin zu der sich daran anschließenden ggf. erneuten Nutzung des Grundstücks. Auf der anderen Seite besteht eine Wirkungskette von der Betriebsgründung oder -übernahme, der Standortwahl der Betriebe, der Entwicklung der Betriebsgröße, der betrieblichen Mobilität, der Lebensdauer des Betriebes bis zur Entscheidung, ob die betriebliche Liegenschaft durch Mieter oder einen neuen Eigentümer genutzt wird. Beide Vorgänge, das betriebliche und das kommunale Investitionsprofil, prägen die Stadt, das Gewerbegebiet und die Nutzungsgeschichte der Grundstücke. Die beiden Prozesse reagieren jeweils aufeinander, aber sind nur im Einzelfall und in speziellen Interessenkonstellationen koordiniert. Die »Lebensläufe« der Standorte und der Betriebe, ihre Gemeinsamkeiten und Unterschiede sind gegenwärtig nur bruchstückhaft bekannt.[1]

---

1 Das wichtige Thema der Nutzungsfolge in Gewerbegebieten konzentriert sich vielfach auf den Leerstand als Investitionschance/-möglichkeit. Aber was ist ein Leerstand? Ist es ein Zeichen des Überangebotes, das zum Kannibalismus zwischen den Standorten führt, ein Anzeichen des Verfalls der Standortfaktoren oder ein Hinweis auf Wettbewerbsnachteile gegenüber anderen Standorten oder ist es Teil einer Spekulationsstrategie?

Es ist davon auszugehen, dass es 30 bis 40 Jahre nach der Gründung zu einem Inhaberwechsel kommt, wenn nicht bereits vorher durch Konkurs, Verkauf, Fusion oder Krankheit des Inhabers der ursprüngliche Betrieb aufgegeben wird. In zwei Drittel aller Fälle erfolgt eine Stilllegung, vor allem der kleinen und mittleren Betriebe, wenn der Gründer seine Aktivität aus Altersgründen aufgibt (Müller 1999; Fackler/Schnabel 2015).

Die Fabrikplanung erwartet, dass die Gebäude selbst etwa 30 bis 50 Jahre genutzt werden können (Pawellek 2008). Die Gebäude und Einrichtungen müssen nach dieser Zeit nicht unbrauchbar geworden sein, aber sie sind vielfach hinsichtlich des Workflows, des technischen Ausbaus und damit auch der Kosten nicht mehr up to date. Die ersten Gewerbegebiete nach dem BauGB überschritten mit dem Jahr 2010 diese »Altersgrenze«. In diesem Zusammenhang stellt sich die Frage, wie man die Gebietsentwicklung beobachtet und welche Hinweise die Befunde geben.[2]

Die erste Generation der Gewerbegebiete und ihr städtebauliches Ambiente geraten – neben dem technischen Verschleiß – zudem ästhetisch »außer Mode«. Seit den 1980er Jahre ist zu beobachten, dass die städtebauliche Gestalt des Gebietes und der Auftritt der Unternehmen durch ihr Produktionsgebäude etc. als weiche Standortfaktoren in die Standortbewertung und -entscheidung der Unternehmen verstärkt einbezogen werden. Dies ist auf die steigende Bedeutung von hoch qualifizierten Beschäftigten und die Anforderungen der Kunden sowie der Kapitalgeber zurückzuführen. Die Bedeutung der ästhetisch wirksamen Ausstattung wird in den nächsten Jahrzehnten noch wachsen. Die Situation ist treffend durch die Äußerung charakterisiert: »Wer erstklassige Produkte erdenken und herstellen will, braucht eine Umgebung, die Kreativität und Motivation fördert« (Kammüller 2000; siehe auch Böhme 2016; 2017).

Der aktuelle Status der Gewerbegebiete zeugt vielfach vom höheren Stellenwert der sozialen Rationalität gegenüber der ökonomischen Rationalität. Interviews und Gespräche mit Betriebsinhabern zeigen, dass persönliche und politische Gründe ein größeres Gewicht für die Nutzung und den Zustand des Betriebsgrundstücks haben als die Anforderung der ökonomischen ausgerichteten Betriebsführung (auch Pfnür/Armonat 2004). Das Spektrum reicht von den Erbauseinandersetzungen, über das Alter/die Krankheit der Besitzer, die nicht mehr die notwendigen Entscheidungen treffen wollen, bis zur klassischen Spekulation.[3] Auffällig ist, dass in Gebieten, in denen einige Umnutzungen von der Produktion zur immobilienwirtschaftlich lukrativeren Dienstleistung erfolgt

---

2 Die BfLR/BBSR hat im Rahmen des ExWoSt-Programms schon in den frühen 1990er Jahren die Modernisierungsfrage der Gewerbestandorte aufgeworfen. Allerdings wurde dieser Programmteil nicht weiterverfolgt. Vor einigen Jahren wurde das Thema noch einmal in einer anderen Perspektive aufgegriffen. Nach meinem Wissen wurden die Erfahrungen aus den 1990er Jahren, beispielsweise durch eine Analyse und Evaluation der damals entwickelten Strategien und Maßnahmen, nicht eingebracht. Vgl. Sander/Bartsch 1993 und aktuell ExWoSt-Informationen 49/1 bis 49/4: Nachhaltige Weiterentwicklung von Gewerbegebieten. Bonn 2016 bis 2020.
3 Als Faustformel gilt, dass etwa ein Jahr nach der Stilllegung die Nutzung noch einmal aufgenommen werden kann, nach zwei Jahren bleibt der Aufwand vielfach noch im

sind, der Leerstand bzw. die Brache einen größeren Anteil hat. Man kann vermuten, dass die Besitzer der brachliegenden Grundstücke auf eine Entwicklung des Gebietes in Richtung Dienstleistungen wetten.

Trotz der Fortschritte in der Produktionstechnologie und der erheblichen Verringerung der Emissionen bleiben Emissionen als relevante Konfliktquelle bestehen. Die Ursachen sind die steigende 24h-Nutzung von Produktionsanlagen, die zunehmenden Logistikleistungen und der Verkehr der Beschäftigten und Ähnliches. Besondere Standorte (i. S. der §§ 8 und 9 BauNVO) für die Produktion sind deshalb weiterhin erforderlich. Es zeigt sich zudem, dass nicht nur der Flächenmangel eine Entwicklungsrestriktion ist, sondern auch die peripheren Standorte, die in den letzten Jahrzehnten entwickelt wurden, von Unternehmen zunehmend als problematisch wahrgenommen werden. Der Verlust der Kopplungsvorteile einer zentralen Lage schränkt die Attraktivität großzügiger Flächenzuschnitte erheblich ein. Hinzu kommt, dass die aktuell vielfach geforderte neue Ästhetik der Arbeitswelt auf Sichtbarkeit setzt.

Die Nachteile einer peripheren Lage sehen auch die Beschäftigten, deren morgendlicher Weg zur Arbeit zunehmend über den Kindergarten, die Grundschule und ggf. den Arbeitsplatz des Partners verläuft. Dies kann die Rekrutierung von hoch qualifizierten Fachkräften für das Unternehmen an Standorten vor der Stadt erheblich erschweren. Periphere Standorte sind insbesondere auch für Teilzeitkräfte und Niedriglohn-Beschäftigte bzw. deren Arbeitgeber ein Problem. In der Regel sind diese Standorte durch den ÖPNV wenig erschlossen. Wird der einzige Bus am Morgen verpasst oder ein Zahnarztbesuch fällig, bedeutet dies – wie viele Interview-Partner versichern – häufig ein Fehltag.

Gegenwärtig nehmen die Unternehmen, die Arbeitskräfte und auch die Stadtplanung einige Dilemmata wahr. Die Komplexität der miteinander verwobenen Bedingungen und Entwicklungsprozesse bzw. deren Auflösung und Management erfordert die Ablösung des Szenenfotos, d. h. die Betrachtung des Ist-Zustands und der aktuellen Bedingungen, durch die Betrachtung und Analyse von Wirkungs- bzw. Entwicklungspfaden. Angesichts der Datenlage kann dieser Beitrag allerdings keine unmittelbare Lösung dafür vorstellen, sondern nur einige Vorschläge unterbreiten, welche neuen Informationen erarbeitet und zur Interpretation der Lage genutzt werden können.

## 2  Die Nutzungsprofile der Gewerbegebiete

Vor dem skizzierten Hintergrund geht es im Folgenden um die Informationen und Schlussfolgerungen, die sich aus einer städtebaulichen Bestandsaufnahme von Gewerbegebieten ableiten lassen.

---

Rahmen einer Modernisierung, nach drei Jahren – wenn alle Metalle (einschließlich aller Leitungen) herausgebrochen und gestohlen sind – bleibt oft nur der Abriss.

## 2 Die Nutzungsprofile der Gewerbegebiete

Die erste Möglichkeit ist die einfache Feststellung, welche Nutzungen mit welchen Anteilen in den Gewerbegebieten vertreten sind und wie sich diese Anteile im Zeitverlauf verändern. Die Basis der folgenden Darstellung sind im Schwerpunkt zwei Bestandsaufnahmen im Abstand von vier Jahren (2013 und 2017). Die Bestandsaufnahmen identifizierten die emittierenden Nutzungen und die übrigen Nutzungen wie Dienstleistungen etc. Insgesamt werden 14 verschiedene Nutzungen (einschließlich ungenutzter Wiesen) unterschieden. Hier berücksichtigt werden nur die Daten von Gewerbegebieten mit einer Fläche von 10 ha oder größer – das sind 12 der 25 ursprünglich untersuchten Gebiete –, um Ausreißer durch Einzelstandorte oder mit wenigen Betrieben zu vermeiden. Die Aufnahmen lassen die Veränderungen in den Gebieten erkennen und in Verbindung mit weiteren Hinweisen wie der Altersstruktur der Betriebe etc. gelingt eine erste Einschätzung der Entwicklungstrends in den verschiedenen Gebieten.

Der Vergleich zwischen den beiden Zeitpunkten zeigt, dass die Produktionsfläche insgesamt geringer wurde. Logistik/Großhandel und das Kfz-Gewerbe haben ihren Flächenanteil in der Summe leicht erhöht. Die Dienstleistungen verloren nur einen sehr geringen Anteil von einigen Prozent. Insgesamt werden die Grundstücke – gemessen an den Festsetzungen des Bebauungsplans – nur eingeschränkt genutzt. Die zulässigen Nutzungsmaße wie die GRZ, die GFZ bzw. BMZ der Baunutzungsverordnung werden nur selten erreicht. Die ganz überwiegende Mehrzahl der Produktionsbetriebe sieht keine Möglichkeit (?) oder Notwendigkeit, ihre Flächen zu stapeln.[4]

Eine Korrelationsanalyse zwischen dem Anteil der Produktionsnutzung in einem Gebiet und den übrigen Nutzungen deutet eine »Verbindung« bzw. eine »Distanz« zwischen den verschiedenen Nutzungen an. Die Produktion ist erwartungsgemäß mit der Logistik/Großhandel und Sonstigen Nutzungen eng verbunden. Die Dienstleistungen und die dienstleistungsnahen Nutzungen wirken dagegen »negativ« auf den Anteil der Produktion ein. Auch Gebiete mit einem höheren Leerstandsanteil weisen eine negative Affinität zur Produktion auf. Leerstand und Brachen/Ruinen schrecken die Produktion im Vergleich zu den Dienstleistungen offenbar ab. Die Gespräche lassen vermuten, dass sich die Dienstleister dieser Gebiete als »Pioniere« verstehen, ein Image, das die Tristesse der Leerstände im Umfeld offenbar kompensiert.

In Interviews ist weiterhin zu erkennen, dass viele produzierende Betriebe eine Nachbarschaft zu Unternehmen der gleichen Branche scheuen. Sie meiden ihre potenziellen Wettbewerber auf dem Arbeitsmarkt und wollen sich auch nicht einer sachkundigen Beobachtung aussetzen. Sie schätzen aber eine gewisse Vielfalt in ihrer Nachbarschaft, da sie so – über den Werkszaun – ohne Aufwand Informationen aus verschiedenen Perspektiven erhalten. Diversität wird unter

---

4 In einer differenzierten Studie im Auftrag des Landes NRW aus den 1990er Jahren wurde gezeigt, dass eine mehrgeschossige Produktion technisch und wirtschaftlich möglich ist (vgl. Figge/Windgaßen 1991; ähnlich Henn/Voss/Kettner 1972). Die Investitionskosten für eine Produktion auf zwei und mehr Ebenen sind etwas höher, aber die Betriebskosten bleiben erkennbar geringer als im Falle eines konventionellen Ein-Ebenen-Layouts. BMW in München oder Daimler in Düsseldorf produzieren schon seit mehr als zwei Jahrzehnten dreigeschossig (siehe u. a.: SZ vom 21.06.2011).

diesem Aspekt geschätzt. Aber mehr als ein Drittel der Produktionsbetriebe sehen in den Dienstleistern einen »Feind«. Die Dienstleister stufen mit einem ähnlichen Anteil wiederum die produzierenden/emittierenden Unternehmen als »Störer« ein.

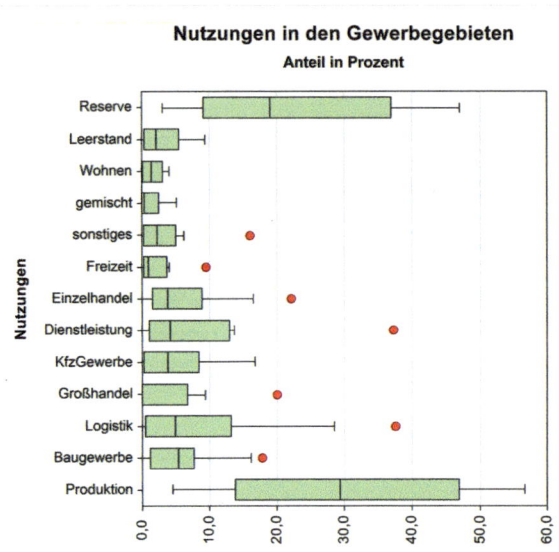

**Abb. 1:** Box-Plot-Diagramm der Nutzungen in den Gewerbegebieten (Quelle: Bonny, Planquadrat Dortmund 2017).

Die Anteile der Nutzungen in den Gewerbegebieten lassen sich in einem Box-Plot-Diagramm darstellen (▶ Abb. 1). Die größte Streuung zeigt die Produktion. Ihr Anteil in Gewerbegebieten kann zwischen nur rund 5 % und fast 60 % betragen. Ein Nachweis, dass die Nutzungsstruktur von den Standortfaktoren à la Alfred Weber beeinflusst wird, gelang bisher nicht.

Nimmt man den Median als Maßstab (die Mittellinie der Box), dann zeigen das Baugewerbe, die Logistik, der Großhandel und die Dienstleistung deutliche Ausreißer (rote Markierungen). Dies sind Hinweise auf jeweilige Schwerpunkte in einem der GE-/GI-Gebiete. Dienstleistungen und Logistik erreichen in diesen Gebieten einen Anteil von fast 40 %. Es ist ebenfalls zu beobachten, dass der Anteil der Reserveflächen in den Gewerbegebieten einen erheblichen Anteil erreichen kann. Dieser Effekt begründet sich nur in wenigen Fällen durch das Alter bzw. der kurzen Besiedlungsgeschichte der Gebiete. Der Anteil der nachgewiesenen Leerstände bzw. Brachen ist in dieser vergleichenden Erhebung gering. Die asymmetrische Box zeigt im Falle der Dienstleistungen, Logistik, Einzelhandel und Freizeit, dass diese Nutzungen sehr ungleich über die Gebiete verteilt sind. Die Nutzung Wohnen signalisiert mit ihrer symmetrischen Box eine relativ gleichmäßige Verteilung über alle Gewerbegebiete. Wohnen ist also eine verlässlich anzutreffende Nutzung. Ihr rein physischer Anteil ist zwar gering, aber sie hat einen Schutzanspruch und wirkt oft auf einen größeren Anteil des Gewerbeareals ein.

Dieses Ergebnis führt zu weiteren Untersuchungsfragen. Wurden beispielsweise die vielen Dienstleister im Zuge der Erstbesiedlung aufgenommen oder waren die Dienstleister die Folgenutzer mit der höchsten Zahlungsbereitschaft? Welche konjunkturelle Kulisse oder stadtentwicklungspolitischen Ziele haben diese Standortwahl der Dienstleister ausgelöst? Gab es alternative Standorte und warum fiel die Entscheidung für die Gewerbegebiete? Nur eine korrespondierende Auswertung der Wirtschaftsförderungsaktivitäten kann die Entwicklung und die Wirkungsketten nachvollziehbar aufklären.

# 3 Messziffern für die Veränderungen

Die kartierten Bestandsaufnahmen der Nutzungen ergeben ein buntes Bild und sind schwer zu interpretieren. Auch der Vergleich zwischen zwei Zeitpunkten fällt auf der Basis von Karten und Tabellen nicht leicht. Eine analytische Beschreibung der Situation durch die Ermittlung verschiedener Indizes ist dagegen einfacher und ermöglicht weitere Analyseschritte.

Das Konzentrationsmaß der Nutzungen in den verschiedenen Standorten weist nach, in welchem Gebiet die größte Konzentration der verschiedenen Nutzungen gegeben ist. Unterschiede zwischen zwei Zeitpunkten sind damit einfach zu erfassen. Der Konzentrationsindex kann flächen- und betriebsbezogen ermittelt werden. Werden die Betriebsgrundstücke zwischen den beiden Bestandsaufnahmen geteilt, dann sind zusätzliche Betriebe im Gebiet, während sich die Fläche (bei gleicher Nutzung) nicht verändert. Der Index wird dies entsprechend anzeigen. Die Veränderungen der Grundstücke (Teilung, Zusammenlegung) werden im flächenbezogenen Index abgebildet. Man kann davon ausgehen, dass das Nutzungsprofil mit dem Alter der Gewerbegebiete und wahrscheinlich mit der Qualität der Lagemerkmale variiert. Der Kasten zeigt die technische Ermittlung des Konzentrationsindex.

**Konzentrationsindex**

$$KI = \frac{Betriebe\ (i,j)}{Betriebe\ (j)} \div \frac{Betriebe\ (i)}{Betriebe\ (ins)}$$

i = Branche, j = Gebiet

KI = 1  Durchschnitt
KI > 1  überdurchschnittlich
KI < 1  unterdurchschnittlich

Die Abb. 2 weist – für die fünf emittierenden Nutzungen – die Konzentrationsmaße des Jahres 2017 in den verschiedenen Standorten nach. Unterscheidet man nach der über- bzw. unterdurchschnittlichen Konzentration, ergeben sich vier Quadranten. Die Diagonale stellt den Ort mit gleichen Konzentrationsindizes der Nutzungen und der Flächen dar.

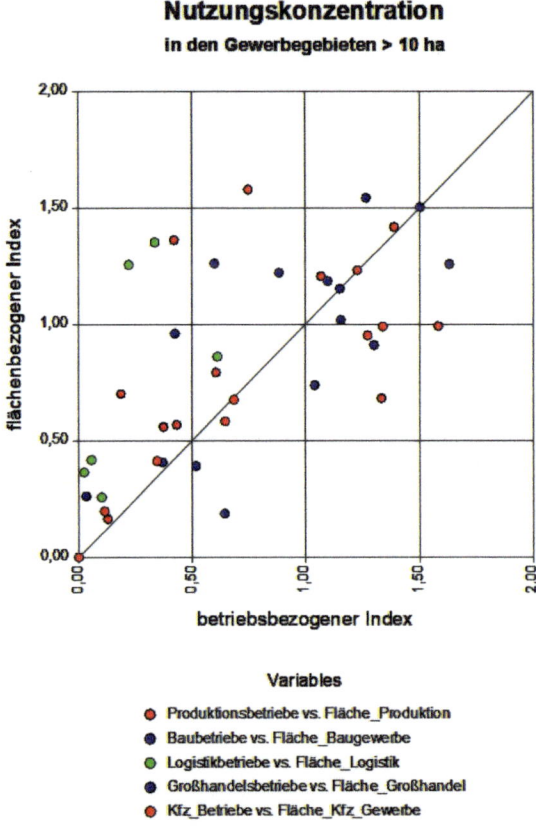

**Abb. 2:** Nutzungskonzentration in den Gewerbegebieten > 10 ha (Quelle: Bonny 2019).

Im unteren linken Quadranten befinden sich die Gebiete – sowohl in Betrieben als auch in Fläche gemessen – mit geringer Konzentration. Im oberen rechten Quadranten befinden sich die Gebiete mit einem hohen Konzentrationsindex für Betriebe und Fläche. Auffällig ist die ungleiche Verteilung oberhalb und unterhalb der Diagonalen. Unterhalb der Diagonalen ist die Produktion die Ausnahme und die Logistik befindet sich ausschließlich oberhalb der Diagonalen. Die Produktion – eine wesentliche Nutzung der Gewerbegebiete – befindet sich zwar in allen vier Quadranten, ihr Schwerpunkt ist aber links-unten oberhalb der Diagonalen. Das heißt, die Betriebe sind vielfach kleine Betriebe mit einer geringen Fläche im Vergleich zu den übrigen Nutzungen.

Bildet man eine einfache Differenz zwischen den Bestandsaufnahmen 2013 und 2017 zeigt sich, dass die Produktion nur in zwei Gebieten ihren Status halten konnte. In allen weiteren Gebieten ist der Rang Produktionsnutzung rückläufig. Die Dienstleistungen, der Einzelhandel und die sonstigen Nutzungen übernehmen im gleichen Zeitraum in fast allen Gebieten weitere Flächen. Auch die »Fehl«-Nutzungen Wohnen und Leerstand haben ihre Position in der Hälfte der Gebiete »verbessert«. Viele Effekte werden nur indirekt gemessen. Das Konzentrationsmaß ist insgesamt ein schwieriges »Messinstrument«. Wie oft bei quantitativen Daten eignet es sich vor allem für Vergleiche zwischen Gebieten, Städten oder Regionen mit jeweils unterschiedlicher Wirtschaftsstruktur. Diese Vergleiche lassen vielfach die Wirkungen bzw. die Relevanz unterschiedlicher Konstellation erkennen (Groß- oder Kleinstadt, großes oder geringes Flächenangebot und Ähnliches). Hinzu kommt, dass man gegenwärtig nichts über die sicherlich gegebene »natürliche« Schwankungsbreite im zeitlichen Verlauf weiß.

> **Diversitätsindex (nach Berry)**
>
> $$D_j = 1 - \sum_{i=1}^{n} \left(\frac{F_i}{F_j}\right)^2$$
>
> $D_j$ Diversitätsindex für Gebiet j
> $F_i$ Anzahl oder Flächennutzung (in m²) der Betriebe der Branche i in Gebiet j
> $F_j$ Gesamtzahl der Betriebe in oder Gesamtfläche (in m²) von Gebiet j

Die Nutzungsmischung in den Gewerbegebieten ist ein relevantes Merkmal. Hierzu lassen sich aus der Ökologie und der Diversitätsforschung der Soziologie und Ökonomie entsprechende Indikatoren nutzen. Sie messen die Vielfalt eines Gebietes. In der Literatur werden verschiedene Indizes vorgeschlagen und genutzt. Hier wird der Berry-Index herangezogen. Er addiert die quadratischen Anteile jeder Nutzung auf und bildet die Differenz zu dem Wert eins (siehe Kasten). Gebiete mit vielen unterschiedlichen Nutzungen nähern sich dem Indexwert eins und ein mehr monostrukturiertes Gebiet dem Wert null (Hungenberg 2014, Genkova/Ringeisen 2014). Die Abb. 3 zeigt die Ausprägungen des Diversitätsindexes für Fläche und Zahl der Betriebe in beiden Untersuchungsjahren. Der Median des anhand der Zahl der Betriebe ermittelten Indexwerts ist sehr hoch. Dieser betriebsbezogene Index ist sehr symmetrisch über alle Gebiete bei einem Median von 0,855 (2013) und 0,861 (2017). Die Vielfalt in den Gewerbegebieten nimmt hinsichtlich der Diversität der Nutzungen im Zeitverlauf offenbar zu.

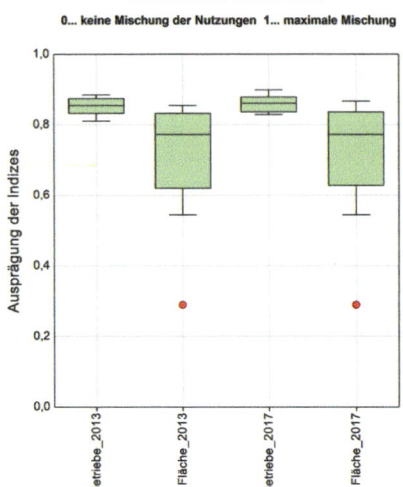

**Abb. 3:** Box-Plot-Diagramm der Indizes zur Diversität (Quelle: Bonny 2019).

Der flächenbezogene Index weist ebenfalls ein hohes Niveau auf. In diesem Fall ist aber eine größere Streuung gegeben, da in manchen Gebieten einzelne Nutzungen über große Flächen verfügen (z. B. Logistik oder größere Produktionsbetriebe). Die unterschiedlichen nutzerspezifischen Flächengrößen werden so deutlich, aber auch die Tatsache, dass innerhalb der Produktion die Betriebsgröße und entsprechend die Fläche ihrer Grundstücke sehr unterschiedlich sind. Der Ausreißer in der Grafik entsteht durch ein Chemieunternehmen, das fast das gesamte Gewerbegebiet einnimmt. Entsprechend niedrig ist der Diversitätsindex.

Die unmittelbaren Konsequenzen der verschiedenen Ausprägungen der Kennziffern (Konzentration und Diversitätsmaße) sind noch unbestimmt bzw. regen nur Untersuchungsfragen an. Das Untersuchungsmaterial (eine Kommune, zwei Beobachtungsjahre) lässt noch keine Generalisierung zu. Die Veränderung, konkret die Zunahme der Dienstleistungs- und Freizeitnutzungen, hat verschiedene Konsequenzen. Zum einen sinkt die Zahl der gewerbesteuerpflichtigen Betriebe angesichts der immer häufiger anzutreffenden freiberuflichen Dienstleister. Zum anderen weist die zunehmende Flächennutzung durch Dienstleistungen und Betriebe der Freizeitindustrie auf eine Schwäche der Innenstadt-Standorte hin, da sie in Gewerbegebieten offenbar die günstigeren Standortbedingungen antreffen.

Wenn Einzelhandels- und Dienstleistungsunternehmen Standorte in den Gewerbegebieten favorisieren, »fehlen« diese Betriebe und ihre Flächen in der Innenstadt. Überdies kommt es mit dieser (zunehmenden) Mischung – wie noch gezeigt wird – zum Verlust an der inneren »Verträglichkeit« in den Gewerbegebieten.

# 4 Die Entwicklung im Detail ...

Einen Hinweis auf die Dynamik gibt auch die Auswertung der Baufertigstellungsstatistik und der Abrissstatistik, auch wenn nur die Summe der Ereignisse für eine Stadt nachgewiesen wird. In München wurden beispielsweise zwischen 2000 und 2010 im jährlichen Mittel rund 100 000 m² Nutzfläche in den Fabrik-/Werkstatt- sowie Logistikgebäuden je Jahr aufgegeben. Nur ein Drittel der Fläche wurde durch Neubauten wieder für diesen Zweck genutzt. Die zentrale Frage ist, ob die Abrisse und die in der Folge veränderte Nutzung in Verbindung mit den stadtentwicklungspolitischen Zielen standen oder auf einem privaten Ertragskalkül beruhten.[5]

Neben dem Diversitätsindex lassen sich noch weitere Indikatoren zur Beschreibung des Entwicklungsprozesses in Gewerbegebieten nutzen. Beispielsweise kann der Anteil der Grundstücke ohne Veränderung, die Zunahme oder Verringerung des Leerstandes/der Brache oder die Dauer des Leerstands (ansteigend oder sinkend), erfasst werden. Ihre Veränderungen sind Hinweise auf die Richtung des Prozesses. Manches ist gegenwärtig schwer zu interpretieren. Ist die Untervermietung von Betriebsflächen eine sinnvolle Reaktion auf den wirtschaftlichen Wandel, da die Produktion mit einer neuen Technologie auf einer geringeren Fläche möglich ist.[6] Oder ist dieser Vorgang ein Anzeichen für die Schrumpfung und spätere Stilllegung des Primärbetriebes? Sind häufig wechselnde Mietverhältnisse ein Anzeichen von Standortmängeln (i. w. S.) oder nur die Folge einer volatilen Wirtschaft? Es besteht insgesamt das Problem, dass die Prozesse der Leerstands- und Brachenbildung und deren Wiederbesiedlung oft nur »langsam« verlaufen und ihre Beobachtung entsprechend aufwendig ist.

Vergleicht man die Entwicklung in den Gewerbegebieten zwischen zwei Zeitpunkten, dann lässt sich feststellen, welche Nutzungen aufgegeben wurden, in welchem Umfang neue Leerstände gegeben sind bzw. Leerstände/Brachen inzwischen belegt wurden. Ebenso ist zu erkennen, ob es eine gebietsspezifische oder nutzungsspezifische Folgenutzung im Sinne einer »Fruchtfolge« besteht und ob räumliche Schwerpunkte der Veränderung im Gebiet oder in den Gebieten bestehen. Stellt man die Erhebungen zu zwei verschiedenen Zeitpunkten in einer Kreuztabelle einander gegenüber, zeigt sich, welche Nutzungen im Gebiet relativ stabil waren und in welchem Umfang Grundstücke ihre Nutzung wechselten

---

5 Planquadrat Dortmund 2013, 31 ff.
6 Die betriebswirtschaftliche Literatur bzw. zur Fabrikplanung berichtet seit Längerem über die Reorganisation der Produktion. Im Kern geht es um die Beschleunigung der Fertigung, die durch aufeinander abgestimmte Produktionsmittel und kürzere Wege erfolgt. Ein wesentlicher Aspekt ist die Reduktion des Transportweges eines Produktes. Ein extremes Beispiel ist, dass nach einer Revision des Layouts die Wege von 5 000 m auf 65 m reduziert wurden und die Durchlaufzeit in der Fertigung sich von 2,5 Monaten auf einen Tag reduzierte (Abele/Brungs 2010, 194–199). Vgl. auch Weiermann (2001), Stark (1982) und Tinello (2018), die jeweils zeigen, dass sowohl unternehmensstrategische Aufmerksamkeit als auch der technische Fortschritt die Betriebsflächen erheblich reduzieren kann.

bzw. aufgaben. Die Spalten bzw. Zeilen einer solchen Tabelle zeigen an, wie die Grundstücke, die zur ersten Erhebung eine bestimmte Nutzung hatten, zum Zeitpunkt der zweiten Erhebung genutzt wurden. Die Diagonalen zeigt die Anzahl der Grundstücke, deren Nutzung sich nicht verändert hat (▶ Tab. 2). In 29 Fällen bzw. Grundstücke mit einem Leerstand/Brache blieb der Zustand von 2013 unverändert. Die Tabelle zeigt (in der Spalte) das in vier Fällen im Jahr 2017 der Leerstand aus dem Jahr 2013 durch die Produktion genutzt war usw. (siehe auch die Erläuterung unter Punkt 5.).

Diese Veränderung kann in einer Kennziffer erfasst werden. Die Mobilität bzw. Veränderungen der Nutzungen zwischen beiden Zeitpunkten ist die Summe der Diagonalen (= Zahl der unveränderten Nutzungen) dividiert durch die Summe der Zeilen bzw. der Spalten (= alle Grundstücke). Damit die Interpretation leichter fällt, wird eine Differenz zu dem Wert eins gebildet, sodass die Mobilitätswerte zwischen null (keine Mobilität) und eins liegen (maximale Mobilität; siehe Kasten).

---

**Messung der Mobilität**

$$M_{(t_0-t_1)} = 1 - \frac{SuD}{SuZ \text{ bzw. } SuS}$$

SuD = Summe der Diagonale
SuZ, SuS = Summe der Zeile/Spalte

**Grenzwerte:**

M = 0 keine Mobilität
M = 1 vollständige Mobilität

---

Mit einem solchen Mobilitätsmaß kann die Situation für jedes Gewerbegebiet und den Nutzungen insgesamt festgestellt und verglichen werden. Gegebenenfalls kann man hieran erkennen, was »normal« ist und wo Probleme zu erwarten sind. Es muss festgehalten werden, dass der Mobilitätsindikator von mehreren Faktoren beeinflusst wird. Die Mobilität bzw. die Veränderungen im Nutzungsmix werden auch durch das Alter des Gebietes bestimmt. Ein neues Gewerbegebiet wird in der Regel innerhalb weniger Jahre weitgehend besiedelt. Hiermit erfolgt auch eine gewisse Synchronisierung der Lebenszyklen der Unternehmen. Für die Mehrzahl der Betriebe wird sich in der Folge (30–40 Jahre später) nahezu zeitgleich die Nachfolgefrage stellen. Für einen kurzen Zeitraum entstehen unabhängig vom Qualitätsstatus des Gewerbegebietes gehäuft Nutzungswechsel, Stilllegungen, Leerstände und ggf. Mindernutzungen. Ein weiterer Zusammenhang besteht zwischen der Diversität eines Gebietes und der Mobilität der Nutzungen. Es bestehen – wie schon oben angesprochen – offenbar Unverträglichkeiten zwischen verschiedenen Nutzungen (Ästhetik, Infrastrukturanforderungen usw.), sodass die »unterlegene« Nutzung den Standort verlässt. Dies geschieht vor allem dann, wenn der Betrieb keine politische Unterstützung erhält. Dies ist häufig für kleine und relativ junge Unternehmen zu beobachten. Die geringe Anzahl der Beschäftigten macht sie unsichtbar.

**Tab. 1:** Mobilitätskennziffer der untersuchten Gebiete zwischen 2013 und 2017

| Gebiet | Mobilität |
|---|---|
| Auf dem Knuf | 0,184 |
| Sachsenweg | 0,152 |
| Römerstraße | 0,173 |
| Radbod/Hüserstr. | 0,129 |
| Uentrop | 0,060 |
| DuPont/K-Park | – |
| Hafen | – |
| Dortmunder Str. | 0,128 |
| Östingstraße | 0,200 |
| Schieferstraße | 0,250 |
| Carl-Zeiss-Str. | 0,097 |
| Rhynern | 0,131 |

Quelle: eigene Berechnung.

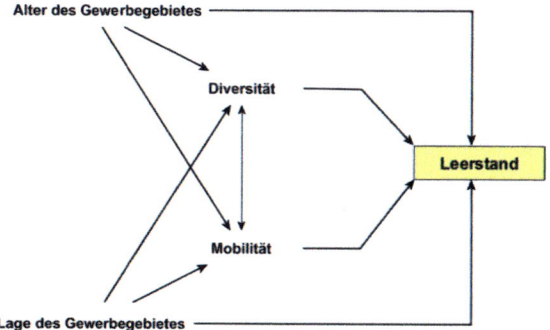

**Abb. 4:** Einflüsse auf die Bildung des Leerstands (Quelle: Bonny 2019).

Mit den Daten bzw. Kennziffern werden Veränderungen signalisiert. Ob die Situation kritisch ist oder im städtebaulichen Sinn einen »Missstand« darstellt, ist auf der Basis der Indikatoren nicht zu entscheiden. Die Indikatoren geben keine Erklärung der Gewerbegebietsentwicklung – so wie die tägliche Temperaturmessung keine Wettervorhersage darstellt. Erst mit einer zeitlichen Beobachtungsreihe und im Vergleich der Gewerbegebiete untereinander und unter Bezug auf die Standortfaktoren und weiteren relevanten Konfigurationen lassen sich entsprechende Aussagen entwickeln.

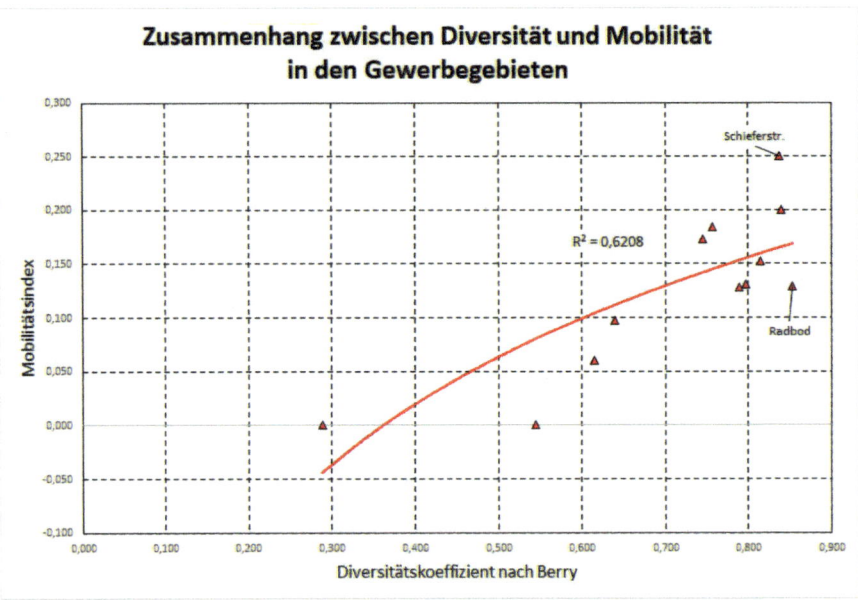

Abb. 5: Zusammenhang zwischen Diversität und Mobilität in den Gewerbegebieten (Quelle: Bonny, Planquadrat Dortmund 2017).

Die Verbindung der beiden Ziffern Diversität und Mobilität zeigt einen Zusammenhang. Mit einer zunehmenden Mischung der Nutzung geht offenbar eine höhere Mobilität einher (▶ Abb. 5). Diese trägt zur Bildung von Leerständen und Brachen bei. Die Ursache der Verdrängung – ob durch steigende Bodenpreise oder spezielle Konflikte angesichts ästhetischer Ansprüche oder sonstiger Störungen – geht aus diesem Material nicht hervor.[7] Auch hier wird noch einmal relevant, wie groß die Zeitspanne zur Wiedernutzung ist und von welchen Umständen diese bestimmt wird.

---

7 Unsere Gespräche mit den Betrieben haben gezeigt, dass viele Faktoren zusammenkommen (müssen), um eine betriebliche Mobilität auszulösen. Eine wiederkehrende Schilderung ist aber das geringe Zeitbudget in der »Gründungsphase«. Mehrfach fiel die Äußerung, dass man die Auseinandersetzungen (den Konflikt selbst, aber auch die diversen Vermittlungsbemühungen) leid war, da sie die eigentliche Geschäftsführung in dieser kritischen Entwicklungsphase des Unternehmens blockierten. Man hatte schlicht keine Zeit oder wollte sie nicht aufbringen. Manchmal gab es auch zu viel Gewerbeflächen in der Gemeinde. Eine »Flucht« war in dieser Situation die einfachste Konfliktlösung.

Das Alter des Gebietes bestimmt die Anteile der Leerstände/Brachen mit. Bildet man zwei Altersklassen der Gewerbegebiete »vor 1974« und »nach 1974« werden höhere Leerstände/Brachen in älteren Gebieten statistisch bestätigt. Eine multiple Regression mit den Faktoren (Mobilität, Diversität, Alter) zeigt ein hohes $R^2$. Das Material reicht gegenwärtig für eine klare Aussage nicht aus, aber die Ergebnisse weisen einen Weg. Es zeichnet sich ab, dass ein selbstverstärkender Mechanismus entstehen kann. Die ansteigende Mobilität führt zu erhöhter Diversität, da die nachfolgende Nutzung mit hoher Wahrscheinlichkeit nicht identisch mit der Vornutzung ist. Ein Vorgang, der wiederum die Mobilität, d. h. den Nutzungswechsel, unterstützt und damit die Diversität wiederum erhöht.

## 5   Auswertung der Nutzungsmatrix

Die Tab. 2 dokumentiert die beiden Bestandsaufnahmen für die Gewerbegebiete größer 10 ha. 2013 wurden insgesamt 129 Grundstücke durch die Produktion genutzt (letzte Zeile). Im Jahr 2017 waren ebenfalls 129 Standorte mit dieser Nutzung belegt (letzte Spalte). Im Beobachtungszeitraum von vier Jahren kam es neunmal zur Aufgabe der Nutzung Produktion und in gleichen Umfang wurden ursprünglich anders genutzte Grundstücke durch die Produktion belegt.

Zwischen 2013 und 2017 wurden zwei Großhandelsgrundstücke mit einer Produktion belegt. Jeweils einmal wurden eine Sonstige Nutzung und ein Grundstück einer Wohnnutzung mit einer Produktion belegt. Viermal kam es zu einer Nutzung eines Leerstandes/Brache und einmal wurde eine Reservefläche in Anspruch genommen. Die Spalte Produktion zeigt, dass ein Produktionsstandort in diesen vier Jahren durch das Kfz-Gewerbe belegt wurde. Drei Standorte blieben als Leerstand/Brache ungenutzt und jeweils ein Produktionsstandort aus dem Jahr 2013 war 2017 mit Baugewerbe, Einzelhandel und Wohnen belegt. Zwei weitere ehemalige Produktionsstandorte wiesen 2017 eine gemischte Nutzung auf.

Diese Darstellung lässt sich auch mit den tatsächlich genutzten Flächen erstellen. Im Jahr 2013 belegte die Produktion rund 3 112 000 m² und im Jahr 2017 rund 3 093 000 m². Für die Produktionsnutzung ist dies ein Flächenverlust von 0,6 %.[8] Die Produktion nutzte trotz der unveränderten Zahl der Betriebe im Jahr 2017 eine geringere Fläche als im Jahr 2013. Diese Form der Datenaufbereitung ermöglicht es, für jedes Gewerbegebiet die Veränderungen der Nutzungsprofile im Einzelnen nachzuvollziehen.

Die Gegenüberstellung der Nutzungsprofile der Jahre 2013 und 2017 für die Gewerbegebiete zeigt, dass die emittierenden Nutzungen (Produktion, Baugewerbe, Logistik, Großhandel, Kfz-Gewerbe) ihre Position nicht grundsätzlich verloren

---

[8] Auf eine mit Tab. 10.2 vergleichbare Darstellung der Flächenwerte wurde verzichtet, da die großen sechs- bis siebenstelligen Ziffern viel Platz benötigen oder unleserlich klein sind.

haben. In dieser Gruppe haben die Logistik (Gruppen 03 und 04) und das Kfz-Gewerbe ein deutliches Wachstum zu verzeichnen. Dies betrifft sowohl die genutzte Fläche als auch die Zahl der Betriebe. In der Produktion sind Flächen und Zahl der Betriebe – wie schon gezeigt – weitgehend gleichgeblieben, während das Baugewerbe, die fünfte emittierende Nutzung, Standorte und Flächen aufgab.

Tab. 2: Kreuztabelle Nutzung 2013 versus Nutzung 2017 (Gesamtstadt: Gebiete ≥ 10 ha)

| | | Nutzung im Jahr 2013 | | | | | | | | | | | | |
|---|---|---|---|---|---|---|---|---|---|---|---|---|---|---|
| | | 01 Produktion | 02 Baugewerbe | 03 Logistik | 04 Großhandel | 05 Kfz-Gewerbe | 06 Dienstleistung | 07 Einzelhandel | 08 Freizeit etc. | 09 sonst. Nutzung | 10 gem. Nutzung | 11 Wohnen | 12 Brache | 13 Flächenreserve | Gesamtergebnis 2017 |
| Nutzung im Jahr 2017 | 01 Produktion | 120 | | | 2 | | | | | 1 | | 1 | 4 | 1 | 129 |
| | 02 Baugewerbe | 1 | 52 | | | 3 | | | | 2 | | 1 | 1 | 1 | 61 |
| | 03 Logistik | | | 29 | | | | | | | | | 1 | 5 | 35 |
| | 04 Großhandel | | 2 | | 30 | 1 | | | | | | | | 3 | 36 |
| | 05 Kfz-Gewerbe | 1 | | | | 60 | 2 | 2 | | | 1 | | 3 | 2 | 71 |
| | 06 Dienstleistung | | 3 | | | | 48 | | | | | 1 | 1 | 2 | 55 |
| | 07 Einzelhandel | 1 | 1 | | | | | 46 | | | | | 2 | | 50 |
| | 08 Freizeit etc. | | | | | | 1 | 1 | 21 | 1 | | | | | 24 |
| | 09 sonst. Nutzung | | | | 1 | | | | | 30 | | | | 5 | 36 |
| | 10 gem. Nutzung | 2 | 1 | | | | 2 | | | 9 | 1 | | | 3 | 18 |
| | 11 Wohnnutzung | 1 | | | | | 1 | | | 1 | | 45 | 2 | | 50 |
| | 12 Brache | 3 | 4 | 3 | 1 | 3 | 2 | 1 | 2 | 1 | 1 | | 29 | | 50 |
| | 13 Flächenreserve | | | | | | | | | | | | | 90 | 90 |
| | Gesamtergebnis 2013 | 129 | 63 | 32 | 34 | 64 | 56 | 51 | 25 | 35 | 12 | 49 | 43 | 112 | 705 |

Quelle: Bonny, Planquadrat Dortmund 2013 und 2017.

Die Gruppe Dienstleistung, Einzelhandel und Freizeit/Gastronomie ist bezüglich der Zahl der genutzten Grundstücke bzw. Nutzer im Beobachtungszeitraum leicht geschrumpft (zwischen 1 und 2 %). Ein Rückgang ist auch bei den Flächen gegeben. Die Freizeitwirtschaft/Gastronomie dagegen belegte 2017 rund 5 % mehr Fläche als 2013, obwohl sich die Zahl der Betriebe nicht veränderte.

Exemplarisch stellt die folgende Grafik (▶ Abb. 6) die Situation, den Zu- und Abfluss der Flächen für die Produktion dar (jeweils gemessen in Quadratmeter). Die Herkunft der Fläche für die Nutzung Produktion wird mit den blauen Pfeilen angezeigt. Die roten Pfeile weisen den Verbleib der aufgegebenen Produktionsflächen nach. Der größte Teil der aufgegebenen Produktionsflächen wird auf das Konto der gemischten Nutzungen (= 35,7 %) gebucht. Es folgt das Kfz-Gewerbe (= 27,2 %) und ein größerer Anteil der Flächen wird zu Leerständen/Brache (= 25,5 %). Der Rest wird vom Einzelhandel (= 7,6 %), für Wohnzwecke (= 2,1 %) und vom Baugewerbe (= 1,7 %) übernommen.

Insgesamt entstand zwischen 2013 und 2017 für die emittierenden Nutzungen ein Flächenverlust von rund 20 000 m². Real ist eine gemischte Nutzung vielfach eine Mindernutzung und oft der Übergang von einer Produktionsnutzung über die Stufe Untervermietung zu einem Leerstand. Die Produktion erhält ihre Flächen vor allem aus den Leerständen und Brachen (= 54,1 %) und den sonstigen Nutzungen (= 18,3 %). Flächen des Großhandels sind mit 17,9 % beteiligt. Eine geringe Bedeutung haben die Flächenreserven (= 5,7 %).

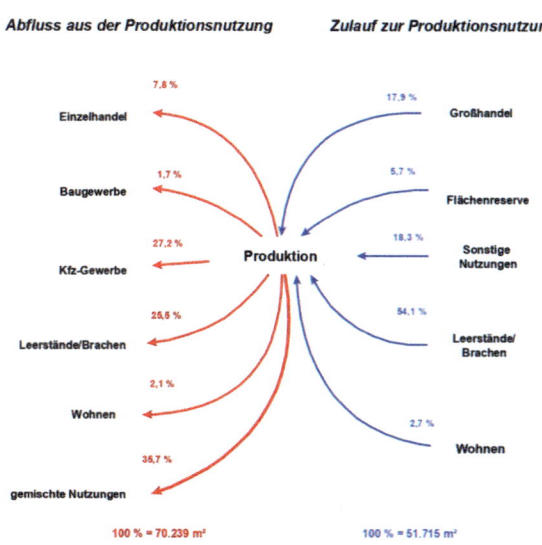

**Abb. 6:** Zu- und Abfluss bezogen auf die Nutzung der Produktionsfläche (Quelle: Bonny, Planquadrat Dortmund 2017, Datengrundlage: eigene Berechnung).

Diese Datenanalyse wirft einige neue Fragen auf. Die Leerstände/Brachen sind in vielen Fällen offenbar ein Durchgangsstadium. Es muss geklärt werden, welche

Qualitäten (Größe, Lage, Preis etc.) eine Wiedernutzung für welche Nutzung möglich macht. Sind es neben den Flächeneigenschaften auch Merkmale des Anbieters? Wird bevorzugt ein Leerstand genutzt (Gebäude ohne relevante Schäden, nur Schönheitsreparaturen) oder werden richtige Brachen (Abriss, Beseitigung der Ruine) favorisiert? Sind die Nutzer eines Leerstandes Neugründungen oder ältere Betriebe, werden sie Eigentümer oder Mieter? Im Falle des Mieters interessiert, ob das Mietverhältnis stabil oder nur ein Übergang ist. Eine weitere Frage ist, warum die Reserveflächen vor allem durch die Logistik und die Dienstleistungen belegt werden. Sind es im Wesentlichen die Grundstücksgröße und die Lage oder sind es weitere Gründe?

Es bestehen auch Widersprüche zwischen den Interviewergebnissen und dem tatsächlichen Handeln. Im Gespräch sind die Partner vielfach rationaler und betonen die betriebswirtschaftlichen Belange. In ihren tatsächlichen Entscheidungen nimmt m. E. aber die soziale Rationalität einen hohen Stellenwert ein. Es stellt sich die Frage, in welcher Konstellation neue, bislang ungenutzte Flächen und wann ehemals genutzte Standorte von den Betrieben favorisiert werden.

Die Antworten sind vor allem deshalb relevant, weil mit der Entwicklung neuer Standorte erhebliche Kosten für die Kommunen entstehen (vgl. Lück 2006, 57–62). Eine Verbesserung der Wiedernutzungsquote würde eine konkrete Kostenersparnis darstellen und allgemein ein Beitrag zur Nachhaltigkeit der Flächennutzung sein. Man kann auch die Frage stellen, ob es tatsächlich neuer Gewerbeflächen für das emittierende Gewerbe und insbesondere für die Produktion bedarf.

## 6  Resümee

Der Beitrag musste auf eine differenzierte Diskussion der Unternehmensrolle (Unternehmenstheorie) und der verschiedenen Handlungsziele oder auch Zwänge der weiteren Akteure verzichten – nicht zuletzt aus Mangel an belastbarem empirischen Material. Eine solche Diskussion könnte eine Reihe weiterer Hypothesen zum Entwicklungsprozess der Gewerbegebiete einer Stadt hervorbringen. Die Verbindung zwischen den Akteuren (Investoren, aber auch Politik und Verwaltung), den allgemeinen politischen Konstellationen sowie den damit verbundenen Diskursen und den verschiedenen Erscheinungsformen der Gewerbeflächenentwicklung konnten hier nur angedeutet werden. Die hier wiedergegebenen Beobachtungen bedürfen weiterer empirische Ergänzungen und Bestätigungen. Deutlich wird aber, dass das emittierende Gewerbe (vor allem die Fertigung) Standorte verliert. Angesichts der sich abzeichnenden Rückkopplungseffekte beschleunigt sich dieser Effekt im Zeitverlauf. Die Analysen sind gegenwärtig Einzelbeobachtungen, die – angesichts der Eigenzeit vieler Prozesse – um neue Beobachtungs- und Analysetechniken ergänzt werden müssen.

Die Dokumentation der Grundstücksnutzung und der Betriebsentwicklung sowie deren laufende Beobachtung können typische Sequenzen aufzeigen. Diese Sequenzen von zeitlichen und logischen Abläufen beschreiben den »Lebenslauf«. Setzt man die in Abb. 6 dargestellte Analyse fort und differenziert sie weiter nach Nutzungen und Gebieten sowie über mehrere Zeitpunkte, werden die Zusammenhänge deutlicher. Relevant sind auch die Anzeichen der vorausgehenden Grundstücksnutzung. Was kann man beobachten, bevor ein Betrieb seine Nutzung aufgibt, welche Umstände bestimmen die Dauer des Leerstands? Was sind lokale Ereignisse (nur im Ort A oder B) und welchen Einfluss hat die regionale Lage/Situation? Und schließlich: Bei welcher Wirtschaftslage und Branchenkonjunktur kommt es zu einer Dehnung oder Verkürzung der Entwicklungszeit?

Genügend Daten vorausgesetzt, ergibt sich so ein Einblick in den Entwicklungsverlauf des Gewerbegebietes und der dort bestehenden Unternehmen.[9] Aktuell hat man das Gefühl, dass man – wie seinerzeit die Astrologen – aus dem Ansiedlungsdatum und der Branche (= Sternbild und Taufpate) den Lebenslauf von Grundstück und Betrieb ableiten soll bzw. muss. Verfügt man über empirische Daten, kann man sinnvolle Prognosen erstellen und Erwartungen begründen. Man kann sicher nicht alles berechnen und man wird nicht alle Ereignisse planerisch lösen können, aber man wird mehr wissen und in den sozialen und betriebswirtschaftlichen Entscheidungen wirkungsvoller sein.

Die Industrie- und Gewerbegebiete einer Stadt sind – um den Faden aus der Einleitung aufzunehmen – ein Ort, in dem Akteure mittels ihrer Handlungen ihre Ziele (als Unternehmen, als Immobilienbesitzer, Politiker und Bürger) realisieren wollen. Deshalb gehören ihr Handeln, ihre Motive und die begleitenden Umstände in das Untersuchungsset zur Gewerbeflächenfrage.

Der Prozess – mit den wechselseitigen Blockaden, Unterstützungen etc. – ist weiter aufzuklären und einem Diskurs und letztlich einer Steuerung zugänglich zu machen. Eine Bestandsaufnahme der Nutzungen und der ästhetischen Erscheinungsformen kann ein Anfang sein. Gegenwärtig liegen nur Fragmente eines Lebenszyklus vor. Es wurden hier zwei »verwischte« Szenenbilder der Entwicklung aufgenommen. Verfügt man über mehrere und zunehmend schärfere, informationsreichere Bilder (wie sie unter anderem eine Sequenzanalyse bieten kann), bildet sich mit der Zeit ein Film heraus, der es erlaubt, den Prozess für alle Beteiligten verständlich zu machen und Maßnahmen zum Vorteil der verschiedenen Interessen und nicht zuletzt für das Gemeinwesen zu entwickeln.

---

9 Es bestehen verschiedene Forschungszusammenhänge, die zu dieser Fragestellung herangezogen werden können. Dies sind vor allem die vielen Varianten der Diskussion über »Frühwarnsysteme« in der Unternehmensentwicklung. Die Einzelheiten können an dieser Stelle nicht diskutiert werden. Problematisch wird auf der kleinräumigen Ebene die Datenschutzfrage, sodass im ersten Schritt eine möglichst genaue Analyse der notwendigen Quellen/Berichtswege erarbeitet werden muss.

# Quellen

Abele, E.; Brungs, F. (2010): Durchlaufverkürzung durch Produktoptimierung, in: Zeitschrift für wirtschaftlichen Fabrikbetrieb 105 (3), 194–199. DOI: 10.3139/104.110267

Böhme, G. (2016): Ästhetischer Kapitalismus. Berlin: Suhrkamp

Böhme, G. (2017): Atmosphäre. Essay zur neuen Ästhetik. 3. Aufl. Berlin: Suhrkamp

Fackler, D.; Schnabel, C. (2015): Was wissen wir über Betriebsschließungen? Erkenntnisse für West- und Ostdeutschland, in: Wirtschaftsdienst 95 (2), 144–147. https://www.wirtschaftsdienst.eu/inhalt/jahr/2015/heft/2/beitrag/was-wissen-wir-ueber-betriebsschliessungen-erkenntnisse-fuer-west-und-ostdeutschland.html [Zugriff: 29.03.2021]

Figge, F. W.; Windgaßen, H. E. (1991): Geschossbau für Industrie und Gewerbe im Raum Wuppertal–Solingen–Remscheid. Projektstudie zum Problem gewerblichen Bauens auf mehreren Geschoßebenen in Gebieten mit geringen Gewerbeflächenreserven. Wuppertal

Genkova, P.; Ringeisen, T. (2016) (Hrsg.): Handbuch Diversity Kompetenz. Perspektiven und Anwendungsfelder. Wiesbaden: Springer

Henn, W.; Voss, W.; Kettner, H. (1972): Untersuchung über die Eignung von Fabrikbetrieben zur Unterbringung in Geschoßbauten. Hannover

Hentschel, A.; Hopfenmüller, J. (2017): Der lokale Staat. Zur Soziogenese deutscher Städte in vier Zeitabschnitten. Marburg: Metropolis

Hungenberg, H. (2014): Strategisches Management in Unternehmen. Wiesbaden: Springer

Kammüller, M. (Fa. Hella, Lippstadt) (2000): Interview in der Wirtschaftswoche vom 25.05.2000, 211

Lück, G. (2006): Finanzielle Auswirkungen eines Gewerbegebietes auf den Kommunalhaushalt, in: Wuschansky, B.; König, K. (Hrsg.): Interkommunale Gewerbegebiete in Deutschland (ILS Schriften 200). Dortmund: ILS, 57–62

Müller, K. (1999): Auswirkungen des Gründungsgeschehens auf den Generationswechsel am Beispiel des Handwerks, in: Ridinger, R.; Weiss, P. (Hrsg.): Existenzgründungen und dynamische Wirtschaftsentwicklung. Berlin: Duncker & Humblot, 121–142

Pawellek, G. (2008): Ganzheitliche Fabrikplanung. Grundlagen, Vorgehensweise, EDV-Unterstützung. Berlin/Heidelberg: Springer

Pfnür, A.; Armonat, S. (2004): Desinvestition von Unternehmensimmobilien unter besonderer Berücksichtigung der Vermarktungsmöglichkeiten (Fachbereich Wirtschaftswissenschaft, Universität Hamburg, AP 32). Hamburg

Planquadrat Dortmund (Bearb.: Bonny, H. W.) (1996): Ökonomisches Standortprofil für Betriebe in einem gemischt genutzten Umfeld. Dortmund/Hamburg

Planquadrat Dortmund (Bearb.: Bonny, H. W.) (2013): Gewerbeflächenbedarf in der Stadt München (2015 bis 2030). München/Dortmund

Prell, U. (2016): Theorie der Stadt in der Moderne. Opladen/Berlin/Toronto: Barbara Budrich

Sander, R.; Bartsch, R. (1993): Stadterneuerung in Gewerbegebieten (Endbericht Forschungsprojekt RS II 3-672704-6/4). Berlin

Speil, W.; Kuhnt, M.; Geißler, C. (1988): Wohnung und Arbeitsplatz. Analysen zur wohnungsnahen Erwerbstätigkeit von Müttern (Schriftenreihe des Bundesministeriums für Jugend, Familie, Frauen und Gesundheit 233). Berlin/Stuttgart: Kohlhammer

Stark, K.-D. (1982): Standortanforderungen und Flächenbedarf der gewerblichen Wirtschaft, in: Mitteilungen der Deutschen Akademie für Städtebau und Landesplanung 2, 193–199

Tinello, D. (2018): Innovative Fabriklayout- und Materialflussplanung anhand bionischer Systemdesignmuster. Berlin: Logos

Weiermann, C. (2001): Flächenengpässe oder Gewerbeflächennotstand in München? Wie wachsen kleine und mittelständische Unternehmen heute auf begrenzten Flächen? Dipl.-Arbeit TU München

Wulf, E. (2013): Das Potenzial gewerblicher Bauflächen in Dortmund. Ein Beitrag für eine nachhaltige Siedlungsentwicklung. Dipl.-Arbeit TU Dortmund

# Entwicklung der Urbanen Produktion in NRW-Städten und in Hamburg

*Monika Piegeler und Guido Spars*

## 1 Einführung

Urbane Produktion kann wegen der schwierigen Datenlage nur mit erheblichen Unsicherheiten und nur in Umrissen beschrieben werden. Dies haben sowohl der Beitrag von Gärtner, Meier und Schonlau (hier insbesondere Daten zu Bochum) als auch der von Piegeler und Spars in diesem Band deutlich gemacht. Dabei scheint die Struktur und Entwicklung sowohl innerhalb der Städte (soweit überhaupt erfassbar) als auch zwischen den Städten recht heterogen und insbesondere zwischen dem polyzentrischen, z. T. auch innerstädtisch (alt-)industriell geprägten und relativ wachstumsschwachen Raum der Region Rhein-Ruhr-Bergisches Land (Suche nach Nutzungen) und dem monozentrischen, wenig industriell geprägten und prosperierenden Hamburg (Umnutzungsdruck) deutlich unterschiedlich zu sein.

Im Rahmen des Forschungsprojektes »Gewerbe in der Stadt – Wandel im Bestand gestalten« (GiS) wurden verschiedene Zugänge gewählt, um sich der Heterogenität der Struktur und Entwicklung Urbaner Produktion in den unterschiedlichen Städten zu nähern. Zum einen wurde dafür das Konzept der stadtaffinen Branchen genutzt und auf die unterschiedlichen Städte in NRW angewendet; die Ergebnisse hierzu hat der Beitrag von Piegeler und Spars in diesem Band vorgestellt.

Einen weiteren Zugang stellt die Untersuchung der Ausprägungen spezifischer Merkmale dar – wie Anteil des Verarbeitenden Gewerbes, Anzahl von Gründungen und Umzügen von Gewerbebetrieben in zentralen Lagen (in NRW gemessen an den IRB-Lagen 1–3[1]). Hierbei konzentriert sich dieser Beitrag zunächst auf die NRW-Regionen Rhein-Ruhr und Bergisches Land. Anschließend wird die Entwicklung der Gewerbeflächen nach Lagetypen untersucht, um schließlich ein – angesichts der unbefriedigenden Datenlage – vorsichtiges Fazit zur Entwicklung der Standorte Urbaner Produktion in den Untersuchungsregionen zu ziehen.

---

[1] Die IRB-Lagen entstammen der Innerstädtischen Raumbeobachtung (IRB), einem Analyseansatz des BBSR, mit dem versucht wird, für die teilnehmenden Städte jeweils vier Lagen stadträumlich zu definieren: die City (Lage 1), den City-Rand (Lage 2), den Innenstadtrand (Lage 3) und den Stadtrand (Lage 4).

## 2 An- und Ummeldungen des Gewerbes in Wuppertal und Krefeld

Ausgangspunkt ist im Folgenden das räumliche Anmeldeverhalten von Gewerbebetrieben in Wuppertal und Krefeld. Hierbei wird auf das IRB-Lage-Konzept für die jeweilige Stadt zurückgegriffen, um die räumliche Dimension der Urbanen Produktion – gemäß der Definition im Beitrag von Piegeler und Spars in diesem Band – abbilden zu können.[2] Der Fokus liegt hier auf der Gruppe der Industrie- und Handwerksunternehmen. Die Zuordnung zu WZ-Kategorien ermöglicht nun die Untersuchung des Zusammenhangs von IRB-Lage und WZ-Klasse auf 2-Steller-Ebene für Wuppertal und Krefeld.

Beginnend mit einer Darstellung der IRB-Lagen in beiden Städten, folgt die deskriptive Analyse des Anmeldeverhaltens von Industrie und Handwerk in den Untersuchungsstädten über den zeitlichen Verlauf. Die Flächendaten können auf WZ 3-Steller-Ebene untersucht werden und somit, wenn auch grob, in die Facetten stadtaffiner Branchen gruppiert werden (vgl. Piegeler/Spars 2019).[3]

Die Auswertungen zur Urbanen Produktion in den Städten des Ruhrgebiets basieren auf einem Auszug der ruhrAGIS Datenbank. Extrahiert wurden Daten für die Städte Duisburg, Bochum, Essen und Dortmund. Diese werden hier stellvertretend für das Ruhrgebiet ausgewertet. Der Datensatz enthält Informationen über die Flächenveränderung gewerblicher Nutzungen.[4]

---

[2] Zur Untersuchung des Bestandes und der Entwicklung Urbaner Produktion wurden die IRB-Lagen der Untersuchungsstädte generiert und den ebenfalls generierten Daten der Gewerbemelderegister Wuppertals (Stand Februar 2017) und Krefelds (Stand August 2017) zugeordnet. Für die Städte Duisburg, Essen, Bochum und Dortmund wurden die Daten aggregiert auf Ebene der IRB-Lagen von ruhrAGIS erworben.

[3] Die Registerauszüge enthalten Informationen über die Art sowie den Zeitpunkt des Meldevorgangs und ermöglichen eine Verortung nach IRB-Lagen und nach Stadtteilen. Die Daten enthalten zudem eine Einordnung des Unternehmens in die Gruppen »Industrie«, »Handwerk«, »Handel« und »Sonstige« sowie eine Tätigkeitsbeschreibung (und weitergeführte Tätigkeitsbeschreibung im Fall von Ummeldungen), jeweils vom aufnehmenden Sachbearbeiter der Stadt vorgenommen. Die erfassten Vorgänge sind Anmeldungen (Wuppertal beginnend 1898; Krefeld beginnend 1830), Ummeldungen (Wuppertal beginnend 1991; Krefeld keine Einträge) und Abmeldungen (Wuppertal beginnend 1989; Krefeld keine Einträge) von Gewerbe innerhalb der Stadtgrenzen Wuppertals resp. Krefelds. In der vorliegenden Analyse werden Anmeldungen ab dem Jahr 1929 in den Untersuchungszeitraum einbezogen. Die genannten Betrachtungen führen zu einer Gesamtzahl von 26 328 Beobachtungen für Wuppertal und 14 524 Beobachtungen für Krefeld, auf die sich unsere Untersuchung stützt.

[4] Im Datensatz sind Flächenveränderungen nach Wirtschaftszweigen und IRB-Lage notiert. Im Einzelnen sind folgende Flächendaten in Hektar (ha) im Datensatz enthalten: Flächenzugang und Flächenrückgang von 2010 bis 2015, die Flächenbilanz und Gesamtfläche 2015. Alle Flächenangaben beziehen sich auf eine Branchenklasse im Sinne der WZ-Klassifikation 2008 in einem Lagetypus einer Stadt. Nach Zusammenfügen der Daten und deren Bereinigung resultieren insgesamt 2 350 Beobachtungen, auf die sich unsere Analyse stützt.

## 2.1 Anmeldeverhalten des Gewerbes in Wuppertal und Krefeld

Wie stellen sich die IRB-Lagen räumlich in Wuppertal und Krefeld dar? Abb. 1 färbt die Stadtteile anhand ihrer IRB-Lage von zentral (dunkel) bis randlagig (hell) ein. Wuppertal (links) zeigt eine innerstädtische Lage entlang der Talachse, die durch die Wupper markiert wird und sich zwischen den beiden Zentren Elberfeld und Barmen aufspannt. In Krefeld (rechts) findet sich neben einem zweigeteilten Stadtkern ebenfalls ein konzentrischer Aufbau der Lagen.

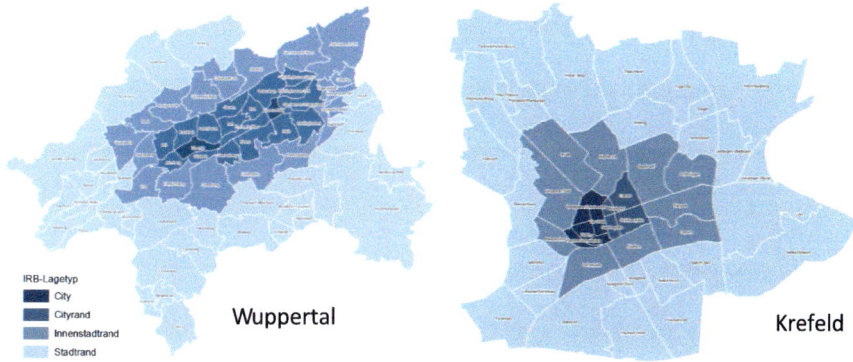

**Abb. 1:** IRB-Lagen Wuppertals und Krefelds (eigene Darstellung).

**Tab. 1:** IRB-Lagen Wuppertals und Krefelds mit Stadtteilen und durchschnittlicher Anzahl an Unternehmensanmeldungen in den Stadtteilen der IRB-Lagen

|  | Wuppertal | | | | Krefeld | | | |
| --- | --- | --- | --- | --- | --- | --- | --- | --- |
|  | IRB1 | IRB2 | IRB3 | IRB4 | IRB1 | IRB2 | IRB3 | IRB4 |
| Anzahl der Anmeldungen | 2 433 | 10 279 | 6 547 | 7 069 | 2 717 | 1 648 | 4 246 | 5 913 |
| Anteil der Anmeldungen [%] | 9,24 | 39,04 | 24,87 | 26,85 | 18,7 | 11,3 | 29,2 | 40,7 |
| davon Industrie [%] | 0,66 | 1,03 | 1,27 | 2,63 | 0,11 | 0 | 1,11 | 1,40 |
| davon Handwerk [%] | 7,48 | 9,19 | 8,06 | 10,37 | 7,69 | 8,07 | 7,9 | 9,67 |
| Anzahl Stadtteile | 2 | 17 | 19 | 30 | 4 | 4 | 10 | 27 |
| durchschnittliche Anzahl an Unternehmen je Stadtteil ~ | 1 217 | 605 | 345 | 236 | 679 | 412 | 425 | 219 |
| Zeitraum | 1929–2017 | | | | 1929–2017 | | | |
| Gesamtzahl der Anmeldungen | 26 328 | | | | 14 524 | | | |

Der Durchschnitt ist berechnet aus der Anzahl aller Anmeldungen in der IRB-Lage geteilt durch die Anzahl der Quartiere in den Lagen. Quelle: Gewerbemelderegister Wuppertal 2017 und Gewerbemelderegister Krefeld 2017.

Die Anzahl aller Gewerbeanmeldungen nach Lage zeigt, dass in Wuppertal seit 1929 jedes zehnte, in Krefeld fast jedes fünfte Unternehmen in der City angemeldet wurde. Die City weist dabei eine etwa doppelt so hohe Anzahl an Anmeldungen aus wie der Cityrand, im Vergleich zur Stadtrandlage liegt der Faktor sogar bei 5 für Wuppertal bzw. bei 3 für Krefeld. Anmeldungen von Industriebetrieben stehen allerdings nur für einen Anteil von 0,1–2,63 % aller Gewerbeanmeldungen und ihr Anteil steigt von innen nach außen: Der prozentuale Anteil ist in der City und am Cityrand am geringsten. Die Handwerksanmeldungen liegen in beiden Städten zwischen 7 und 10 % in allen Lagen.

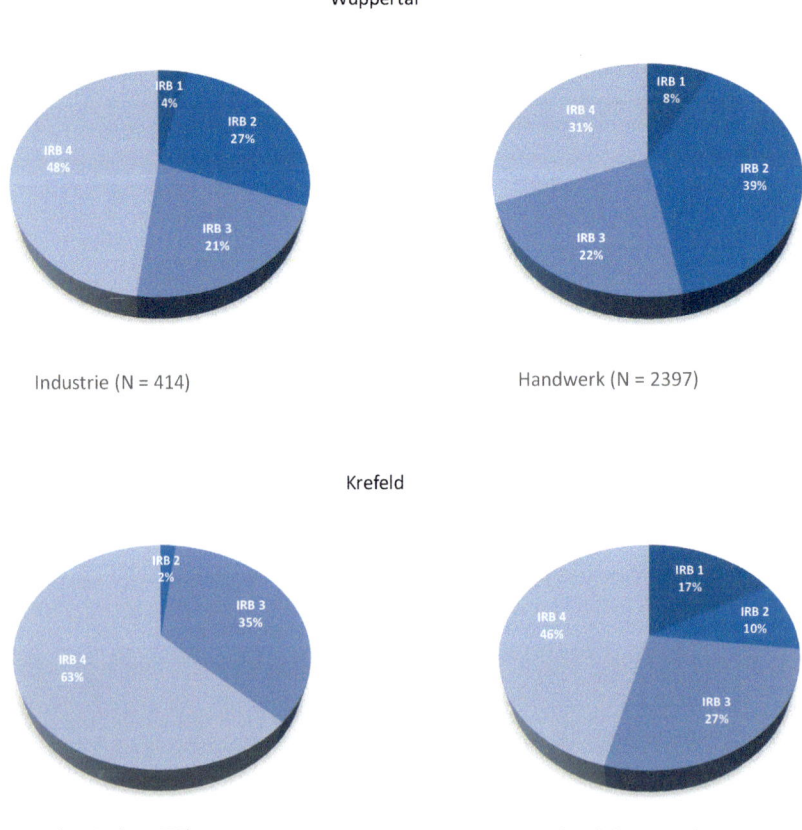

**Abb. 2:** Anmeldeverhalten von Industrie- und Handwerksunternehmen in Wuppertal (oben) und Krefeld (unten) und IRB-Lagen, alle Jahre (1929–2017) (Quelle: Gewerbemelderegister Wuppertal 2017 und Gewerbemelderegister Krefeld 2017, eigene Darstellung).

2 An- und Ummeldungen des Gewerbes in Wuppertal und Krefeld

Abb. 2 zeigt für die Gruppen Industrie und Handwerk die Verteilung im gesamten Betrachtungszeitraum über die IRB-Lagen. Über den Gesamtzeitraum dieser 88 Jahre betrachtet haben sich gut die Hälfte der Wuppertaler Industrieunternehmen im urbanen Raum (IRB 1 bis IRB 3) angemeldet, in Krefeld ist es jedes dritte Unternehmen. Dabei ist in Krefeld ausschließlich der Innenstadtrand als urbaner Standort relevant. Das Handwerk zeigt sich stadtaffin: In Krefeld erfolgt die Hälfte der Handwerksanmeldungen in der inneren Stadt, in Wuppertal wählen 3 von 4 Handwerksunternehmen diesen Standort. Dabei ist das Wuppertaler Handwerk nicht primär in der City zu finden, sondern am stärksten in der Cityrandlage und in der Stadtrandlage (IRB 2 und 4) vertreten. Krefeld hingegen hat eine ausgeprägte Präsenz des Handwerks in der City mit 17 % aller Handwerksunternehmen der Stadt.

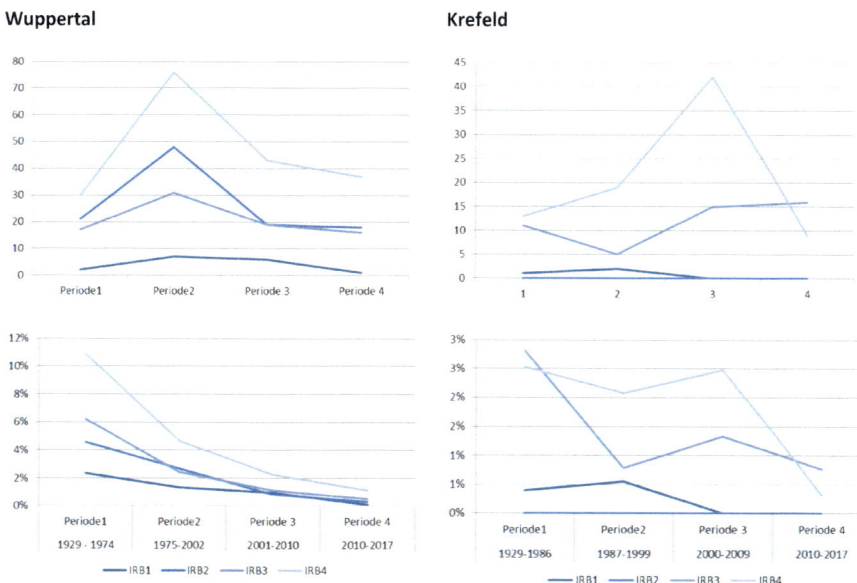

**Abb. 3:** Gewerbeanmeldungen durch die Industrie in Wuppertal (links) und in Krefeld (rechts) in absoluten Zahlen (oben) sowie anteilig an allen Anmeldungen in der IRB-Lage (unten) in dem Zeitraum. Gesamtzahl der Anmeldungen für Wuppertal: 26 328, für Krefeld: 14 524 (Quelle: Gewerbemelderegister Wuppertal 2017 und Gewerbemelderegister Krefeld 2017, eigene Darstellung).

Eine aggregierte Betrachtung über einen so langen Zeitraum von 88 Jahren schränkt die Aussagefähigkeit der Daten natürlich etwas ein. Zum einen haben sich die städtischen Räume aufgrund städtischer Wachstums- und Schrumpfungsprozesse dynamisch verändert, was die Aussagefähigkeit der (heutigen) IRB-Lagen für die Vergangenheit vielleicht schwächt. Zum anderen wurden Gewerbeanmeldungen im Verlauf der Zeit – auch in Abhängigkeit von den jeweiligen Sachbearbeitern – eventuell unterschiedlich aufgenommen und zugeordnet.

**Tab. 2:** Gewerbeanmeldungen durch die Industrie in Wuppertal und in Krefeld in den IRB-Lagen in den Perioden

|       | Wuppertal Periode |       |       |        | Krefeld Periode |       |       |       |
|-------|-------|-------|-------|--------|-------|-------|-------|-------|
|       | 1     | 2     | 3     | 4      | 1     | 2     | 3     | 4     |
| IRB1  | 85    | 518   | 632   | 1 198  | 254   | 363   | 582   | 1 518 |
| IRB2  | 459   | 1 782 | 2 295 | 5 743  | 197   | 269   | 352   | 830   |
| IRB3  | 274   | 1 278 | 1 681 | 3 314  | 391   | 634   | 1 124 | 2 097 |
| IRB4  | 276   | 1 638 | 1 896 | 3 259  | 515   | 915   | 1 694 | 2 789 |
| ∑     | 1 094 | 5 216 | 6 504 | 13 514 | 1 357 | 2 181 | 3 752 | 7 234 |

Quelle: Gewerbemelderegister Wuppertal 2017 und Gewerbemelderegister Krefeld 2017.

Deshalb ist es interessant und sinnvoll, diesen Zeitstrahl in unterschiedliche Perioden einzuteilen und insbesondere die aktuelleren Phasen der Entwicklung genauer in den Blick zu nehmen. Hierbei fällt zunächst der allgemeine Trend der Deindustrialisierung auf, denn der Anteil der Anmeldung von Industrieunternehmen in der jeweiligen IRB-Lage sinkt stetig, sowohl in Wuppertal als auch in Krefeld.

Für die Entstehung der Urbanen Produktion in den letzten Jahren ist es besonders interessant, das Anmeldeverhalten in der jüngsten Periode von 2003–2016 auszuwerten. Abb. 4 weist die Entwicklung der Industrie in den einzelnen IRB-Lagen in diesem Zeitraum für Wuppertal aus. Die *absoluten* Zahlen zeigen, dass die Wuppertaler City (IRB 1), also die Stadtteile Elberfeld und Barmen, aktuell keine Bedeutung für die Standortwahl von Industrieunternehmen haben. Hier fanden in der vergangenen Dekade quasi keine entsprechenden Anmeldungen statt. Ein anderes Bild zeigt der erweiterte urbane Raum, in dem es kontinuierlich zu Anmeldungen durch Industrieunternehmen kommt. Hierbei stellt sich die Cityrandlage (IRB 2) nicht weniger attraktiv dar als die Innenstadtrandlage (IRB 3), wo jährlich durchschnittlich 2 bis 3 Anmeldungen erfolgten. Allerdings zeigen sich bei den relativen Werten fallende Verläufe in allen Lagen. Nichtsdestotrotz ist festzuhalten, dass zumindest am Cityrand und am Innenstadtrand (IRB-Lagen 2 und 3) kontinuierlich Anmeldungen von Industrieunternehmen erfolgen und damit neue urbane Produktionsstandorte in Wuppertal entstanden sind.

Für Krefeld liegen von 2003–2016 keinerlei Anmeldungen durch Industrieunternehmen in der City und am Cityrand vor. Die Kurven für diese beiden Lagen in Abb. 4 zeigen einen Verlauf nahe der Nulllinie mit einem deutlichen Peak im Jahr 2013, in dem 7 Anmeldungen durch Industrieunternehmen in IRB-Lage 3 erfolgten. Auch hier kann wie in Wuppertal zusammenfassend festgehalten werden, dass wiederkehrend Industrieanmeldungen in der inneren Stadt erfolgen, allerdings im Wesentlichen in der IRB-Lage 3.

2 An- und Ummeldungen des Gewerbes in Wuppertal und Krefeld

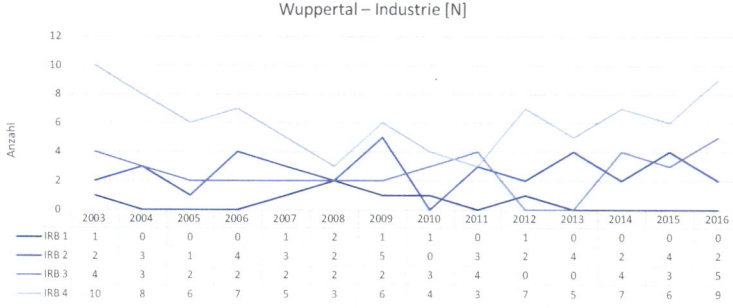

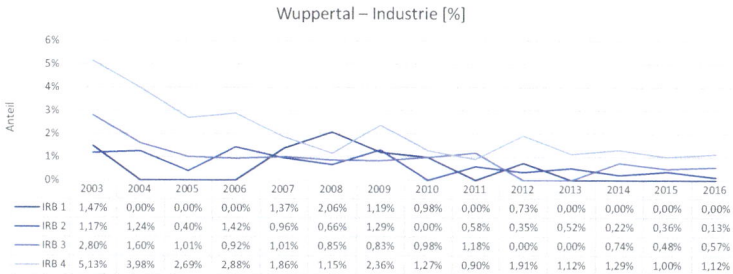

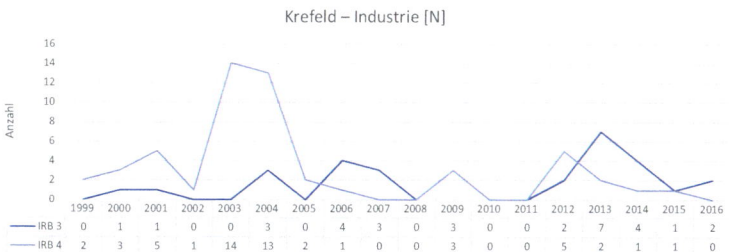

**Abb. 4:** Entwicklung der Anmeldungen von Industrieunternehmen von 2003 bis 2016 absolut und in Anteilen an allen Gewerbemeldungen der IRB-Lage in dem jeweiligen Jahr (Quelle: Gewerbemelderegister Wuppertal 2017 und Gewerbemelderegister Krefeld 2017, eigene Darstellung).

Die Auswertung dieser Daten zeigt, dass es zwar grundsätzlich in beiden Städten auch in den letzten 14 Jahren Anmeldungen von Industrieunternehmen im urbanen Raum – vornehmlich in der IRB-Lage 3 – gibt, dass es sich dabei aber weder um einen neuen Trend, noch gar um eine Trendumkehr des Suburbanisierungsprozesses der Industrieunternehmen handelt.

## 2.2 Gewerbeanmeldung von Handwerksunternehmen in Wuppertal und Krefeld

Die Auswertung der Gewerbeanmeldungen von Handwerksunternehmen seit 2003 in Wuppertal und Krefeld in den jeweiligen IRB-Lagen (▶ Abb. 5) lässt erkennen, dass sich in Wuppertal die absoluten Anmeldezahlen in der IRB-Lage 2, also am Cityrand, von 2011 bis 2016 von 34 kontinuierlich auf 136 vervierfacht haben. Auch die Anmeldungen in der IRB-Lage 1 (City) steigen seit 2012 kontinuierlich von 6 auf 27 im Jahr 2016 an, was sogar mehr als einer Vervierfachung entspricht. Die Anmeldezahlen in den IRB-Lagen 3 und 4 zeigen eine geringere Dynamik in diesem Zeitraum.

Auch in Krefeld zeigt sich bei den Anmeldungen von Handwerksunternehmen in der IRB-Lage 1 eine kontinuierliche Steigerung von 6 (2012) auf 29

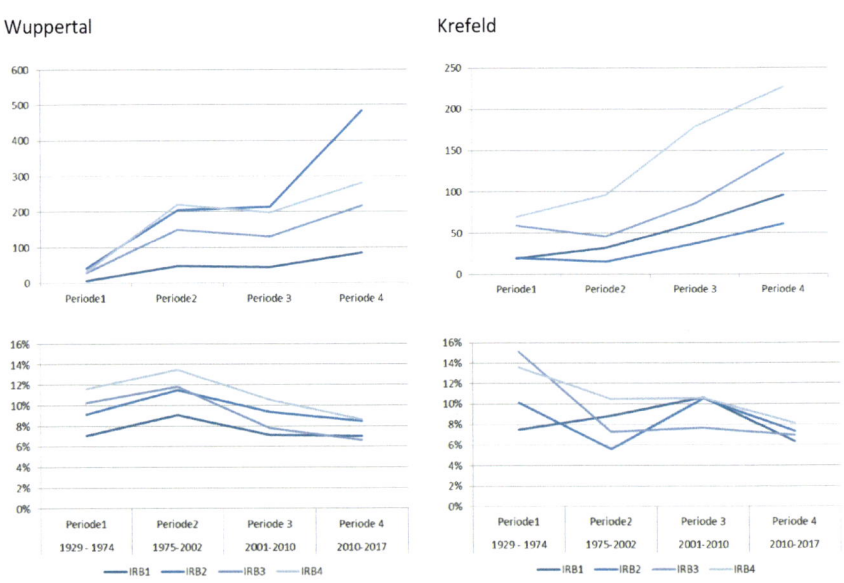

**Abb. 5:** Gewerbeanmeldungen durch das Handwerk in Wuppertal (links) und in Krefeld (rechts) in absoluten Zahlen (oben) sowie anteilig an allen Anmeldungen in der IRB-Lage (unten) in dem Zeitraum. Gesamtzahl der Anmeldungen für Wuppertal: 26 328, für Krefeld: 14 524 (Quelle: Gewerbemelderegister Wuppertal 2017 und Gewerbemelderegister Krefeld 2017, eigene Darstellung).

2 An- und Ummeldungen des Gewerbes in Wuppertal und Krefeld

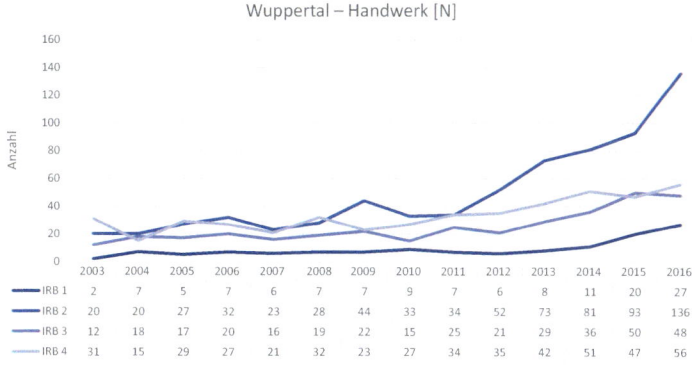

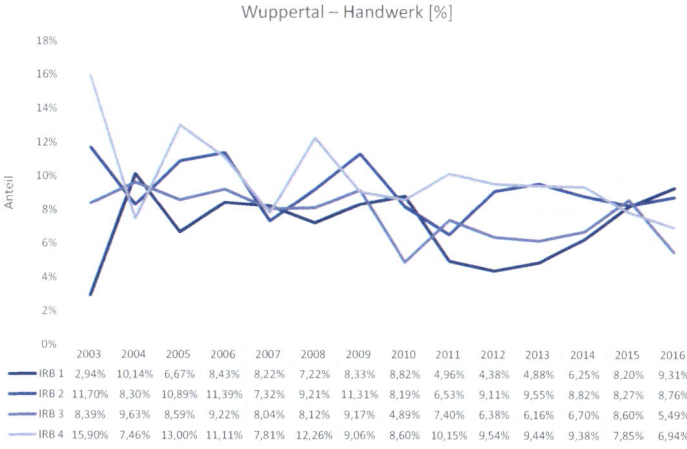

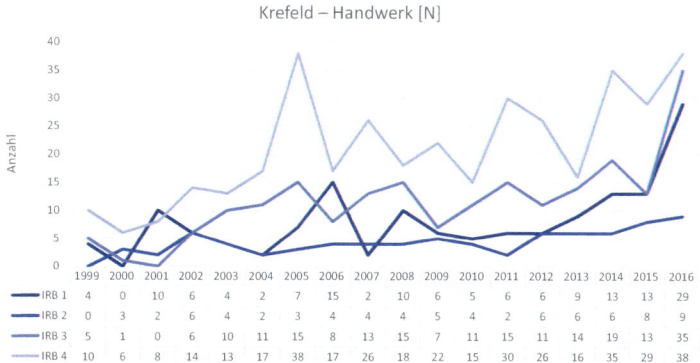

**Abb. 6:** Entwicklung der Anmeldungen von Handwerksunternehmen von 2003 bis 2016 absolut und in Anteilen an allen Gewerbemeldungen in dem jeweiligen Jahr und Lage (Quelle: Gewerbemelderegister Wuppertal 2017 und Gewerbemelderegister Krefeld 2017, eigene Darstellung).

159

(2016), was fast einer Verfünffachung entspricht. Eine Verdreifachung zeigt sich hier seit 2012 auch bei den Anmeldungen in der IRB-Lage 3. In der IRB-Lage 2 lässt sich nur eine leichte Steigerung erkennen. Starke Schwankungen mit einem Trend nach oben in den letzten Jahren zeigen die Anmeldungen der Handwerksunternehmen aber auch in der IRB-Lage 4 am Stadtrand. Genau wie in Wuppertal haben sich die relativen Anteile der Handwerksanmeldungen an allen Gewerbeanmeldungen auch in Krefeld in der City-Lage (IRB 1) seit 2011 von 4,4 % auf 8,8 % annähernd verdoppelt. Auch in Krefeld sind in den anderen drei Lagen die Anteile der Handwerksanmeldungen – mit einigen Schwankungen – mehr oder weniger konstant geblieben.

Vergleicht man die Entwicklung der absoluten Anmeldezahlen jedoch mit der Entwicklung des relativen Anteils, den diese Handwerksanmeldungen an allen Gewerbeanmeldungen in der jeweiligen IRB-Lage aufweisen, so wird deutlich, dass dieser Effekt nicht überschätzt werden sollte. Zwar haben sich die Anteile der Anmeldungen von Handwerksunternehmen an allen Gewerbeanmeldungen sowohl in der Wuppertaler als auch in der Krefelder IRB-Lage 1 seit 2011 von 4,9 % auf 9,3 % (Wuppertal) bzw. von 4,4 % auf 8,8 % (Krefeld) annähernd verdoppelt. Doch stellt man diese Anstiege in einen längeren zeitlichen Zusammenhang, so zeigen sich starke Schwankungen der Anteilswerte mit ebenfalls hohen und auch höheren Werten in etlichen früheren Jahren vor 2011.

In ganz langfristiger Sicht (seit 1929) sind die Anteile der Gewerbeanmeldungen durch das Handwerk an den gesamten Gewerbeanmeldungen aller Unternehmen ohnehin stetig zurückgegangen und folglich haben Handwerksunternehmen das Anmeldegeschehen in den Städten im Zeitverlauf in immer geringerem Maße beeinflusst.

Dennoch verweisen sowohl die absoluten als auch die relativen Zahlen der Gewerbeanmeldungen jüngerer Zeit darauf, dass Handwerksunternehmen offensichtlich viele Vorzüge in städtischen Lagen erkennen und sich im Standortwettbewerb um zentralere Lagen mit ihren Geschäftsmodellen auch durchsetzen können. Inwieweit hier insbesondere der Dienstleistungscharakter vieler Anbieter als Treiber wirkt und auch welche Rolle dabei die Digitalisierung spielt, wird in dem Beitrag von Carsten Brenke in diesem Sammelband erörtert.

## 3   Die Gewerbeflächenentwicklung in Ruhrgebietsstädten nach IRB-Lagen

In diesem Abschnitt werden nun die vier Städte Duisburg, Essen, Bochum und Dortmund stellvertretend für das Ruhrgebiet hinsichtlich der Entwicklung aller ihrer Gewerbeflächen – differenziert nach IRB-Lagen – untersucht. Später werden dann die Gewerbeflächen speziell für das Verarbeitende Gewerbe analysiert.

Zur Untersuchung der Veränderung aller Gewerbeflächen wird auf einen Datensatz vom Regionalverband Ruhr zurückgegriffen. Bei der Auswertung dieses

## 3 Die Gewerbeflächenentwicklung in Ruhrgebietsstädten nach IRB-Lagen

Datensatzes interessierte vor allem, wie sich die Bilanz aller Gewerbeflächen in den betreffenden vier Städten des Ruhrgebietes insgesamt entwickelt hat, also welche Zuwächse und Rückgänge an Gewerbeflächen stattgefunden haben (▶ Tab. 3). Insgesamt konnten von 2010 bis 2015 1 703 Gewerbeflächenzugänge und 1 466 Gewerbeflächenrückgänge beobachtet werden.[5]

Die Flächenbilanz in allen IRB-Lagen zeigt für die vier Ruhrgebietsstädte insgesamt einen Zuwachs an Gewerbeflächen um knapp 295 ha von 2010 bis 2015. Dieser Zuwachs findet in allen betrachteten Lagen statt (▶ Tab. 3).[6] Gut jeder sechste Hektar in der Cityrandlage unterliegt einer gewerblichen Nutzung, am Innenstadtrand ist es knapp jeder zehnte. Gut 6 % der Flächen des Stadtrands der Ruhrgebietsstädte sind Gewerbeflächen. Um für Bochum nicht nur die Betrachtung des Cityrandes zuzulassen, nimmt die Tabelle die Mischklassifizierung »Innenstadtrand-Stadtrand« auf.[7] Bezogen auf die jeweiligen Städte, verteilen sich die Flächen wie in Tab. 4 dargestellt.

Tab. 3: Flächenzu- und -abgänge nach IRB-Lagen im »Ruhrgebiet«

| IRB-Lage | Flächenzuwachs [ha] 2010–2015 | Flächenabgang [ha] 2010–2015 | Bilanz [ha] 2010–2015 | Bestand [ha] (Gesamtfläche) 2015 |
|---|---|---|---|---|
| Cityrand | 264,39 | −193,94 | 70,45 | 1 613,03 |
| Innenstadtrand | 554,16 | −309,86 | 244,31 | 2 087,57 |
| Stadtrand | 388,33 | −316,95 | 71,39 | 2 663,92 |
| Innenstadtrand & Stadtrand (nur Bochum) | 216,69 | −303,56 | −86,87 | 711,58 |
| Alle | 1 423,54 | −1 124,31 | 294,33 | 7 237,10 |

Quelle: ruhrAgis 2018, eigene Berechnung.

Das Bild differenziert sich aus, wenn die Flächenzu- und -abgänge nach WZ-Klassen ausgewertet werden und hierbei insbesondere zwischen dem Verarbeitenden Gewerbe (WZ-Klassen B–F gemäß Statistischem Bundesamt) und den anderen gewerblichen Wirtschaftszweigen differenziert wird. Es zeigt sich dann nämlich, dass die Flächenzuwächse wie auch die hohen Flächenbestände auf die Wirtschaftsbereiche Handel, Verkehr und Lagerei, Gastgewerbe, Information und Kommunikation (G–J) mit einem Flächenzuwachs von ca. 380 ha und einem ak-

---
5 Der Flächenzuwachs beträgt im arithmetischen Mittel 1,693 ha, mit einer Standardabweichung von 6,276 ha. Der Flächenrückgang liegt im arithmetischen Mittel bei −1,561 ha mit einer Abweichung von 4,546 ha.
6 Aufgrund der Unvollständigkeit der Daten konnte die Kategorie City nicht betrachtet werden. Es gibt in dieser Kategorie nur Angaben zu Duisburg.
7 Hier ist die Schließung des Opelwerkes deutlich erkennbar, die sich in einer negativen Bilanz der Gewerbeflächen zeigt.

**Tab. 4:** Gesamtfläche anteilig an der Stadtfläche (nach Stadt und Lagetypen)

| Stadt | IRB-Lage | Gewerbefläche insgesamt [ha] | Gesamtfläche als Anteil an der Stadtfläche der IRB-Lage |
|---|---|---|---|
| Duisburg | City | 160,99 | 27,0 % |
| | Cityrand | 284,90 | 9,5 % |
| | Innenstadtrand | 1 007,00 | 14,0 % |
| | Stadtrand | 1 480,34 | 12,0 % |
| Essen | Cityrand | 282,20 | 19,0 % |
| | Innenstadtrand | 360,87 | 8,4 % |
| | Stadtrand | 738,99 | 4,9 % |
| Bochum | Cityrand | 380,14 | 20,2 % |
| | Innenstadtrand & Stadtrand | 711,58 | 5,7 % |
| Dortmund | Cityrand | 665,79 | 21,0 % |
| | Innenstadtrand | 719,71 | 7,0 % |
| | Stadtrand | 444,59 | 3,0 % |

Quelle: ruhrAgis 2018, eigene Darstellung.

tuellen Bestand (2015) von gut 2 700 ha zurückzuführen sind (▶ Tab. 5). Auch die Flächeninanspruchnahme der gruppierten WZ-Klassen der Finanzwirtschaft etc. und der öffentlichen Dienstleistungen etc. hat zugenommen.

Der Bereich des Verarbeitenden Gewerbes verliert mit Abgängen von ca. 245 ha hingegen deutlich an Fläche. Dem gesamten produzierenden Gewerbe (B–F) – in Tab. 5 blau hinterlegt – sind ca. 280 ha an Gewerbefläche verloren gegangen. Nichtsdestotrotz verbleiben gut 2 460 ha Fläche des Verarbeitenden Gewerbes in den vier Städten, wovon knapp die Hälfte, nämlich gut 1 195 ha, Produktionsflächen (WZ C) in urbaner Lage (IRB-Lage 1–3, Bochum nur mit IRB-Lage 2 berücksichtigt) sind.

In den Flächenveränderungen der vier betrachteten Ruhrgebietsstädte von 2010 bis 2015 spiegelt sich zum einen recht deutlich der anhaltende Tertiarisierungsprozess der städtischen Ökonomien wider, hin zu eher dienstleistungsbezogenen Flächennutzungen der Bereiche Handel, Verkehr und Lagerei, Gastgewerbe, Information und Kommunikation (WZ-Kategorien G-J) und weg vom produzierenden bzw. verarbeitenden Gewerbe. Während erstere insgesamt 380 ha mehr an Gewerbeflächen zu verzeichnen haben, schrumpft der produzierende Bereich deutlich um 280 ha. Dieser Rückgang betrifft im Großen und Ganzen alle Stadträume und Lagen aller Städte. Lediglich die Kategorie des Innenstadtrandes (IRB 3) weist in den drei Städten Duisburg, Dortmund und Essen für das produzierende Gewerbe (WZ-Kategorie C) und auch für die Katego-

**Tab. 5:** Flächensaldo 2010–2015 und Flächenbestand 2015 nach IRB-Lage

| IRB-Lage / WZ-Kategorie | | B+D+E | C | F | G–J | K–N | O–T |
|---|---|---|---|---|---|---|---|
| City | Saldo | –4,53 | –5,18 | –0,48 | 2,01 | 6,33 | –0,22 |
| | Bestand | 27,96 | 58,87 | 3,23 | 44,24 | 14,14 | 5,16 |
| Cityrand | Saldo | 1,38 | –35,02 | –1,83 | 52,68 | 16,43 | 10,13 |
| | Bestand | 91,41 | 581,51 | 47,90 | 519,95 | 108,99 | 62,54 |
| Innenstadtrand | Saldo | 2,89 | 0,80 | –10,74 | 191,95 | 42,67 | 6,59 |
| | Bestand | 98,13 | 555,01 | 86,13 | 914,28 | 131,66 | 93,92 |
| Stadtrand | Saldo | –22,73 | –58,56 | 9,66 | 102,60 | 15,95 | 8,26 |
| | Bestand | 185,66 | 1 125,12 | 79,29 | 948,66 | 105,36 | 83,46 |
| Innenstadtrand & Stadtrand (nur Bochum) | Saldo | –5,19 | –149,93 | –2,87 | 30,21 | 15,51 | 12,16 |
| | Bestand | 29,04 | 139,99 | 41,90 | 301,83 | 44,01 | 62,16 |
| Total | Saldo | –28,18 | –244,88 | –6,27 | 379,46 | 96,88 | 36,92 |
| | Bestand | 432,19 | 2 460,49 | 258,45 | 2 728,96 | 404,17 | 307,24 |

B+D+E: produzierendes Gewerbe ohne C und F; C: verarbeitendes Gewerbe; F: Baugewerbe, G–J: Handel, Verkehr und Lagerei, Gastgewerbe, Information und Kommunikation, K–N: Finanz- Versicherungs- und Unternehmensdienstleister, Grundstücks- und Wohnungswesen, O–T: Öffentliche und sonstige Dienstleister, Erziehung und Gesundheit, Private Haushalte und Hauspersonal.
Quelle: ruhrAgis 2018, eigene Berechnung.

rien B, D und E einen leichten Zuwachs auf.[8] Das Baugewerbe (F) hingegen verliert in dieser Lage Flächen.

Neben diesem – aus Sicht der Urbanen Produktion – kleinen Lichtblick hinsichtlich der Kategorie des Innenstadtrandes lässt sich für die vier Ruhrgebietsstädte auch noch konstatieren, dass 2015 für alle produzierenden Bereiche (WZ-Kategorien B, D, E, C und F) rund 3 150 ha an Flächen zur Verfügung standen, davon allein 1 550 ha Gewerbeflächen in urbaner Lage (IRB-Lage 1–3[9]).

An diesem noch recht großen Flächenpotenzial für die Urbane Produktion kann die lokale und regionale Wirtschaftsförderung gut ansetzen, um gemeinsam mit den Unternehmen zukunftsfähige Produktions- und Wertschöpfungskonzepte zu entwickeln, die Standorte alter Gewerbegebiete klug zu transformieren und zu pflegen, räumliche Synergien zwischen produzierenden Unternehmen bzw. Handwerksunternehmen und Ingenieurdienstleistern im Sinne einer hybriden

---

8  In Bochum ist der Wert der zusammengefassten Kategorie »Innenstadtrand und Stadtrand« deutlich negativ, was auf das geschlossene Opel-Werk zurückgeführt werden könnte.
9  Bochum wurde nur ohne IRB-Lage 3 berücksichtigt.

Produktion zu heben und insgesamt mithilfe einer erfolgreichen Digitalisierungsstrategie stadtaffinen Unternehmen städtische Räume zu eröffnen.

## 4 Das verarbeitende Gewerbe und seine Flächen in Hamburg[10]

Um die Entwicklung der der Standorte der Urbanen Produktion im Untersuchungsraum Hamburg aufzuzeigen, wurde 2010/11 bis 2016 eine ArcGIS-basierte Flächenanalyse für Urbane Produktion durchgeführt.[11]

Für eine intrastädtische Untersuchung der Gewerbeflächenentwicklung Urbaner Produktion ist eine Zonierung bzw. eine Einordnung der Stadt in Lagetypen – ähnlich denjenigen, die hier für Wuppertal, Krefeld und die Ruhrgebietsstädte verwendet wurden – erforderlich. Neben den IRB-Lagetypen liegt für Hamburg die Zonierung des Stadtgebietes durch die Behörde für Stadtentwicklung und Wohnen (BSW) vor. Diese beschreibt den Hamburger urbanen Raum mit den Kategorien: »City und HafenCity«, »Innere Stadt« und »Urbanisierungszone«. Ein Vergleich verdeutlicht, dass sich die Zonierung der BSW detaillierter an den realen stadträumlichen Gegebenheiten Hamburgs orientiert als die IRB-Lagetypen (▶ Abb. 7). Die IRB klassifiziert nur Stadtteile mit direkter bzw. indirekter Verbindung zur Innenstadt nördlich der Elbe als Innenstadtrand. Zudem werden Stadtteile wie Wilhelmsburg, Harburg (südlich) und Bergedorf (östlich) sowie Bahrenfeld, Stellingen oder Lokstedt, die urbane Strukturen wie bspw. Zentrenfunktion, Dichte, oder Arbeitsplatzangebot aufweisen, dem Stadtrand zugeordnet. Folglich bilden die IRB-Lagetypen Hamburgs polyzentrische Stadtstruktur nicht ausreichend ab. Daher wurde für den Untersuchungsraum Hamburg entgegen der Definition Urbaner Produktion (vgl. Piegeler/Spars 2019 und in diesem Band) die BSW-Zonierung verwendet, um genauere Angaben zu erhalten.

Die räumliche Strukturanalyse für Hamburg kommt zu dem Ergebnis, dass das produzierende Gewerbe in der »Inneren Stadt«, abgesehen von der vor 120 Jahren angelegten Industriezone (mit Kanalanschluss) im Osten der Stadt (Billbrook), so gut wie gar nicht mehr präsent ist (▶ Abb. 8).

---

10 Der Abschnitt ist eine Zusammenfassung eines Arbeitspapiers von Niklas Rehkopp, der zeitweise als Wissenschaftlicher Mitarbeiter im Forschungsprojekt »Gewerbe in der Stadt« an der HafenCity Universität Hamburg tätig war.

11 Datengrundlage: Kartierung von Dr. Lademann und Partner im Auftrag der BSW im Jahr 2016. Gewerbedaten aus dem Jahr 2010 wurden vom Büro Planquadrat Dortmund erhoben, im Auftrag der Bezirke Altona und Wandsbek. Für den Bezirk Eimsbüttel liegen ALKIS Daten aus dem Jahr 2011 vor. Aufgrund von Inkohärenzen der Geodaten ist die Aussagekraft der Gewerbeflächenentwicklung jedoch eingeschränkt: abweichende Typisierung von Gewerbeflächen, nur drei von sieben kartierte Hamburger Bezirke in den Jahren 2010/11, 2016.

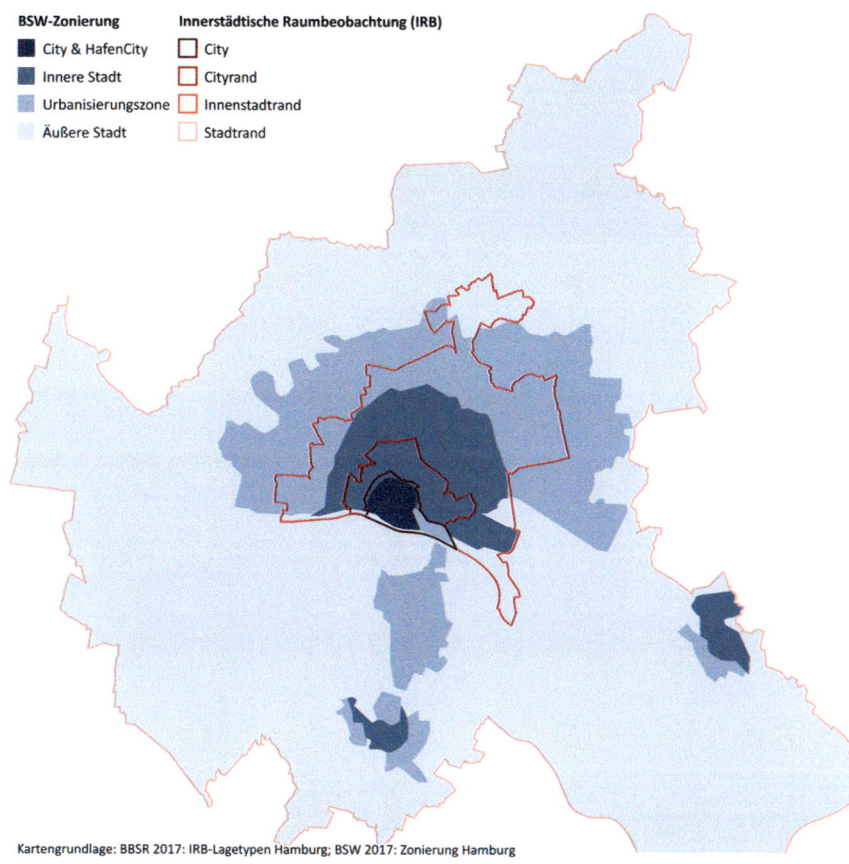

**Abb. 7:** Räumliche Verschneidung der BSW-Zonierung und der IRB-Lagetypen in Hamburg (eigene Darstellung nach BBSR 2007; BSU 2007).

Auch die früher bedeutenden Industriezentren wie Altona-Ottensen, Wandsbek und Barmbek haben sich mittlerweile zu attraktiven, zum Teil gemischt genutzten Wohnquartieren entwickelt. Mit einem Flächenanteil von 27,8 % (oder 362 ha) konzentrieren sich die Gewerbe- und Industriestandorte Hamburgs in einem Bereich mit recht heterogenen baulichen Strukturen, der den Übergang zwischen den Blockstrukturen, die seit dem 19. Jahrhundert bis in die 1920er Jahre entstanden, und den suburban geprägten Stadtteilen bildet. Dieser Bereich wird in der Hamburger Stadtentwicklungspolitik als »Urbanisierungszone« bezeichnet. Neben den größeren, durch das produzierende Gewerbe geprägten Gewerbe- und Industriegebieten sind in der Urbanisierungszone Handwerksbetriebe, Kleingewerbe und Gewerbehöfe vorzufinden.

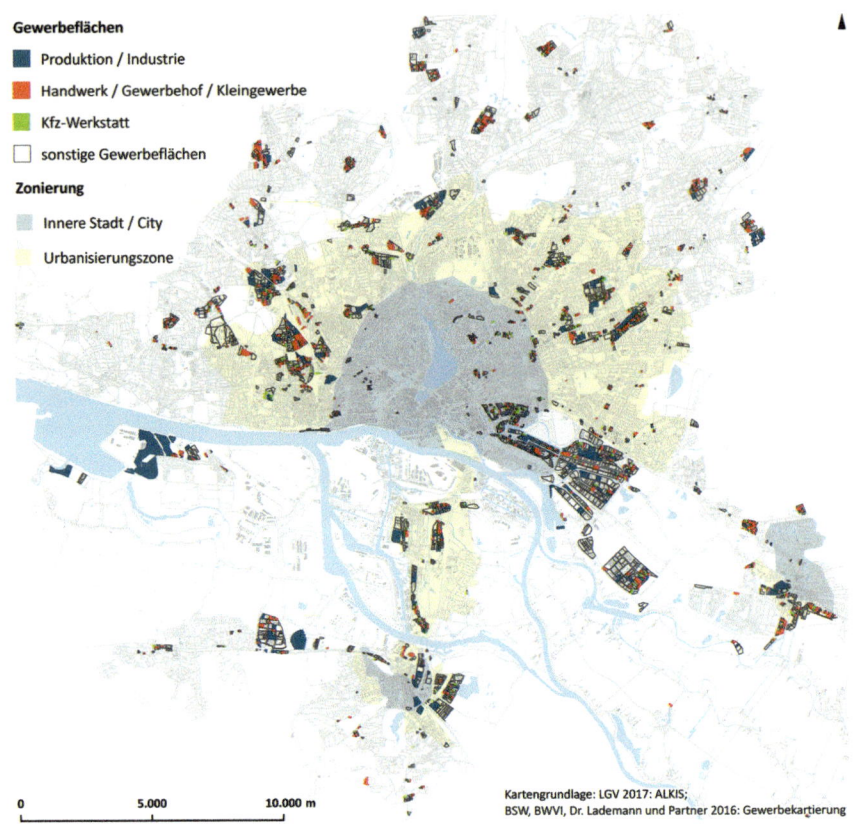

Abb. 8: Hamburger Gewerbeflächenentwicklung: Status quo.

Allerdings steht in Hamburg das produzierende Gewerbe, besonders das Handwerk und Kleingewerbe, sowohl in der »Inneren Stadt« als auch in der »Urbanisierungszone« zunehmend unter einem starken Verdrängungsdruck. So ist in den Bezirken Altona, Eimsbüttel und Wandsbek von 2010/11 bis 2016 ein signifikanter Flächenrückgang zu verzeichnen. In der Summe wurden 34,6 ha Fläche des produzierenden Gewerbes vermutlich in andere Nutzungen transformiert. Im gleichen Betrachtungszeitraum wurden 18,5 ha in Flächen zusätzlich für das produzierende Gewerbe genutzt. Daraus resultiert ein absoluter Flächenrückgang von ca. 16,1 ha, was einem Rückgang von 7,3 % in fünf Jahren entspricht. Allerdings wird für Hamburg insgesamt bis 2025 ein Flächenbedarf für Produktion, Handwerk und Kleingewerbe von 54 ha prognostiziert. Flächenangebot und -nachfrage entwickeln sich in Hamburg demzufolge scherenartig auseinander.

# 5 Fazit für beide Untersuchungsräume

Das Nachvollziehen der Entwicklung der Urbanen Produktion in den beiden Untersuchungsregionen (NRW und Hamburg) ist kein leichtes Unterfangen, da es keine einheitliche Erfassung von Daten zu urban produzierenden Unternehmen und ihren Beschäftigten gibt. Deshalb haben wir in dem benannten Forschungsprojekt »Gewerbe in der Stadt« und in diesem Beitrag einen Mix unterschiedlicher methodischer Zugänge und unterschiedlicher Datengrundlagen gewählt. Es wurde das Anmelde- und Umzugsverhalten von Industrie- und Handwerksunternehmen für Krefeld und Wuppertal räumlich ausgewertet und die räumliche Entwicklung von Gewerbeflächen im Ruhrgebiet und in Hamburg untersucht. Hierbei wurden Unterschiede und Gemeinsamkeiten in beiden Regionen festgestellt, wobei die Städte Wuppertal, Krefeld sowie Duisburg, Essen, Dortmund und Bochum stellvertretend für die Region Rhein-Ruhr-Bergisches Land (NRW) stehen.

Die Entwicklung der Gewerbeflächen zeigt sowohl für Hamburg als auch für das Ruhrgebiet einen deutlichen Rückgang für das produzierende Gewerbe. Im Zeitraum 2010–2015 (Ruhrgebiet) bzw. 2010–2016 (Hamburg) fällt der Rückgang der Gewerbeflächen für das Verarbeitende Gewerbe sowohl in Hamburg als auch in den Ruhrgebietsstädten deutlich aus. Es gehen insgesamt in diesen sechs Jahren in Hamburg rund 7,3 % der Flächen verloren und in den Ruhrgebietsstädten in fünf Jahren ca. 9 %.

Schaut man jedoch auf die räumliche Differenzierung der Flächenbilanz, so sieht man doch klare Unterschiede zwischen dem sehr viel stärker unter Verdrängungsdruck stehenden produzierenden Gewerbe in Hamburg und demjenigen in den Ruhrgebietsstädten. In Hamburg gibt es – mit Ausnahme des ursprünglich als Industriegelände mit Wasseranschluss angelegten Billbrook – kaum mehr produzierendes Gewerbe in der inneren Stadt. In den Ruhrgebietsstädten befinden sich – trotz des beschriebenen Flächenrückgangs – noch immer ca. 50 % der Flächen in der Inneren Stadt (IRB-Lagen 1–3). In Summe sind dies immerhin 1 136 ha. Dies schafft vollkommen andere Voraussetzungen für die Urbane Produktion in der Region Rhein-Ruhr-Bergisches Land verglichen mit Hamburg. Als zweitgrößte Stadt Deutschlands und wachsende Metropole im Norden haben in Hamburg insbesondere die Dienstleistungen starke Zuwächse. Zusammen mit der starken Nachfrage nach Wohnraum besteht ein viel stärkerer Umnutzungsdruck auf die Gewerbeflächen als in der Vergleichsregion Rhein-Ruhr-Bergisches Land. Für NRW zeigt sich nämlich, dass das Ansiedlungsverhalten – vor allem der Handwerksunternehmen – in den drei inneren IRB-Lagen in Wuppertal und Krefeld stetig ist und insbesondere die City-Lage als Handwerksstandort seit 2012 deutlich an Attraktivität gewonnen hat. In beiden Städten werden historisch bedeutsame Handwerksstandorte also weiter ausgebaut.

Aber auch die Auswertung des Umzugsgeschehens von Industrieunternehmen in Wuppertal von 1991–2017 hat gezeigt, dass etwa die Hälfte der Unternehmen innerhalb der ursprünglichen Lage umziehen, 35 % sich in Richtung Peripherie bewegen und allerdings auch 20 % der Unternehmen ihren Standort Richtung

City und damit in den urbanen Raum verlagert haben. Hierbei geht es – insbesondere in den letzten Jahren sowohl in Krefeld als auch in Wuppertal – eher um die Innenstadtrandlage (IRB 3) als um die City selbst oder den Cityrand. Zwar ändert dies nichts an dem generellen Trend der Suburbanisierung bei den Industrieunternehmen, aber es zeigt sich eben auch, dass für spezielle Unternehmen – sowohl der Industrie als auch der handwerklichen Produktion – eine gewisse Stadtaffinität zu bestehen scheint.

Die Untersuchung der Stadtaffinität von Betrieben bleibt daher spannend, da sie als wesentliche Voraussetzung gelten kann, damit es überhaupt zu weiteren Ansiedlungsprozessen produzierender Unternehmen in urbanen Lagen kommt. Das Forschungsprojekt hat gezeigt (vgl. auch Piegeler/Spars 2019), dass die Städte bereits aufgrund unterschiedlicher Anteile von Unternehmen und Beschäftigten in den stadtaffinen Branchen unterschiedliche Potenziale und auch »Profile« besitzen. Auch hier zeigt sich ein Unterschied zwischen Hamburg und den Städten der NRW-Region. Hamburg verfügt insbesondere in den stadtaffinen Branchen der Kreativwirtschaft und der IKT-Industrie über die höchsten Werte bezogen auf den Anteil der Unternehmen. Auch Bochum hat in den Bereichen IKT und auch in der Gesundheitsindustrie einen höheren Anteil an Unternehmen als die Vergleichsstädte aus NRW. Gleiches gilt für Wuppertal und die Spitzentechnologische Industrie. Es könnte aus der Perspektive der Wirtschaftsförderung interessant sein, dieses besondere Potenzial bestimmter stadtaffiner Branchen mit einem räumlichen Ansatz der Förderung der Urbanen Produktion zu verknüpfen.

## Quellen

Piegeler, M.; Spars, G. (2019): Urbane Produktion – Konzept und Messung (Schumpeter Discussion Papers, SDP 2019-001). http://elpub.bib.uni-wuppertal.de/edocs/dokumente/fbb/wirtschaftswissenschaft/sdp/sdp19/sdp19001.pdf [**Zugriff: 10.3.2021**]

# Gebietstypen als Hilfen für die Planungspraxis

*Birte Eckmann, Linn Holthey, Sonja Kluft, Thomas Krüger, Monika Piegeler und Guido Spars*

Die im vorherigen Beitrag dargestellte Struktur und Entwicklung der Urbanen Produktion in NRW-Städten und in Hamburg verdeutlichen die Vielzahl von unterschiedlichen Entwicklungsdynamiken, -konstellationen und -verläufen innerhalb von Regionen und Städten. Dabei zeigt sich, dass eine rein quantitativ-empirische Analyse selbst von Lagetypen[1] innerhalb von Gemeinden nur wenige Aufschlüsse zur Struktur und Entwicklung der Urbanen Produktion geben kann. Deshalb ist es sinnvoll, über die Betrachtung von ganzen Städten und Lagetypen hinaus eine Typisierung von Gewerbestandorten innerhalb von Städten vorzunehmen, die eine gezielte und systematische Analyse ihrer Potenziale und Probleme als Standorte Urbaner Produktion ermöglicht. Im Rahmen des Forschungsprojekts »Gewerbe in der Stadt – Wandel im Bestand gestalten« (GiS) wurde eine solche Typologie entwickelt, die im Folgenden vorgestellt und anhand von Fallstudien illustriert werden soll. Die Typisierung stützt sich sowohl auf raumstrukturelle bzw. standortbezogene Kriterien als auch auf Anforderungen von Branchen bzw. Betrieben der Urbanen Produktion. Die Erarbeitung erfolgte auf der Basis von Literaturauswertungen, Expertengesprächen und qualitativen empirischen Analysen der Struktur und Biografie einzelner Standorte und Gebiete.

Vertieft untersucht wurden die Entwicklung, Problemkonstellationen, Treiber, Hemmnisse sowie Potenziale in acht Fallstudien, vier in der Untersuchungsregion Rhein-Ruhr und Bergisches Land und vier Fälle[2] in der Untersuchungsregion Hamburg. Die korrespondierenden Fallstudien werden jeweils nach der Beschreibung der einzelnen Gebietstypen Urbaner Produktion kurz vorgestellt.[3]

Die Gebietstypen zielen auf unterschiedliche Größenordnungen (kleinflächiger Mikrostandort bis hin zum großflächigen Gebiet) und grundlegende Nutzungskonstellationen (Gewerbe, Mischnutzung oder Einzelnutzer) ab und werden im Hinblick auf unterschiedliche lokal anzutreffende Problemkonstellationen und

---

1 Untersuchung der Urbanen Produktion unter Berücksichtigung der IRB-Lagetypen bzw. der BSW-Zonierung, siehe dazu auch den Beitrag »Entwicklung der Urbanen Produktion in NRW-Städten und in Hamburg«.
2 Ergänzend zu den Hamburger Fallstudien wurden von dem Forscherteam der HCU vier weitere interessante Einzelaspekte und -themen, sogenannte Exkurse aufbereitet, die sich zu den jeweiligen Gebietstypen grob zuordnen lassen können: »Gewerbehöfe« als Mikrostandorte, der hit-Technopark in Heimfeld als Gewerbe- und Industriestandort, der neue Huckepackbahnhof in Rothenburgsort als funktionsgemischtes Gebiet und der auf gewerbliche Entwicklungen spezialisierte Projektentwickler BEOS AG, der sich mit u. a. Produktionsimmobilien, oftmals alten ehemaligen Fabrikgebäuden, beschäftigt.
3 Die Fallstudien werden ohne Nennung der Quellen beschrieben. Eine eingehende Darstellung erfolgt im Endbericht (Eckmann et al. 2021).

Potenziale eingeordnet. Es wird grundsätzlich unterschieden zwischen einem Mikrostandort (mit Untertypen) und großflächigeren Gebieten, nämlich dem Gewerbe- und Industriegebiet, dem funktionsgemischten Gebiet und dem Fabrikstandort (▶ Tab. 1).

Tab. 1: Gebietstypen Urbaner Produktion

| Typ | Mikrostandort | Gewerbe-/Industriegebiet | Funktionsgemischtes Gebiet | Fabrikstandort |
|---|---|---|---|---|
| Größe | ≤ 5 ha | > 5 ha | > 5 ha | offen |
| Beschreibung | Kleinteilige Gewerbestandorte mit Kleinst- und Kleinbetrieben (bspw. Handwerksunternehmen), häufig auch Gewerbehöfe | Großflächige Gewerbe- und Industriegebiete, oftmals aus den 1960er bis 1980er Jahren, die i. d. R. eine geringe Flächeneffizienz und eine veraltetet Gebäudestruktur aufweisen | Großflächige Gebiete mit mindestens einer integrierten weiteren Nutzung (GE-/GI-fremd), z. B. Wohnen, Freizeit, etc.; häufig mit gesamt-planerischer Grundlage | Urbane Produktionsstandorte mit Fabrikcharakter; i. d. R. ein Akteur/Eigentümer |
| Untertypen | 1. funktionsgemischt (Größe ist hier variabel) 2. rein gewerblich genutzt 3. Einzelstandort (eine Immobilie) | | Mögliche Schwerpunkte der ergänzenden Nutzung: 1. Wissenschaft/F&E 2. Wohnen (3. Kultur/Freizeit) | 1. historisch gewachsen 2. neu angesiedelt (letzten 20 Jahre) |
| Differenzierung nach Umfeldbeziehung | integriert vs. isoliert | | | |
| Differenzierung nach Gewerbestruktur | monostrukturell vs. diversifiziert | | | i. d. R. monostrukturell |
| Lage | meist innerstädtisch | eher Randlagen | sowohl innerstädtisch als auch in Randlagen | sowohl innerstädtisch als auch in Randlagen |
| Rechtliche Grundlage | GE, M* | GI, GE | M* oder Mischung aus: GE, GI, M*, WA | GI, GE, M* |

M* = MI, MK, MU. Quelle: eigene Darstellung.

# 1 Gebietstyp Mikrostandort

An den verschiedenen Mikrostandorten ist aus ihrem städtischen Umfeld verstärkt mit – je nach Sichtweise – Konflikten oder Transformationsimpulsen für die Urbane Produktion zu rechnen: Aufgrund der innerstädtischen und integrierten Lage geraten Mikrostandorte immer häufiger unter Umnutzungsdruck und werden zunehmend zu Wohn-, Büro- oder Freizeitflächen transformiert. Durch die räumliche Nähe von Wohnen und Arbeiten in urbanen Quartieren können erhebliche Nutzungskonflikte auftreten, insbesondere durch (Lärm-) Emissionen des Ladungs- und Lieferverkehrs auch zu Tagesrandzeiten, die Verfügbarkeit von Stellplätzen oder durch produzierende/handwerkliche Tätigkeiten selbst. Zudem können rechtliche Rahmenbedingungen wie das Planungsrecht und die Bauordnung die Entwicklung an solchen Standorten hemmen. Hier hat die Kommune die Aufgabe der Konfliktbearbeitung, das heißt, die städtebauliche Entwicklung über die Baugenehmigungspraxis und ggf. die Bauleitplanung zu ordnen und ggf. sogar zu intervenieren, sei es durch Ordnungsmaßnahmen (z. B. Sanierungsgebote oder Auflagen für den Betrieb von Anlagen, Erhaltungssatzungen) oder auch durch Maßnahmen der Stadterneuerung und Modernisierung (z. B. Quartiersmanagement, öffentliche Investitionen, Förderung privater Investitionen). Dies geschieht in der Praxis allerdings oft erst dann, wenn Konflikte sich zuspitzen und öffentlich werden, was aufgrund der dann eingetretenen Eskalationsstufe einer Konflikteindämmung nicht förderlich ist. Demgegenüber wären eine vorausschauende Identifikation der Mikrostandorte Urbaner Produktion in einer Stadt, deren genauere Analyse (Struktur, Akteure, Perspektiven), die Entwicklung von Zielen und Konzepten sowie deren schrittweise Umsetzung, insbesondere das Nutzen von Chancen, wenn Veränderungen konkret absehbar sind oder eintreten (»Window of Opportunity«), wichtige Beiträge für eine nachhaltige Transformation dieser Gebietstypen. Denn die sich überwiegend im innerstädtischen Raum befindenden Mikrostandorte bringen einige Potenziale mit sich, die für Arbeitgeber, Arbeitnehmer und für Kunden von Vorteil sind: Urbane Unternehmensstandorte ermöglichen einen schnellen Zugang zu den Märkten, Unternehmen können flexibel auf spezifische Wünsche und Probleme bei Kunden oder Zulieferern eingehen. Zudem reduzieren kurze Wege zwischen dem Wohn- und Arbeitsort sowie eine gute Erreichbarkeit die Abhängigkeit von Verkehrsmitteln (insbesondere MIV), minimieren die Pendlerströme in der Stadt und steigern die Flexibilität der Arbeitskräfte. Das Angebot städtischer Infrastruktur im urbanen Raum verbessert überdies das Arbeitsumfeld (vgl. Hahn 2015, 4).

Sowohl die Fallstudie Hohenfelder Allee in Hamburg, die den Gebietstyp des rein gewerblich genutzten Mikrostandortes abbildet, als auch der funktionsgemischte Mikrostandort am Ölberg in Wuppertal, verdeutlichen typische Problemkonstellationen, Treiber und Hemmnisse der Transformation an innerstädtischen Standorten.

## 1.1 Hohenfelder Allee, Hamburg Hohenfelde

Typ: rein gewerblicher Mikrostandort

**Abb. 1:** Gebiet an der Hohenfelder Allee (Quelle: Linn Holthey).

Die Fallstudie Hohenfelder Allee kann dem Standorttyp des rein gewerblich genutzten Mikrostandorts zugeordnet werden, der in diesem Fall überwiegend von Wohnnutzungen umgeben ist. Das ca. 3,61 Hektar große Gewerbegebiet an der Hohenfelder Allee im Stadtteil Hohenfelde (Bezirk Hamburg-Nord) ist ein Beispiel für ein Gebiet, das aufgrund seiner zentralen Lage unter einem hohen Umnutzungsdruck steht.

Der Mikrostandort an der Hohenfelder Allee ist überwiegend durch kleinteilige bis mittelgroße Wohn- und Geschäftsgebäude und ein- bis zweigeschossige Gewerbebauten bzw. -hallen geprägt. Die durchmischten Gewerbestrukturen des Gebiets stammen aus der Zwischenkriegszeit sowie aus den 1950er und 1960er Jahren, in den 1970er Jahren kamen ergänzend Gewerbehöfe und -hallen sowie ein Bürohaus hinzu. Die aktuellen Nutzungen sind eine Spedition, Handwerk, insbesondere Kfz-Reparatur und Dienstleistungen. Insgesamt lässt sich kein Branchenschwerpunkt der rund 30 ansässigen Betriebe erkennen.

Die Untersuchung der Standortfaktoren zeigt, dass insbesondere die zentrale Lage unweit der Innenstadt (2 km vom Hamburger Hauptbahnhof entfernt) und nahe der Alster hervorzuheben ist. Das Gebiet verfügt über eine exzellente Verkehrsanbindung (zwei U-Bahnstationen, Bundesstraße, naher Autobahnanschluss). Daneben bietet das urbane Umfeld ein vielfältiges Angebot an Dienstleistungen, Einzelhandel und Gastronomie. In der Umgebung gibt es zudem Gesundheits-, Wissenschafts- und Forschungseinrichtungen, welche für das Gebiet Nachfrageimpulse mit sich bringen könnten. Durch das dominante Wohnen in der Nachbarschaft ergibt sich ein Nebeneinander von Arbeiten und Wohnen, das den Standort sowohl für Arbeitgeber als auch für Arbeitnehmer interessant macht.

Das Gewerbegebiet steht am Beginn eines Transformationsprozesses, welcher primär durch die Interessen der Eigentümer und von Investoren ausgelöst wird, was in erhöhten Ver- bzw. Ankäufen von Grundstücken und Anfragen zu Nutzungsänderungen zum Ausdruck kommt. Die Anfragen gelten der Errichtung von Büros und Wohnungen. Der Umbau eines Bürogebäudes zu einem Hotel konnte nicht abgelehnt werden. Einige der neuen Eigentümer sind sehr aktiv und erhöhen damit die spekulativen Erwartungen. Eine aktive Gewerbeflächenbestandspolitik seitens der Stadt, sei es im Bereich der Baugenehmigungspraxis oder in der Liegenschaftspolitik, gab es bisher nicht.

Politik und Verwaltung des Bezirks Hamburg-Nord verfolgen die Sicherung und Weiterentwicklung der gewerblichen Nutzungen explizit zu einem Standort der Urbanen Produktion. Allerdings existieren neben den unterschiedlichen Interessen der Akteure weitere Hemmnisse, wie die ungünstigen Flächenzuschnitte und die heterogene Eigentümerstruktur in dem Gebiet, die einen Transformationsprozess zusätzlich erschweren.

Im Rahmen des Forschungsprojektes GiS wurde 2019 eine Kooperation zwischen dem Bezirksamt Hamburg-Nord und der HafenCity Universität Hamburg (HCU) mit dem Ziel vereinbart, die gewerbliche Nutzung zu sichern und weiterzuentwickeln. Dafür hat die HCU konzeptionelle Ansätze in Form einer Machbarkeitsstudie erarbeitet, die als Grundlage für die Fortführung des Bebauungsplanverfahrens dient. Vorgesehen sind Urbane Produktion bzw. Gewerbe (im EG und OG), darüber drei Geschosse Büro sowie, davon abgewandt, ergänzende Wohnbebauung.

Wesentlicher Treiber für Erhalt und Weiterentwicklung des Gewerbegebietes bzw. der Verhinderung einer Umwandlung in Richtung reiner Büro- oder gar Wohnnutzungen ist das Fachamt für Stadt- und Landschaftsplanung des Bezirks Hamburg-Nord, das von der Wirtschaftsbehörde des Landes Hamburg und der Hamburg Invest GmbH, der Wirtschaftsförderungsgesellschaft der Stadt, unterstützt wird.

## 1.2 Ölberg, Wuppertal

Typ: funktionsgemischter Mikrostandort

**Abb. 2:** Graffiti im Ölberg-Viertel (Quelle: wwwuppertal via Flickr; CC BY 2.0).

Die Transformation des zentrumsnah gelegenen Quartiers »Ölberg« in Wuppertal ist beispielhaft für den Wandel eines zunächst vernachlässigten gründerzeitlichen Viertels mit hohem Leerstand hin zu einem funktionsgemischten Mikrostandort, der durch eine Nutzungsdurchmischung von Wohnen im Obergeschoss und Gewerbe im Erdgeschoss charakterisiert ist. Kleine Handwerksbetriebe und kreative Manufakturen prägen das heutige Quartier am Ölberg.

Die gesamte Nordstadt umfasst 94 Hektar, das entsprechende Cluster urbaner Manufakturen erstreckt sich über ein Gebiet von ca. 10 Hektar rund um die Marienstraße, das planungsrechtlich als Mischgebiet festgesetzt ist. Der Standort ist fußläufig aus dem Zentrum zu erreichen sowie durch mehrere Buslinien angebunden. Das Quartier wird durch drei- bis fünfstöckige gründerzeitliche geschlossene Blockrandbebauung mit Gewerbeeinheiten charakterisiert und weist eine sehr kleinteilige und dichte Struktur auf. Besonders das kreative Handwerk hat sich im Laufe der Zeit an dem Standort angesiedelt, dazu zählen u. a. eine Schmuckschmiede, eine Schreinerei, eine Torten- und Pralinenproduktion und eine Taschenmanufaktur sowie weitere kleinteilige Betriebe und Manufakturen (Stand Februar 2019). Es gibt ein vielfältiges Angebot an Gastronomie sowie eine ausreichende Ausstattung bezüglich Gemeinbedarf und Einzelhandel. Das Angebot an Freiflächen ist sehr gering.

Im Zuge der Industrialisierung entstand am Ölberg ein klassisches Arbeiterviertel für die Beschäftigten u. a. aus der lokalen Textilindustrie. Bereits zu dieser Zeit wurde auf engem Raum produziert und gelebt, sodass der Stadtteil immer schon von einer Gemengelage aus Wohnhäusern, Gewerbeeinheiten und Einzelhandel geprägt war. Noch bis in die 1980er Jahre war das Viertel bekannt für seine traditionsreichen Manufakturen. Als Sanierungen – vor allem die Entkernung der Wohnblöcke und Hinterhöfe – erfolgten, kam es zur Aufgabe oder Umsiedlung vieler alteingesessener Handwerksbetriebe. Mit dem Niedergang der Industrie entwickelte sich das Viertel dann zunehmend zu einem sozialen Brennpunkt. Es folgten ein Wegbrechen der Nahversorgung und Leerstände.

Die Kehrtwende kam zu Beginn der 2000er Jahre, als sich der Verein »UnternehmerInnen für die Nordstadt« mit dem Ziel gründete, das Quartier ökonomisch zu beleben, sichtbar zu machen und ein neues Image zu kreieren. Die Ansiedlung der meisten Manufakturen fand seit dem Jahr 2013 in einem Bottom-up-Prozess statt. Die Anwohner und die Betriebe stehen in einem engen Austausch miteinander, unterstützen sich gegenseitig und starten gemeinsame Projekte. Ausschlaggebend für die Entstehung dieses begünstigenden Milieus waren verfügbare Ladenlokale, welche als Räume für Konzepte mit Produktion und Verkaufsladen geeignet sind. Auch die nach wie vor vergleichsweise günstigen Mieten gaben und geben den Kleinstbetrieben, Künstlern und Kreativen den ökonomischen Spielraum zum Erproben und Austesten ihrer Geschäftsmodelle.

Wesentlich für die positive Entwicklung des Ölbergs war zum einen die Initiierung des Vereins »UnternehmerInnen für die Nordstadt e. V.« und zum anderen die Anwohner selbst, beides verbunden mit einem großen Engagement der jeweiligen Akteure. Im Zuge dessen gründete sich die Unternehmensberatung »ORG Beratung«, die seitdem als eine Art Quartiersmanagement fungiert. Das Städtebauförderprogramm »Stadtumbau West/Soziale Stadt Elberfeld-Nordstadt« finanzierte zudem Maßnahmen für eine positive Entwicklung des Ölbergs, wie ein Hof- und Fassadenprogramm sowie die Umgestaltung des Schusterplatzes.

Die größten Hemmnisse bei der Entwicklung waren und sind nach Einschätzung der ansässigen Akteure die Bauordnung sowie zu restriktive Auflagen. Die bestehenden gründerzeitlichen Gebäude stehen zum großen Teil unter Denkmalschutz, was eine Umnutzung oder Sanierung zusätzlich erschwert. Weiteres Hemmnis ist die Stellplatzablösegebühr von 3 000 € bei Neuansiedlungen, was für Kleinstunternehmen eine große Hürde ist. In Einzelfällen ist überdies auch mangelndes Engagement von Eigentümern als Hemmnis festzustellen, vor allem wenn dies Investoren ohne Bezug zum Viertel sind.

Für die Zukunft wird insgesamt eine positive Entwicklung erwartet, wobei es aufgrund des aktuell schon sehr breiten Angebots in Zukunft vor allem darum gehen muss, die vorhandenen Strukturen und das ausgereifte Netzwerk

> zu sichern. Sehr wichtig wird sein, das vorhandene ehrenamtliche Engagement aufrecht zu erhalten, auch über die »Gründergeneration« hinaus. Bemerkenswert ist, dass der Kontakt des »bottom-up« entstandenen Netzwerks von Betrieben und Anwohnern zur Stadt nicht ausgeprägt ist bzw. die Stadt tendenziell nicht als unterstützend, sondern als restriktiv wahrgenommen wird.

## 2  Gebietstyp Gewerbe- und Industriegebiet

Gewerbe- und Industriegebiete stellen sich – je nach Zeitpunkt ihrer Entstehung bzw. städtebaulichen Grundstruktur und Erstbesiedelung sowie ihrer Nutzungsentwicklung seitdem, die meist mit der Entwicklung der Wirtschaftsstruktur der Stadt korrespondiert – unterschiedlich dar. Besonders die Gewerbe- und Industriegebiete aus den 1960er bis 1980er Jahren liegen in gewisser Weise im Schatten der Prozesse der allgemeinen Stadtentwicklung. Es sind oftmals infrastrukturell vernachlässigte Standorte mit einer geringen Flächeneffizienz und einer veralteten Gebäudestruktur, die daher einen hohen Erneuerungs- und Reaktivierungsbedarf haben (vgl. BBSR 2020). Diese i. d. R. älteren Gebiete, in denen schon mehrere Wechsel der Betriebe und Eigentümer stattgefunden haben und es ggf. zu Grundstücksteilungen gekommen ist, sind von (inzwischen) vielen kleinen Nutzungseinheiten oder extensiven Flächennutzungen geprägt, die – insbesondere in Verbindung mit Problemen der Erschließung und Stellplätzen – eine Transformation zugunsten (neuer) Urbaner Produktion tendenziell erschweren. In verkehrsgünstiger Lage oder bei einer Nähe zu urbanen Quartieren können sie unter erheblichen Umnutzungsdruck geraten. Analog zum innerstädtischen Mikrostandort drängen zunehmend Nutzungen wie Büro, Handel, Gastronomie oder Freizeit in die Gebiete. In weniger attraktiven Lagen können Nachnutzungsprobleme und Leerstände auftreten, die zu Downgrading-Prozessen führen können. Findet ein solches sukzessives Downgrading statt, werden Investitionen in Urbane Produktion tendenziell abgestoßen, sodass die Wertschöpfung sinkt. Es kann ein sich negativ verstärkender Prozess aus Downgrading und Abschreckung entstehen, der im Ergebnis zu einem Abzug von oder gar einer Einstellung Urbaner Produktion an diesen Standorten führen kann.

Je nach Region existieren in den Industrie- und Gewerbestandorten Unterschiede im Hinblick auf die Flächenverfügbarkeit. In wachsenden, monozentrischen und wenig industriell geprägten Städten herrscht i. d. R. auch in den Gebieten am Stadtrand ein Mangel an geeigneten Gewerbeflächen. Im Gegensatz dazu weisen Gewerbe- und Industriegebiete in polyzentrischen, zum Teil auch innerstädtisch (alt-)industriell geprägten und relativ wachstumsschwachen Räumen noch Potenzialflächen auf, die eine Erweiterung oder Neuansiedlung von Unternehmen ermöglichen.

Die Entwicklung der Gewerbe- und Industriegebiete einer Stadt sollte daher kontinuierlich beobachtet werden und eintretende Veränderungen bzw. Nutzungs- und Eigentumswechsel sollten – ähnlich wie bei Mikrostandorten – genutzt werden, um primär Urbane Produktion direkt anzusiedeln oder Flächen für Urbane Produktion vorzubereiten und schrittweise zu arrondieren. Dafür muss die Stadt zu einer aktiven Liegenschaftspolitik und einem konsequenten Festhalten an einer GE- und/oder GI-Ausweisung bereit sein. Denn Gewerbe- und Industriegebiete sind besonders für emittierende und logistikintensive Betriebe attraktiv, da die Betriebe aufgrund der bauleitplanerischen Grundlage (GE/GI) keine besonderen Restriktionen im Hinblick auf betriebliche Emissionen und Logistik (24/7-Produktion) erfahren. Denkbar wäre darüber hinaus, in besonders kleinteiligen Strukturen und bei blockierten Schlüsselgrundstücken die Instrumente des besonderen Städtebaurechts einzusetzen, um solche Gebiete einer ihrer städtebaulichen Funktion gerechten Nutzung zuzuführen.

Die Fallstudien Schnackenburgallee/Kronsaalsweg in Hamburg und K2-Tower und Industriepark in Krefeld befinden sich jeweils in einem anderen Transformationsstatus. Das Hamburger Gewerbe- und Industriegebiet befindet am Anfang einer Transformation und es können Treiber sowie Hemmnisse einer Transformation hin zu einem Standort Urbaner Produktion identifiziert werden. Am Krefelder Beispiel können einstweilen abgeschlossene Transformationsprozesse gegensätzlicher Richtungen abgelesen werden. Ein großes Werksgelände wurde durch einen aktiven Eigentümer zu einem Zentrum Urbaner Produktion weiterentwickelt, während im Umfeld des großen Gewerbegebiets eine starke Tertiarisierung bzw. Entwicklung von großflächigem Einzelhandel stattgefunden hat.

## 2.1 Schnackenburgallee/Kronsaalsweg, Hamburg

Typ: Gewerbe- und Industriegebiet

**Abb. 3:** Luftbild vom Gebiet Schnackenburgallee/Kronsaalsweg (Quelle: Freie und Hansestadt Hamburg, Landesbetrieb Geoinformation und Vermessung; dl-de/by-2-0).

Das Gebiet Schnackenburgallee/Kronsaalsweg ist beispielhaft für »ein in die Jahre gekommenes« Gewerbe- und Industriegebiet, das, verschärft durch die gute wirtschaftliche Entwicklung der Stadt Hamburg, zunehmend unter Umnutzungsdruck steht. Das ca. 79 Hektar große Gewerbe- und Industriegebiet (78,5 ha Privateigentum, 0,5 ha Eigentum der FHH) gehört zu den Stadtteilen Stellingen und Eidelstedt. Es wird durch eine breite Bahntrasse in zwei Bereiche geteilt. Nördlich der Bahntrasse grenzen urbane Quartiere mit Wohnbebauungen und kleinteiliger Struktur an. Südlich der Bahntrasse grenzt das Gebiet an das große Industriegebiet des Bezirks Altona im Stadtteil Bahrenfeld. Der als GE/GI-Gebiet ausgeschriebene Gewerbe- und Industriestandort ist überwiegend mit großflächigen, ein- bis dreigeschossigen Gewerbehallen und einzelnen bis zu siebengeschossigen Bürogebäuden bebaut. Es sind ca. 700 registrierte Gewerbebetriebe mit ca. 5 900 Beschäftigten ansässig. Die Nutzerstruktur ist sehr heterogen: sowohl emissionsintensives als auch emissionsarmes produzierendes Gewerbe, Handwerksbetriebe, wissensintensives Gewerbe, Großhandel, Kfz-Gewerbe und Logistik sind im Gebiet vertreten.

Das Gebiet ist zwischen zwei historischen Gewerbestandorten, dem Industriegebiet an der Eisenbahnstrecke Altona-Kiel am heutigen S-Bahnhof Stellingen (Mälzerei Tivoli seit 1922, vormals Brauerei) und dem Bahrenfelder Industriegebiet nördlich der Stresemannstraße (Tapetenfabrik Hansa-Iven, Anfang 20. Jahrhundert), als Industriegebiet geplant und seit den 1950er Jahren bebaut worden. Durch den S-Bahn-Anschluss sowie insbesondere durch die 1972 durch das Gebiet geführte A7 mit der Anschlussstelle Volkspark hat es eine hervorragende Erschließung. Das Gebiet befindet sich gegenwärtig in einer insgesamt stabilen Situation mit nur punktuellen Investitionen, allerdings auch gering genutzten Grundstücken und Brachen (▶ Abb. 3). Es sind aber auch Potenziale und Ansätze erkennbar, die eine stärkere Transformation sowohl befördern als auch hemmen. Aufgrund seiner zentralen Lage im Stadtgebiet mit sowohl einer S-Bahn-Anbindung als auch der Autobahnanbindung sowie dem planungsrechtlichen Status als GE/GI-Gebiet ist es als Standort für Urbane Produktion sehr gut geeignet.

Es wurden an den Rändern des Gebietes zwei typische Strukturen und Prozesse identifiziert, die Neuansiedlungen von produzierendem Gewerbe erschweren oder sogar zu dessen Verdrängung führen und somit eine Transformation zu einem Standort für Urbane Produktion hemmen können: Das Gebiet grenzt im Norden an eine innerstädtische Hauptverkehrsachse und urbane Quartiere an, was den Standort besonders für Wohnnutzung, großflächigen Einzelhandel, Hotels sowie Freizeit- und Sporteinrichtungen attraktiv macht. Am S-Bahnhof Eidelstedt hat bereits eine Entwicklung zu reinen Büronutzungen stattgefunden. Demzufolge ist die zentrale Lage und die sehr gute Erreichbarkeit sowohl ein Potenzial als auch ein hohes Risiko für die Weiterentwicklung als Gewerbe- und Industriefläche, da diese zwei Standortfaktoren eine Tertiarisierung begünstigen. Die heterogene Eigentümerstruktur, zeitlich kaum kalkulierbare Nutzungs- und Eigentümerwechsel und z. T. ungünstige Grundstückszuschnitte können die Weiterentwicklung zu einem Standort Urbaner Produktion zusätzlich erschweren.

Derzeit ist das Gebiet durch eine oft geringe Flächeneffizienz und ältere Gebäudesubstanz charakterisiert, sodass ein erhebliches Potenzial für Neuentwicklungen besteht. Dabei sollte die Entwicklung zu intensiver Urbaner Produktion nördlich der Bahntrasse als Chance erkannt und forciert werden. Dort besteht sowohl für den IV als auch für den ÖV eine sehr gute Erschließungssituation. Zugleich könnte einer weiteren Tertiarisierung entgegengewirkt werden. Denn eine Transformation des gesamten Gebietes mit 79 ha zugunsten Urbaner Produktion ist nicht erforderlich und auch nicht sinnvoll. Die Nachfrage gibt das vermutlich nicht her und bauleitplanerisch gesicherte GE/GI-Gebiete als Standorte für emissionsstarke bzw. emittierende Betriebe – als solche gelten ja auch Logistik-Hubs für die Innere Stadt – sollten auch in zentralen Lagen bestehen bleiben. Um die Transformation des Teilgebiets Kronsaalsweg-Reichsbahnstraße voranzubringen (und eine schleichende Tertiarisierung zu verhindern), sollte die Stadt als Treiber agieren und strategisch eingreifen. Ansonsten besteht die Gefahr, dass sich der Gewerbe- und Industriestandort nach und nach zu einem (reinen) Dienstleistungsstandort entwickelt.

## 2.2 K2-Tower und Industriepark, Krefeld

Typ: Gewerbe- und Industriegebiet

**Abb. 4:** Luftbild K2-Tower und Industriepark (Quelle: Kleinewefers GmbH).

Das 81 500 m² große Gelände (Nutzfläche: 38 500 m²) des heutigen Gewerbe- und Industrieparks K2 befindet sich im Gewerbegebiet Mevissenstraße im Stadtteil Inrath im Krefelder Westen. Im Jahr 2015 kaufte die Kleinewefers GmbH, die das Grundstück bereits zuvor besessen hatte, das Gelände zurück und strukturierte es für mehrere Mieter neu. In den drei fast durchweg mit Kranen ausgestatteten Hallenkomplexen (30 000 m²) sind überwiegend Maschinenbauunternehmen ansässig, welche im zehnstöckigen Hochhaus Büroflächen (9 500 m²) haben.

Auf der Fläche des heutigen K2-Towers und Industrieparks wurde bereits im Jahr 1890 das ehemalige Stammwerk des Familienbetriebs Kleinewefers aufgebaut, welcher hier Textil- und Papiermaschinen produzierte. In den 1980er Jahren fand die bis dato letzte Erweiterung der Hallenflächen sowie eine Aufstockung des Bürogebäudes auf zehn Stockwerke statt. Im Jahr 1992 gab Kleinewefers den Standort zunächst auf und bis 2015 wurde eine Papiermaschinenproduktion durch die Firma Voith betrieben. Nach Produktionseinstellung von Voith erwarb Kleinewefers den Standort zurück und strukturierte ihn neu. Die Kleinewefers GmbH ist seit 2000 als Beteiligungsgesellschaft aktiv und strukturiert sich in drei Teilbereiche: Technische Textilien (Verseidag & TAG), Maschinenbau (mit u. a. Jagenberg Paper und Textil) und Immobilien.

Im Zuge der Neustrukturierung haben sich rund 40 Unternehmen angesiedelt. Insgesamt sind die Flächen zu 90 % vermietet (Stand Februar 2019). Nutzer der Hallenflächen sind hauptsächlich produzierende Unternehmen. Im Bürohochhaus (»K2-Tower«) sind noch Flächen verfügbar. Durch eine gezielte Vermietung an Start-ups aus dem digitalen Bereich sollen innovative Impulse gesetzt werden; Netzwerkeffekte zwischen den Gründern und den etablierten Maschinenbauunternehmen sollen die Entwicklung fördern. In den obersten Etagen mit hochwertiger Ausstattung befinden sich vor allem international tätige Unternehmen. In den mittleren und unteren Etagen bietet das »Basecamp« flexibel Büroflächen vor allem für Kleinstunternehmen und Selbstständige an.

Ausschlaggebende Standortfaktoren für die sich seit 2015 neu ansiedelnden (Maschinenbau-)Unternehmen sind vor allem die großen Hallenflächen mit Schwerlastbekranung, Flächen für Anlieferungen, Zugänglichkeit für Sondertransporte (Rangierflächen für LKW und große Hallentore) sowie Büroflächen mit guter Ausstattung in räumlicher Nähe. Zudem wurde eine Glasfaserleitung zum Gelände gelegt. Das Gelände hat ausreichend Abstand zur Wohnbebauung und erlaubt somit eine 24/7-Produktion. Es besteht eine sehr gute Straßenanbindung mittig zu drei Autobahnen.

Da sich der Standort K2-Tower und Industriepark wieder vollständig im Besitz eines Eigentümers befindet, können Vermietung sowie bauliche Anpassungen und Modernisierung abgestimmt erfolgen. Durch den Eigentümer bzw. dessen Management, beide selbst mit mittelständisch-industriellem Hintergrund, wird die Entwicklung des Standortes aktiv betrieben. Dazu gehören Investitionen von ca. 4 Mio. Euro, das Konzept zur Ansiedlung von jungen Firmen, insbesondere solche mit Ausrichtung auf IT, und die Förderung von Vernetzung der Betriebe am Standort.

Die Entwicklung des K2-Towers und Industrieparks zeigt, wie die Entwicklung eines Standorts für Urbane Produktion durch die Kombination des Verfügungsrechts über geeignete Grundstücke, die gut erschlossen und planungsrechtlich gesichert sind, einem klaren Konzept und einem konsequenten Management, das Investitionen und Vernetzung einsetzt, gelingen kann.

## 3 Gebietstyp funktionsgemischtes Gebiet

Bei funktionsgemischten Gebieten gibt es aufgrund der möglichen unterschiedlichen Nutzungsstrukturen und der jeweiligen Dynamiken viele denkbare Konstellationen. Im Unterschied zu den Mikrostandorten und auch zu den Fabrikstandorten werden, bedingt durch die Heterogenität der Nutzungen, Konflikte und auch Chancen vor allem innerhalb der Gebiete auftreten. Produktion, Handwerk, Logistik, Handel, Dienstleistungen und Freizeitnutzungen sind nicht nur in ihrer städtebaulichen Erscheinung oft sehr unterschiedlich, sie haben auch z. T. sehr verschiedene Standortanforderungen und Auswirkungen auf ihr jeweiliges Umfeld. Auch die flächenbezogene Wertschöpfung und damit die Zahlungsfähigkeit der Nutzer ist sehr unterschiedlich. Daraus können im günstigen Fall produktive Synergien entstehen, wenn die Nutzungen sich komplementär ergänzen – was jedoch selten vorkommen dürfte. Wenn funktionsgemischte Gebiete als solche geplant werden geschieht dies vielfach mit dem Ziel, vormals monofunktionale Areale – häufig ehemalige Industrie- oder Gewerbeflächen, Kasernen usw. – durch neue Funktionen überhaupt oder stärker als bisher in den städtischen Kontext einzubinden. Dabei kann eine Entwicklung hin zum Wohnen, Einzelhandel und zu Dienstleistungen dazu führen, dass produzierendes Gewerbe durch die Ansiedlung empfindlicher Nutzungen Einschränkungen erfährt oder gar völlig verdrängt wird. Es sind intelligente städtebauliche und architektonische Lösungen (z. B. Zonierungen, Back-to-Back) erforderlich, die das Miteinander unterschiedlicher Nutzungen dennoch ermöglichen. Denn erst seit kurzer Zeit werden funktionsgemischte Gebiete unter Bewältigung oder zumindest Einschränkung potenzieller Konflikte systematisch geplant und entsprechend realisiert. In der Regel sind bereits länger bestehende funktionsgemischte Gebiete Ergebnis einer Kombination von schwachem bzw. veraltetem Planungsrecht, planerischen Einzelentscheidungen oder Desinteresse, verbunden mit durchsetzungsfähigen privaten Akteuren. Im Ergebnis besteht ein duldendes »Nebeneinander« der Nutzungen und nicht selten gibt es Spannungen, Konflikte und Verdrängungsprozesse, insbesondere der Urbanen Produktion.

In funktionsgemischten Gebieten, die nicht planerisch konzipiert und rechtlich abgesichert sind, hat die Kommune die Aufgabe, einer an Investoreninteressen orientierten Entwicklung einzelner Grundstücke einen Rahmen vorzugeben, um den verschiedenen »gemischten« Funktionen, ihren Standortanforderungen und ihrer Zahlungsfähigkeit entsprechende Flächen zu sichern. Dazu sollte die Kommune die Bauleitplanung und, in Verbindung damit, die Möglichkeiten des Baugenehmigungsverfahrens intensiv nutzen. Bleibt die städtebauliche Entwicklung vor allem den kurzfristigen Trends, Flächenverfügbarkeiten sowie der Zahlungs- und Durchsetzungsfähigkeit überlassen, werden die Gebiete für die Urbane Produktion, die durch besondere Standortanforderungen (Emissionen, Logistik) und i. d. R. eine relativ geringe Zahlungsfähigkeit gekennzeichnet ist, verloren gehen.

Bei beiden Fallstudien, dem Quartier an der Friedensallee in Hamburg und dem Projekt Phoenix-See in Dortmund, handelt es sich jeweils um eine Transformation von einem ehemaligen Industriestandort zu einem funktionsgemischten Gebiet. Das Projekt Phoenix-See nimmt in diesem Fall eine Sonderstellung ein, da es sich um ein sehr großflächiges Konversionsprojekt handelt, das unter dem Einsatz erheblicher Fördermittel in seiner Topografie vollständig umstrukturiert wurde. Die Fallstudien unterscheiden sich daher sehr stark voneinander, nichtsdestotrotz zeigen beide Beispiele zentrale Akteure, Treiber sowie Hemmnisse und Chancen einer Transformation hin zu einem funktionsgemischten Gebiet auf.

## 3.1  Quartier an der Friedensallee, Hamburg-Ottensen

Typ: Funktionsgemischtes Gebiet

**Abb. 5:** Visualisierung des Quartiers an der Friedensallee (Quelle: coido architects Hamburg).

Ottensen, einst Bauerndorf, hatte sich ab 1853 in kurzer Zeit zu einem Industriestandort entwickelt – zunächst durch günstige Zollbedingungen und die Nähe zum Hafen (Tabakverarbeitung), dann durch den stark expandierenden Schiffbau in Hamburg (Maschinenbau). Der Stadtteil ist in Teilen auch heute noch geprägt von ehemaligen Industriegebäuden, die zu Dienstleistungsstandorten (»Zeisehallen«, verschiedene Gewerbehöfe, Veranstaltungszentrum »Fabrik«) und zuletzt vermehrt in Wohnnutzungen (Druckerei und Gewürzfabrik Arnoldstraße; Pharmafabrik Fischers Allee) umgewandelt wurden. Mittlerweile hat sich Altona-Ottensen, das früher stark industriell geprägt war, zu einem attraktiven gemischt genutzten Stadtquartier entwickelt. Anknüpfend daran, bietet das »Quartier an der Friedensallee« interessante Beispiele für die Entwicklung von Konzepten der Nutzungsmischung.

Das Quartier an der Friedensallee ist historisch ein Industriegebiet, z. T. mit Wohnen in Form von Blockrandbebauung, dessen große Fabrikareale schrittweise umgenutzt wurden. In den 1970er Jahren wurde auf dem westlich gelegenen Gelände, nahe des S-Bahnhofs Bahrenfeld, ein Bürohochhaus (86 m Höhe) für die Versicherungszentrale der Euler-Hermes errichtet. Für diese wurde aktuell nördlich der S-Bahn bereits ein neues Gebäude errichtet. Das 40 Jahre alte Hochhaus wird derzeit abgerissen, um auf der Fläche ein Wohnquartier zu bauen. Das ehemalige Werk von Schwarzkopf im z. T. acht-geschossigen Baublock im Nordosten an der S-Bahn wird neben Laboren und Büros dieser inzwischen zum Henkel-Konzern gehörenden Marke als Gewerbe- bzw. Bürohof genutzt. Geplant ist eine Neuerrichtung in einem Mix von $2/3$ Wohnen und $1/3$ Gewerbe, z. T. in Form einer Back-to-Back-Bauweise, sodass hier weiterhin eine Funktionsmischung, allerdings in klar gegliederter Form mit getrennter Erschließung, realisiert werden soll.

Die in der Mitte des Quartiers liegende Fläche der ehemaligen Kolbenschmidt-Fabrik sollte ursprünglich, wie viele Fälle im Stadtteil vordem, vollständig zum Wohngebiet entwickelt werden. Von den als Zwischennutzer in den alten Werkshallen angesiedelten kleinen Gewerbebetrieben wurde ein alternatives Konzept vorgeschlagen, das den Erhalt von einzelnen Hallen für Gewerbe – unter Verweis auf die fast vollständige Aufgabe und Verdrängung von Kleingewerbe aus dem vormals industriell-gewerblich geprägten Stadtteil – und die Ergänzung durch Büro- und Wohnungsbau vorschlug. Dieses Konzept fand Gehör in der »Szene« des Stadtteils und in der Lokalpolitik. Es wurde Basis eines Wettbewerbs, der eine kleinteilige Nutzungsmischung und verschiedene Wohnformen zum Ergebnis hatte. Dieses wurde in einem der kleinteiligen Nutzungsmischung entsprechend sehr komplexen Bebauungsplan und städtebaulichen Verträgen verankert und wird derzeit realisiert.

Ein Teil der ursprünglich als Zwischennutzer angesiedelten Gewerbebetriebe hat eine Genossenschaft gegründet, die zwei Hallen erworben hat, die derzeit für die weitere gewerbliche Nutzung sparsam modernisiert werden. Etwa $1/3$ des Geländes werden auf diese Weise zukünftig weiterhin in Selbstverwaltung gewerblich genutzt. Die verbleibenden $2/3$ werden nach den Vorgaben des »Bündnisses für Wohnen«, das der Hamburger Senat mit der Wohnungswirtschaft seit rund 10 Jahren vereinbart hat, jeweils zu $1/3$ für Eigentumswohnungen, Mietwohnungen und für Sozialen Wohnungsbau genutzt werden. Hinzu kommen eine Kindertagesstätte und Nahversorgung.

Die Prozesse im Quartier an der Friedensallee zeigen exemplarisch die Varianten der Entwicklung von Nutzungsmischung in einem Bestandsquartier. Die Nutzungsarten veränderten sich dort auf diese Weise:

- Großflächiges Büro folgt auf Industrie, kleinteiliges Wohnen (Drittelmix) folgt auf Büro, das den unmittelbar angrenzenden Neubau bezieht (Euler-Hermes-Gelände);
- Gewerbehof entsteht aus kompakter Fabrik, Neuerrichtung von Gewerbehof und zusätzlich Wohnen »Back-to-Back« (Schwarzkopf-Gelände);

3 Gebietstyp funktionsgemischtes Gebiet

- Zwischennutzung Gewerbe folgt auf Aufgabe Fabrik, Durchsetzung der Sicherung des Gewerbestandorts bis hin zu Neukonzeption kleinteiliger und vielfältiger Nutzungsmischung (Kolbenschmidt-Gelände).

Möglich wurden diese Entwicklungen durch (A) eine sowohl Ziele der Wirtschaftsförderung als auch des Städtebaus relativ konsequent verfolgende Verwaltung, (B) Unternehmen, Eigentümer und Investoren, regionale wie überregionale bzw. internationale, die zur Kooperation bereit waren, und (C) im Fall der »Kolbenhöfe« entscheidend durch die Selbstorganisation und Politikfähigkeit des Kleingewerbes, das in einem Bottom-up-Prozess eine ambitionierte kleinteilige Nutzungsmischung und Sicherung des eigenen Standortes durchgesetzt hat.

## 3.2 PHOENIX See, Dortmund

Typ: Funktionsgemischtes Gebiet

**Abb. 6:** Räumliche Einordnung von PHOENIX West, Hörde Zentrum, PHOENIX See und Standorte von Beispielakteuren (Quelle: nach Stadt Dortmund und Pesch & Partner Architekten).

Im Dortmunder Stadtteil Hörde wurden zwei je ca. 100 ha große Flächen eines ehemaligen Stahlproduktionskomplexes westlich und östlich des Hörder Zentrums mit verschiedenen Konzepten der Nutzungsmischung neu entwickelt. Damit erhielt der gesamte vormals von der Stahlindustrie geprägte Stadtteil eine neue Struktur, neue Funktionen und ein neues Profil.

Auf der Fläche der ehemaligen Hochofenanlage (PHOENIX West) entsteht, eingebettet und durchzogen von großzügigen Grünflächen, ein Industrie- und Technologiepark mit Forschungs- und Entwicklungszentren, d.h. Büro- und Laborflächen, sowie Anlagen der Produktion. Seit 2005 wurden, z.T. in denkmalgeschützten Anlagen des ehemaligen Hochofengeländes, verschiedene technologieorientierte Nutzungen, aber auch Freizeitnutzungen (z. B. Warsteiner Music Hall) und eine Brauerei angesiedelt.

Die Fläche des ehemaligen Stahlwerks (PHOENIX Ost) ist mit einem künstlichen See (24 ha Wasserfläche) zu einem Quartier mit hohem Freizeit- und Aufenthaltswert, hohen Wohnqualitäten und attraktiven Büroflächen für Dienstleister geworden. Es grenzt mit Blockstrukturen unmittelbar an das gewachsene Zentrum Hördes mit Anbindung an die Netze der Stadt- und Regionalbahnen an. Am See bestehen in Ufernähe zahlreiche gastronomische Angebote, in zweiter und dritter Reihe sind insbesondere Dienstleister wie Softwareentwickler und Beratungsunternehmen vorzufinden. Nördlich und südöstlich des Sees sind auf durch den See geschaffenen künstlichen Hanglagen Wohnquartiere in offener Bauweise entstanden.

Der Impuls für diese ambitionierte Transformation eines Standorts der Schwerindustrie zu einem Industriepark und einem urbanen Mischgebiet mit Wohngebieten in attraktiver Lage wurde im Stadtplanungs- und Bauordnungsamt gesetzt. Ein Mitarbeiter entwickelte eigeninitiativ ein städtebauliches Konzept für das PHOENIX Ost Gelände, welches die Realisierung eines Sees vorsah. Es wurde Grundlage der weiteren Planung, die maßgeblich vom Planungsdezernenten und späteren Bürgermeister Ulrich Sierau vorangetrieben wurde. Für die Umsetzung des Vorhabens wurde eigens die PHOENIX See Entwicklungsgesellschaft, eine Tochtergesellschaft der Dortmunder Stadtwerke AG, gegründet und die landeseigene Entwicklungsgesellschaft NRW.URBAN als Treuhänder der Stadt Dortmund eingesetzt. Auch die Emschergenossenschaft war bei der Realisierung des Sees ein wichtiger Akteur. Im Jahr 2011 wurde die Hörder Stadtteilagentur mit dem Ziel gegründet, das Quartiersmanagement zu betreiben, um im Rahmen der Städtebauförderprogramme »Soziale Stadt« und »Stadtumbau West« die Entwicklung des gewachsenen Stadtkerns von Hörde zu begleiten.

Mit dem Industrie-, Technologie- und Freizeitpark PHOENIX West und den attraktiven Misch- und Wohngebieten von PHOENIX Ost, die an das gewachsene Zentrum von Hörde angrenzen, wurden verschiedene Potenziale bzw. Konstellationen für die Mischung von Funktionen in dem Stadtteil geschaffen. Das Spektrum reicht von vielfältigen Wohnformen, Versorgungsangeboten und Dienstleistungen, Industrie- und Gewerbeflächen unterschiedlicher Größe und Qualität, Flächen für Büros und Technologieentwicklung bis hin zu Gastronomieangeboten, Freizeiteinrichtungen und attraktiven Freiräumen.

Das Gesamtprojekt der Umstrukturierung des ehemaligen Stahlproduktionskomplexes PHOENIX sucht in seiner Dimension und auch seinen unrentierlichen Kosten – auf Wikipedia werden unter dem Schlagwort »PHOENIX-See« 70 Mio. Fördermittel angegeben (27.12.2020) – seinesgleichen. Für die Stadt Dortmund, wenn nicht für das Ruhrgebiet insgesamt, ist mit dem Gesamtprojekt ein starkes Symbol für einen Strukturwandel in eine neue ökonomische und urbane Entwicklung geschaffen worden. Die großen Monostrukturen der Ära der Massenproduktion werden durch vielfältige und multioptionale Funktionsmischungen ersetzt.

# 4 Gebietstyp Fabrikstandort

An Fabrikstandorten ist die Akteursstruktur überschaubar, denn i. d. R. gibt es nur einen Eigentümer bzw. ein Unternehmen oder eine sehr geringe Anzahl von Betrieben. Kommunikations-, Abstimmungs- und Planungsprozesse können daher effektiver ablaufen. Deshalb sind Fabrikstandorte schon länger bevorzugte Standorte insbesondere für Konversionsmaßnahmen, d. h. für eine komplette Umnutzung überwiegend zugunsten von Wohnnutzungen, die bei der Transformation von Gebieten Urbaner Produktion nach hiesigem Verständnis ja gerade vermieden werden soll. Unter der Voraussetzung einer stabilen Perspektive der Betriebe können erforderliche Maßnahmen, sei es Expansion, Umbau oder Rückbau, auf der Fläche, im Umfeld oder durch weitere Standorte geplant und schrittweise umgesetzt werden. Grundlage ist ein regelmäßiger guter Kontakt zwischen den Betrieben bzw. Eigentümern und der Kommune bzw. der Wirtschaftsförderung. Kommt es zur Aufgabe des Betriebes, wird dieser i. d. R. zum Mikrostandort werden (s. o.), sofern nicht – im Zuge einer Konversion – eine komplette Umwandlung zu Wohnen oder Dienstleistungen verfolgt wird, wie es bisher in den prosperierenden Städten oft geschehen ist. Dabei werden seit einiger Zeit verstärkt moderne Formen der Stadtfabrik im Sinne einer gestapelten Produktion diskutiert und erste Pilotprojekte realisiert. Nicht nur die flächensparende vertikale Fabrik bietet an innerstädtischen Standorten ein großes Potenzial, auch neue Produktionsweisen im Zuge von Industrie 4.0 befördern die Rückkehr urbaner Produktionsstandorte, wie bspw. Ansätze der Smart Factory oder Ultraeffizienz Fabrik zeigen (vgl. BMWi 2017; Mandel et al. 2016). Dabei soll in Zukunft effizienter, emissionsärmer und umweltverträglicher im urbanen Raum produziert werden. Zudem ermöglicht die räumliche Nähe von Wohnen und Industrie die Schaffung von Synergien: z. B. die Verwendung industrieller Abwärme für die Beheizung umliegender Gebäude (vgl. VDI 2018, 10; Fraunhofer IPA o. J.). Nicht nur aus ökologischer Perspektive bietet die räumliche Nähe von Wohnen und Arbeiten Chancen: kurze Wege und eine gute Erreichbarkeit in zentraler Lage sind für Mitarbeiter und Kunden sehr attraktiv.

Die zwei Fallstudien, die Beiersdorf AG in Eimsbüttel und das Familienunternehmen Vom Bauer in Wuppertal verdeutlichen die Entwicklung historisch gewachsener Fabrikstandorte. Hierbei wird allerdings ein entscheidender Unterschied deutlich. Während es der Beiersdorf AG gelingt, ihren Wachstumsprozess im urbanen Umfeld gut zu organisieren und sich aktuell sogar für zukünftige Expansionen ein benachbartes Kleingartengrundstück zu sichern, scheitert das Unternehmen Vom Baur aktuell genau an den fehlenden Flächen für seine weitere Expansion und sieht sich nun gezwungen, den Standort aufzugeben.

## 4.1 Beiersdorf AG, Hamburg-Eimsbüttel

Typ: Historisch gewachsener Fabrikstandort

**Abb. 7:** Beiersdorf Manufacturing Hamburg GmbH (Quelle: Linn Holthey).

Die Standortentwicklung der Beiersdorf AG in Hamburg-Eimsbüttel verdeutlicht im Wesentlichen zwei Transformationsprozesse: Erstens handelt es sich hierbei um ein Fallbeispiel für die Entwicklung eines historisch gewachsenen Fabrikstandortes eines großen Unternehmens in der Stadt und zweitens kann nachvollzogen werden, wie sich ein Betrieb mit Produktion und großen Laboren trotz hoher Flächenkonkurrenz und Konfliktpotenzialen im urbanen Raum auch zukünftig weiterentwickeln kann.

Der Hauptsitz der Beiersdorf AG befindet sich in einem dicht bebauten Stadtquartier Hamburgs. Dieser Traditionsstandort ist mit dem Quartier gewachsen: Im Jahre 1892 errichtete das Unternehmen auf einer Grundfläche von ca. 100 m$^2$ ein dreigeschossiges Fabrikgebäude an der damaligen Stadtgrenze Hamburgs. Durch den Ankauf angrenzender Grundstücke wurde der Unternehmensstandort in Eimsbüttel sukzessiv ausgeweitet. 1924 wurde die Eucerit-Herstellung, die Basis der NIVEA-Creme, in das Industriegebiet Billbrook ausgelagert. 1933 wurde auf einer Fläche von 12 000 m$^2$ die Fertigung der NIVEA-Dose in Betrieb genommen, die über die Jahre auf 75 000 m$^2$ als Beiersdorf Manufacturing in Eimsbüttel gewachsen ist. Es folgten verschiedene Erweiterungen von Labor- und Büroflächen. Das einzelne Fabrikgebäude am Rande der Stadt hat sich im Laufe der Zeit zu einem Gebäudekomplex mit einer Gesamtfläche von 170 000 m$^2$, darunter Verwaltung (34 000 m$^2$), Forschung und Entwicklung (60 000 m$^2$) sowie Produktion (75 000 m$^2$), in einem dicht besiedelten, attraktiven und stark nachgefragten Wohnquartier entwickelt.

Die weiter gute wirtschaftliche Entwicklung führte zu der Entscheidung, die Unternehmensbereiche Consumer (Haut- und Körperpflege), mit dem Hauptprodukt NIVEA, und tesa räumlich voneinander zu trennen. Für tesa wurde 2016 ein neuer integrierter Gebäudekomplex mit 65 000 m² für Management, Marketing und Labore im suburbanen Raum bzw. in der Nachbargemeinde Norderstedt in einem GI-Gebiet errichtet. Gegenwärtig sind am Standort Eimsbüttel ca. 3 500 Beschäftigte tätig, davon ca. 650 Mitarbeiter in der 24/7-Produktion von rund 300 Kosmetikprodukten.

Der heutige Firmenhauptsitz in Eimsbüttel ist wegen seiner zentralen Lage, sehr guten Erreichbarkeit und seines urbanen Umfeldes für die Beschäftigten attraktiv. Besonders im Wettbewerb um hochqualifizierte Arbeitskräfte ist der innerstädtische Standort von Vorteil. Der urbane Fabrikstandort bringt allerdings auch Herausforderungen mit sich. Standorterweiterungen oder -veränderungen sind nur begrenzt möglich und in Planung sowie Umsetzung komplex. Der Produktionsbetrieb und der Lieferverkehr müssen wegen der angrenzenden Wohnnutzung stark reguliert werden. Der Standort Eimsbüttel wird in den nächsten Jahren schrittweise nahezu komplett erneuert und dabei sogar die Flächen der historisch gewachsenen Konzernzentrale zugunsten einer neuen Wohnbebauung aufgegeben.

Der wesentliche Akteur ist das Unternehmen Beiersdorf selbst, das bei seiner Standortentwicklung seit langem vorausschauend vorgeht. Die Aufgliederung in zwei funktional weitgehend entkoppelte, wachsende Unternehmensbereiche (Consumer und tesa) führt jeweils zur Optimierung und besseren Integration an den Standorten. Jeweils rücken Management, Verwaltung, Forschung und Entwicklung sowie Produktion näher aneinander, wodurch Mitarbeiterwegestrecken reduziert, zentrale Verwaltungseinheiten gebündelt und die Effizienz von Arbeitsabläufen erhöht werden sollen. Allerdings erfordern zukünftige Flexibilität in der Flächennutzung oder gar eine Expansion Flächenreserven. Ein wesentliches Element des Erneuerungskonzeptes für den Standort Eimsbüttel war der Ankauf einer nördlich der Produktion liegenden Kleingartenfläche (118 000 m²), die als Reservefläche für »übermorgen« gesichert wurde.

Im Transformationsprozess agiert die Beiersdorf AG selbst als »Stratege«. Ohne die Stadt, die besonders im städtischen Raum eine Art »Korridor« der Entwicklung aufzeigen und Möglichkeiten schaffen muss, kann das Unternehmen jedoch nicht handeln, wie es u. a. die Lösung der Werkszulieferung und der Kauf der Kleingartenfläche als zukünftige Reservefläche und planerische Absicherung zeigen. Sicher ist, dass ein DAX-Konzern wie die Beiersdorf AG ein großes Gewicht in der kommunalen Politik und Verwaltung hat, aber das Vorgehen bei der Sicherung und Weiterentwicklung des urbanen integrierten Produktions-, Labor- und Bürokomplexes erscheint durchaus auf andere, auch kleinere Unternehmen übertragbar.

## 4.2 J. H. vom Baur Sohn GmbH & Co. KG, Wuppertal

Typ: historisch gewachsener Fabrikstandort

**Abb. 8:** Hauptsitz der J. H. vom Baur Sohn GmbH & Co. KG (Quelle: Vom Baur 2005).

Der Standort des Spezialtextilherstellers Vom Baur ist ein historisch gewachsener Fabrikstandort in zentraler Lage in Wuppertal. Die J. H. vom Baur Sohn GmbH & Co. KG ist ein inhabergeführtes mittelständiges Unternehmen, dessen Wurzeln bis ins frühe 19. Jahrhundert zurückreichen. Die mittlerweile rund 9 000 m² (Grundstücksfläche; 6 700 m² Nutzfläche) große Fabrik hat sich im Laufe der Zeit vom Hutbandweber zum Hersteller technischer Textilien entwickelt. Der Unternehmensstandort liegt direkt am Marktplatz des Stadtteils Ronsdorf. Aufgrund der räumlichen Enge, besonders durch die angrenzende vier- bis fünfgeschossige Wohnbebauung, sieht das Unternehmen am jetzigen Standort keine Perspektive mehr und sieht sich – wenn auch unter großem Bedauern der lokal verwurzelten Mitarbeiter – mittelfristig zu einer Standortverlagerung gezwungen.

Auf dem heutigen Standort im Wuppertaler Stadtteil Ronsdorf gründete im Jahre 1805 Johann Heinrich vom Baur die Keimzelle des heutigen Unternehmens, eine Bandweberei. Diese spielte eine zentrale Rolle für die historische Entwicklung des Stadtteils. Nach der vollständigen Zerstörung der Fabrik zum Ende des 2. Weltkriegs begann der Wiederaufbau an gleicher Stelle. In den 1960er Jahren erfolgte die technische Neuausrichtung der Produktion hin zu textilen Spezialfasern. Heute werden hochwertige Gewebe für Filter,

Verbundwerkstoffe und Industrietextilien für Fahrzeugbau, Kläranlagen, Freizeit und Sport, Atemluftfilter und Medizintechnik gefertigt.

Zu den wesentlichen Standortfaktoren zählen die gute Vernetzung und die Verfügbarkeit an qualifizierten Arbeitskräften vor Ort. Nicht nur wird das Unternehmen seit Generationen in der Familie geführt, sondern auch Mitarbeiter geben ihr Wissen innerhalb der Familien zum Teil über Generationen weiter. Die historische Standortbindung führt zu einer eingespielten Vernetzung mit den Zulieferern oder Veredlern, die sich einst wie ein Kranz um den Betrieb niedergelassen hatten. Auch wenn die Zahl der Zulieferer- und Veredlerbetriebe mit der weitgehenden Abwanderung der Textilproduktion aus Deutschland deutlich zurückging, existiert im Wuppertaler Raum noch eine gute Infrastruktur. Aufgrund des urbanen Umfeldes (z. B. Gastronomie, Angebote des täglichen Bedarfs) bietet der Standort eine hohe Aufenthaltsqualität, die besonders von den Mitarbeitern sehr geschätzt wird. Ronsdorf ist eine beliebte Wohngegend, sodass viele Mitarbeiter hier ihren Wohnsitz und einen kurzen Arbeitsweg haben.

Allerdings hat der historische Standort auch erhebliche Nachteile: zum einen die geringe Fläche für die Produktion ohne Möglichkeit zur Expansion und zum anderen Herausforderungen im Bereich Logistik und Verkehr aufgrund der Erschließung und der umliegenden Wohnnutzung. Deshalb wurde 2015 die Betriebsschreinerei in das Gewerbegebiet Ronsdorf ausgelagert, was aber die Produktionsprozesse erschwert. Beide Standorte sind derzeit voll belegt und ein neues Grundstück sei nicht zu finden.

Die Immobilie ist im Privatbesitz der Unternehmerfamilie vom Baur, die in der Person Peter vom Baurs auch die Geschäftsführung innehat. Trotz der Nachteile des Standorts wurde in den letzten Jahren in Gebäude und Anlagen investiert. Aber: »Wir werden eng im Denken« – mit diesem Zitat Peter vom Baurs wird die Dimension der fehlenden Expansionsmöglichkeiten beschrieben. Dies umfasst eben nicht nur die mangelnde Möglichkeit der räumlichen Ausdehnung – neue Techniken und Fertigungsprozesse und damit evtl. auch Produkte können am Standort nicht realisiert werden. Das Auffinden eines geeigneten Grundstücks, im Idealfall in den Gewerbegebieten in der Umgebung, bleibt für das Unternehmen eine entscheidende Weichenstellung für die zukünftige Entwicklung.

Warum eine strategische Sicherung der Entwicklungsmöglichkeiten am angestammten Standort, d. h. Ankauf von Nachbargrundstücken und Sicherung der Erschließung, nicht erfolgte oder nicht gelang, konnte nicht belastbar recherchiert werden. Im Ergebnis werden die Entwicklungsmöglichkeiten der Fabrik bzw. des Unternehmens durch den derzeitigen Standort deutlich eingeschränkt.

P. S.: Das Unternehmen Vom Baur wird nach aktuellen Informationen an einen neuen Standort in Wuppertal umziehen, der allerdings vom bisherigen Stammsitz 11 km entfernt liegt.

## 5 Fazit

Zusammenfassend lässt sich sagen, dass zwar grundsätzlich die Notwendigkeit einer Einzelfallbetrachtung der einzelnen Gebietstypen besteht, da diese je nach regionaler wirtschaftsstruktureller Ausgangslage, stadträumlicher Gegebenheit und kommunaler Handlungsfähigkeit in unterschiedliche Rahmenbedingungen und Umgebungen eingebettet sind und demnach auch unterschiedlichen Prozessen und Entwicklungen unterliegen können. Das wird in den dargestellten Fallstudien aus den Untersuchungsregionen Rhein-Ruhr und Hamburg deutlich. Die Gebietstypen können jedoch dazu dienen, vor dem »Einstieg« in die jeweilige Situation vor Ort für die in den Typen grundsätzlich unterschiedlichen Problemlagen und Handlungsansätze zu sensibilisieren und typische Fallkonstellationen, Hemmnisse und Chancen, aber auch Lerneffekte rechtzeitig zu erkennen.

In den Gebietstypen gibt es grundsätzlich verschiedene Konstellationen von Herausforderungen und Chancen für eine Transformation zu zukünftig vitalen Gebieten (auch) Urbaner Produktion. Insbesondere in den Fallstudien wird deutlich, dass die Entwicklung maßgeblich von drei Akteuren bzw. Akteursgruppen bestimmt wird: den Betrieben, den Grundeigentümern und der Kommune, deren Konstellation und Vorgehen jeweils unterschiedlich ist. Im folgenden Beitrag wird diskutiert, welche Möglichkeiten für eine aktiv gestaltende Transformation sich daraus ergeben. In den Fallstudien wird auch deutlich, dass die konkreten Herausforderungen und Chancen der Entwicklung in den Gebieten in der Regel nicht prognostizierbar sind und daher eine längerfristige detaillierte Planung im klassischen Sinne nicht sinnvoll ist.[4] Vielmehr ist die Entwicklung stark von »Windows of Opportunity« geprägt, die sich bei Veränderungen der Betriebe bzw. Nutzungen und neuen »Projekten«, d. h. Neuansiedlungen oder Interventionen der Kommune, ergeben. Diese können genutzt werden, um die Transformation der Gebiete positiv zu unterstützen, wenn sie in einer frühen Phase bekannt werden, Entwicklungsziele für das Gebiet bestehen und die Akteure auf die Chancen abgestimmt agieren. Dabei kommt es im Zweifel auf die Kommune an, die Chancen konsequent zu verfolgen.

## Quellen

BBSR – Bundesinstitut für Bau-, Stadt- und Raumforschung (2020): Nachhaltige Weiterentwicklung von Gewerbegebieten. Ergebnisbericht zum ExWoSt-Forschungsfeld. Bonn. https://www.bbsr.bund.de/BBSR/DE/veroeffentlichungen/sonderveroeffentlichungen/2020/nachhaltige-weiterentwicklung-gewerbegebiete-dl.pdf [Zugriff: 23.03.2021]

---

4 Eine Ausnahme sind der Gebietstyp »Fabrikstandorte« und evtl. große Betriebsstätten in Gewerbe- und Industrie- oder funktionsgemischten Gebieten, für deren Entwicklung im Dialog mit den Geschäftsführungen mittelfristig Vorsorge getroffen werden kann.

BMWi – Bundesministerium für Wirtschaft und Energie (2017): Was ist eine intelligente Fabrik (»Smart Factory«)? https://www.bmwi.de/Redaktion/DE/FAQ/Industrie-40/faq-industrie-4-0-03.html [Zugriff: 27.02.2020]

Eckmann, B.; Holthey, L.; Kluft, S.; Krüger, T.; Piegeler, M.; Spars, G. (2021): Gewerbe in der Stadt (GiS) – Wandel im Bestand gestalten. Endbericht. Wuppertal

Fraunhofer-Institut für Produktionstechnik und Automatisierung IPA (o. J.): Urbane Produktion. https://www.ipa.fraunhofer.de/de/Kompetenzen/effizienzsysteme/urbane-produktion.html [Zugriff: 06.03.2020]

Hahn, M. (2015): Eine Konsequente Politik der Innenentwicklung, in: Landeshauptstadt Stuttgart, Amt für Stadtplanung und Stadterneuerung (Hrsg.): Die Produktive Stadt. Symposiumsdokumentation. https://www.stuttgart.de/img/mdb/item/634517/127802.pdf [Zugriff: 12.06.2020]

Mandel, J.; Schließmann, U.; Lentes, J.; Stender, S. (2016): Die Ultraeffizienzfabrik (UltraEff-UP) – Ressourcenschonende Produktionstechnologie ohne Emissionen im urbanen Umfeld. Forschungsbericht BWPLUS. https://um.baden-wuerttemberg.de/fileadmin/redaktion/m-um/intern/Dateien/Dokumente/6_Wirtschaft/Ressourceneffizienz_und_Umwelttechnik/160610_Abschlussbericht_Ultraeffizienzfabrik.pdf [Zugriff: 22.12.2020]

VDI – Verein Deutscher Ingenieure e. V. (2018): Urbane Produktion und Logistik. VDI-Standpunkte April 2018. https://idw-online.de/de/attachmentdata66141.pdf [Zugriff: 27.02.2020]

# Perspektiven für Urbane Produktion – zur Transformation städtischer Gewerbe- und Industriegebiete[1]

*Birte Eckmann, Linn Holthey, Thomas Krüger und Guido Spars*

Ein wesentlicher Ausgangs- und Bezugspunkt für die Transformation der Produktion in den Städten sind die derzeit bestehenden Gewerbe- und Industriebetriebe und die Standorte und Gebiete, in denen sie ansässig sind. Deutschland hat im internationalen Vergleich eine relativ stabile Struktur des Betriebsbestands bzw. weniger Betriebs-Neugründungen aber auch -Schließungen und ist insbesondere im Verarbeitenden Gewerbe stark vom Mittelstand geprägt (Sternberg et al. 2019). Ohne Frage haben unternehmerische Experimente und Neugründungen mittelfristig eine große Bedeutung für Innovationen und Modernisierung in der Wirtschaft. Allerdings sind es vor allem die gegenwärtig bestehenden Betriebe, die sich mittels Umstrukturierungen, Modernisierungen und Innovationen auch im internationalen Wettbewerb, der im Verarbeitenden Gewerbe vorherrscht, offenbar recht erfolgreich agil bewegen.

Für die Transformation der Städte und Regionen sind im Bereich der Produktion also neben den »Start-ups« die bestehenden Betriebe und ihre Weiterentwicklung bzw. Modernisierung entscheidend. Dieser mehr oder weniger kontinuierliche Anpassungs- und Innovationsprozess von Produkt und Produktion benötigt Standorte und Flächen, die diese Veränderungen ermöglichen. Stößt ein Betrieb hier an seine »Grenzen«, kann er entweder sinnvolle oder notwendige Veränderungen nicht umsetzen oder er wird einen neuen Standort suchen. Es zeichnen sich durch Digitalisierung und Vernetzung zwar Chancen ab, die Anlagen und Prozesse von Produktion und Logistik so umweltschonend und kleinteilig auszulegen, dass sie an städtischen Standorten realisiert werden können (vgl. Beitrag Lentes). Dies könnte dazu führen, dass ganz neue Formen kleinteiliger Urbaner Produktion bzw. Manufakturen entstehen, wie sie beispielsweise von Läpple (2013) benannt werden.

Allerdings werden vermutlich neue flexible Möglichkeiten der Produktion vor allem von den bereits bestehenden Betrieben eingesetzt, um ihre Prozesse und Produkte sukzessive zu verbessern. Damit rücken erneut die bestehenden Betriebe bzw. Betriebsstätten Urbaner Produktion in den Mittelpunkt der Betrachtung: Können neue Produktionstechnologien eingesetzt werden? Sind die dazu erforderlichen Anpassungen am bisherigen Standort und auf den verfügbaren Flächen möglich? Sind diese Umstrukturierungen und Investitionen am vorhandenen Standort für die Betriebe auch in mittelfristiger Vorausschau sinnvoll?

---

1 Der Text ist eine Weiterentwicklung des Aufsatzes Eckmann, B.; Holthey, L.; Krüger, T.; Spars, G. (2020): Perspektiven für Gewerbe und Produktion in der Stadt – Zur Transformation von Gewerbebestandsgebieten, in: RaumPlanung 209, 45–49.

Im Hinblick auf die Perspektiven Urbaner Produktion treten somit vor allem, die bestehenden städtischen Gewerbe- und Industriegebiete in den Fokus: Gelingt es, sie für die bestehenden und für ggf. neue Betriebe als Standorte Urbaner Produktion zu sichern und weiterzuentwickeln, d. h. zu transformieren? Oder aber werden die städtischen Gewerbe- und Industriegebiete mittelfristig zu Standorten großflächiger Dienstleistungen in den Bereichen Großhandel, Logistik und im Freizeitbereich? Werden die Mischgebiete zu De-facto-Wohngebieten, angereichert mit Dienstleistungen? Ist das »Urbane Produktion«? Produktion wäre in der Stadt dann nur noch in Gewerbehöfen und neuen Manufakturen, in stark kundenorientierter und kleinteiliger Form präsent. Die Nachfolge der früheren Produktion des Verarbeitenden Gewerbes an urbanen Standorten wäre dann vermutlich vor allem in großflächigen, hoch flexiblen, digital integrierten Produktionskomplexen im suburbanen Raum bzw. am Autobahnkreuz anzutreffen. Aber das ist keine »Urbane Produktion«.

# 1 Gewerbe- und Industriegebiete im Fokus

Urbane Produktion ist in den Städten aufgrund der historisch spezifischen Entwicklungspfade regionaler Wirtschaftsstrukturen und verschiedener sozioökonomischer, infrastruktureller und institutioneller Rahmenbedingungen sehr unterschiedlich ausgeprägt (vgl. Fink et al. 2019, Hüther et al. 2019). Im Hinblick auf die Gebiete und Standortbedingungen Urbaner Produktion lassen sich gleichwohl in allen Städten Deutschlands, wenn nicht im gesamten, historisch industriell geprägten Westeuropa, Gebietstypen identifizieren, die ähnliche Standort- und Entwicklungsbedingungen für Urbane Produktion aufweisen. Zugleich ist festzustellen, dass Kommunen im Rahmen ihrer Stadtentwicklungs- und Strukturpolitik bzw. Wirtschaftsförderung, abgesehen von Maßnahmen mit direktem Bezug auf einzelne Branchen oder gar Unternehmen, Handlungs- und Gestaltungsmöglichkeiten vor allem hinsichtlich der Entwicklung von Gebieten oder Quartieren haben.

Den Kommunen steht eine breite Palette von Handlungsfeldern zur Verfügung: Sie sind verantwortlich für die Dimensionierung, Unterhaltung und Erneuerung wesentlicher Infrastrukturen (Verkehr, Ver- und Entsorgung, Grünflächen u. a.). Sie setzen wesentliche Rahmenbedingen durch das Planungsrecht, nicht nur für die Anordnung und Dimensionierung von baulichen Nutzungen. Sie sind außerdem über die Baugenehmigung, in die u. a. der staatliche Immissionsschutz integriert ist, auch an der Veränderung von Produktionsanlagen beteiligt. Auf die Kommunen werden vermutlich zukünftig darüber hinaus in den Bereichen Mobilität, Kreislaufwirtschaft und Mikroklima zusätzliche Aufgaben und Instrumente insbesondere auf der Quartiersebene zukommen. Und neben diesen primär ordnungsrechtlich geprägten Handlungs- und Gestaltungsfeldern können die Kommunen durch Kommunikation und Kooperation mit den Akteuren mit ähnlicher Betroffenheit, d. h. in Quartieren, Einfluss nehmen. Ebenso können städtebauliche Planungen für Quartiere erarbeitet und auch gezielt Investitionen getätigt werden. Die Kommunen prägen also die Rahmenbedingungen für die Transformation der Quartiere und können dafür verschiedene Impulse setzen.

Allerdings bleibt es in der Gesellschaftsordnung Deutschlands bzw. Westeuropas grundsätzlich den privaten Akteuren überlassen, wie sie ihre Produkte und Leistungen, ihre Produktions- und Wertschöpfungsprozesse, ihre Gebäude und Grundstücke sowie ihre Kommunikation oder gar Kooperation mit anderen privaten Akteuren und der Kommune gestalten. Es erscheint banal und ist zugleich fundamental festzuhalten, dass eine positive Entwicklung von Gewerbe- und Industriestandorten und -gebieten nur gelingen kann, wenn die kommunalen bzw. öffentlichen Akteure und die verschiedenen privaten Akteure die Transformation der Liegenschaften und ganzer Gebiete in einem wechselseitig koordinierten Prozess gemeinsam angehen.

Einen solchen koordinierten Prozess der Transformation anzustoßen, umzusetzen und zu verstetigen, ist eine große Herausforderung. Denn die privaten Akteure in den Gewerbe- und Industriegebieten sind mit dem Wettbewerb, dem sie sich stellen, ihren Wertschöpfungsprozessen und betrieblichen Anforderungen sowie den jeweils relevanten Technologien, Wissensgebieten, Netzwerken und Rahmenbedingungen zumeist schon voll ausgelastet. Vor diesem Hintergrund sollen aus ihrer Perspektive vom unmittelbaren räumlichen Umfeld keine Beeinträchtigungen oder Störungen für den eigenen Betrieb ausgehen. Das Umfeld soll möglichst reibungslosen Verkehr und dabei ggf. externe Flexibilität ermöglichen, z. B. öffentliche Parkplätze und ggf. Warte- oder Rückstauflächen für Zulieferungen bereitstellen. Ansonsten besteht, von Ausnahmen abgesehen – etwa Betriebe, deren Beschäftigte Wert auf eine besonders angenehme Umgebung am Standort legen, oder solche, die für ihre Außenwirkung als Unternehmen eine hohe Umfeld- und Gestaltungsqualität bevorzugen –, bei den Betrieben kein besonderes Interesse an ihrer Nachbarschaft. Um sie also für eine Kooperation zur Gestaltung des Umfeldes zu gewinnen, muss zuerst eine gemeinsame Kommunikation aufgebaut, ein wechselseitiges Verständnis geschaffen und ein konkreter Nutzen für die Betriebe möglichst greifbar sein.

Im Hinblick auf das Pendant der Kommune muss konstatiert werden, dass die Problemlagen in den Gewerbe- und Industriegebieten auch nicht zu den prioritären Themen der Kommunalpolitik gehören. Im Gegenteil, in der Stadtentwicklung sind sie eher ein »notwendiges Übel«, von dem, wegen der oft hohen Verkehrsbelastung, Versiegelung und Emissionen, tendenziell vor allem Belastungen und Konflikte ausgehen. Deshalb und weil städtebauliche und architektonische Gestaltung in der Regel kaum eine Rolle spielen, gehören Gewerbe und Industrie auch nicht zu den Lieblingsthemen der Profession Stadt- und Raumplanung. Zudem führen die im Vergleich zu anderen Nutzungen ausgeprägte Heterogenität der Betriebsformen und Anforderungen von Gewerbe- und Industriebetrieben, die Vielfalt an Einflüssen sowie die hohe Dynamik von Veränderungen dazu, dass es schlicht sehr schwierig ist, für diese zu »planen« bzw. die Entwicklung gezielt zu beeinflussen – auch wenn die möglichen Ansatzpunkte auf der kommunalen Ebene, wie oben skizziert, gar nicht so wenige sind. Aber schließlich gilt auch: »Arbeitsplätze wählen nicht«. Die Wahrscheinlichkeit, in der Kommunalpolitik mit Aktivitäten zu Gewerbe und Industrie Anerkennung zu gewinnen und den Protagonisten zurechenbare Erfolge zu erzielen, ist deutlich geringer als beispielsweise in den Bereichen des Wohnens, des Wohnumfeldes und der sozialen Infrastruktur. Ähnlich wie bei den Betrieben muss also auch bei vielen Kommunen, in der Verwaltung und der Politik, Verständnis für die Relevanz und die Komplexität des Themas erst noch geschaffen werden.

# 2 Konstellationen und Handlungsmöglichkeiten in den Gebieten

Die Herausforderungen, aber auch die Chancen einer Transformation der verschiedenen Gewerbe- und Industriegebiete einer Stadt können besser verstanden und bearbeitet werden, wenn die vielfältigen Problemstellungen, Rahmenbedingungen und Potenziale nach typischen Konstellationen sortiert und anschaulich aufbereitet werden. Im Hinblick auf die kommunalen Handlungs- und Gestaltungsmöglichkeiten ist dafür, wie oben aufgezeigt, ein gebiets- bzw. quartiersbezogener Ansatz besonders aussichtsreich. Deshalb wurden in dem Forschungsprojekt »Gewerbe in der Stadt – Wandel im Bestand gestalten« (GiS) Gebietstypen mit ähnlichen Struktur- und Entwicklungsbedingungen definiert und genutzt (vgl. den vorangegangenen Beitrag in diesem Band). Dabei lassen sich folgende Typen unterscheiden:

- *Mikrostandorte*, d.h. gewissermaßen kleine ›Inseln der Produktion‹, umgeben von Misch- oder Wohngebieten, die je nach Lage in der Stadt und wirtschaftlicher Entwicklungsdynamik einerseits unter starkem Umnutzungsdruck stehen, andererseits ein interessantes Potenzial für kleinteilige Produktion oder Kombination von Produktion mit Büros und Dienstleistungen in zentralen Lagen bieten. Die Entwicklungsoptionen für die Varianten der Mikrostandorte, d.h. funktionsgemischtes Gebiet mit Produktion, kleines Gewerbegebiet oder Einzelstandort, sind i.d.R. gut zu identifizieren: Es kommt entscheidend auf die Kommune an, Ziele zu setzen und in Verhandlungen mit den Akteuren deren Umsetzung zu betreiben.
Im Falle des kleinen, zentral gelegenen Gewerbegebiets Hohenfelder Allee in Hamburg verfolgt die Kommune den Erhalt des Gewerbestandortes bei schwierigen Grundstückszuschnitten im Rahmen eines Bebauungsplanverfahrens. Dagegen versuchen einige Eigentümer, Büro- oder Mischnutzungen bis hin zu Wohnen durchzusetzen.
- *Gewerbe- und Industriegebiete*, d.h. großflächige, i.d.R. geplante Gewerbe- und Industriegebiete mit heterogenen und unterschiedlich intensiven Nutzungs-

strukturen, die je nach stadträumlicher Lage und wirtschaftlicher Dynamik an ihren Rändern, besonders angrenzend an urbane Quartiere, unter starkem Veränderungsdruck durch einsickernde Tertiarisierung stehen oder von abnehmender Intensität der Flächennutzung geprägt sein können. Hier gilt es, seitens der Kommune klare Perspektiven zu entwickeln, diese ggf. planungsrechtlich abzusichern und eine entsprechende Entwicklung der Flächen zu fördern.

Im Falle des K2-Areals in Krefeld ist es der Eigentümer, der die Neuentwicklung von Gewerbe- und Industrienutzungen im Bestand erfolgreich betrieb, während die Kommune in der Umgebung eine deutliche Tertiarisierung bis hin zu großflächigem Einzelhandel zugelassen hat. Im großen Gewerbe- und Industriegebiet Schnackenburgallee/Kronsaalsweg in relativ zentraler Lage Hamburgs mit hervorragender Verkehrsanbindung sind deutliche Kontraste von intensiv genutzten kleineren Gewerbeflächen bis hin zu Bürokomplexen auf der einen Seite und größeren Lager- oder Stellplatzflächen bis hin zu Brachen auf der anderen Seite festzustellen, sodass ein erhebliches Entwicklungspotenzial nicht genutzt wird. Ähnlich wie in funktionsgemischten Gebieten gilt es hier, seitens der Kommune klare Perspektiven zu entwickeln und ggf. auf Eigentümer oder Betriebe zuzugehen, um diese umzusetzen.

- *Fabrikstandorte* in zentraler Lage wurden in der Vergangenheit nach Aufgabe oder Verlagerung der Produktion vielfach zu reinen Dienstleistungs- oder Wohnstandorten umgenutzt. Angesichts der inzwischen vielfach nur noch geringen Emissionen von Produktionsprozessen bieten die Fabrikstandorte allerdings ein interessantes Potenzial für die Weiterentwicklung der vorhandenen oder neuen Urbanen Produktion, ggf. kombiniert mit ergänzenden Dienstleistungen. Hier kommt es auf klare Vorgaben der Kommune an, die gewerbliche Nutzung planungsrechtlich abzusichern, um Nutzungskonzepte durchzusetzen, die eine Integration von Produktion sicherstellen.

Im Falle der in einem gewachsenen Produktions-, Labor- und Bürokomplex ansässigen Teile der Beiersdorf AG erfolgte eine Standortaufspaltung: die Abwanderung vom Unternehmensbereich tesa in einen neuen, integrierten Labor- und Bürokomplex auf eine suburbane GI-Fläche und die sukzessive Weiter- und Neuentwicklung von Flächen für Produktion, Labore und Büros für den Unternehmensbereich Consumer (u. a. NIVEA, Eucerin) sowie die Konzernzentrale am bisherigen Standort, inklusive einer Option auf zukünftige Erweiterungen auf Kleingartenflächen. Die Stadt Hamburg konnte den Anforderungen tesas (GI-Fläche für Labor, gesamte Fläche 10 ha im Norden Hamburgs) nicht entsprechen und hat die Umstrukturierung des Standortes Eimsbüttel, den die Beiersdorf AG selbst kommunikativ stark begleitet hat, durchgehend unterstützt.

- *Funktionsgemischte Gebiete* gibt es aus der Vergangenheit in vielfältigen Konstellationen und sie werden neuerdings verstärkt wieder geplant, etwa um Gewerbe und Wohnen zu mischen, Forschung & Entwicklung mit Gewerbe und Wohnen zu verknüpfen oder publikumsorientierte Dienstleistungen wie Handel und Gastronomie verträglich neben Wohnnutzungen zu organisieren. Selbst wenn funktionsgemischte Gebiete neu geplant werden, wie bspw. beim

Quartier an der Friedensallee in Hamburg oder beim Projekt Phoenix in Dortmund, stellt die räumliche Anordnung der Nutzungen und die Festsetzung von Bedingungen eine große Herausforderung dar.

In gewachsenen funktionsgemischten Gebieten kann es zwischen den Nutzungen zu Konflikten kommen, schon weil diese sehr unterschiedliche Anforderungen an ihr räumliches Umfeld haben. So wurde für das ehemalige Produktionsgelände Kolbenschmidt vom Eigentümer zunächst auch angestrebt, Wohnungsbau zu realisieren. Der Widerstand von ansässigen gewerblichen Zwischennutzern löste dann ein Umdenken bei der Politik aus und führte schließlich zur Planung des funktionsgemischten »Quartier an der Friedensallee«.

Gewachsene funktionsgemischte Bestandsgebiete mögen vielfältig und urban erscheinen. Das bringt allerdings auch mit sich, dass es zu vielfältigen Interessenunterschieden, Reibungen oder Konflikten kommen kann, die zwischen den ansässigen Firmen und anderen Betroffenen geklärt werden müssen. Denn, einmal abgesehen vom ggf. erforderlichen Aufwand einer Klärung und Bearbeitung, besteht für ordnungsrechtliche Eingriffe der Kommune ohnehin kaum Handhabe. Dies führte und führt nach wie vor tendenziell dazu, dass sich produzierendes Gewerbe aus der Funktionsmischung lieber zurückzieht, weil von ihm »Störungen« (Emissionen, Lieferverkehr, 24/7-Produktion etc.) ausgehen können, die andere Nutzungen in dieser Form nicht verursachen und auch nicht bereit sind, zu tolerieren. Hinzu tritt, dass mit dem Rückzug der Produktion oft eine attraktive »Fruchtfolge« für den Bodenwert erwartet wird – die bisher nicht selten auch mittelfristig eintritt. Dabei ist die nachhaltige Bewirtschaftung von Gewerbeimmobilien bzw. Gewerbehöfen ein Geschäftsfeld mit durchaus interessanten Renditepotenzialen, in dem spezialisierte Anbieter durchaus erfolgreich tätig sind[2] – vorausgesetzt der Einstiegspreis ist tragbar.

# 3 Schlüsselrolle des Grundeigentums

In den Gebietstypen bestehen, wie oben exemplarisch aufgezeigt, unterschiedliche Optionen für die zukünftige Entwicklung und damit, in Abhängigkeit vom Verhalten der Kommune, für die Eigentümer. Je nach Lage in der Stadt, der Erschließung sowie Größe und Zuschnitt von Grundstück und Gebäuden können für eine Gewerbefläche neben Produktion auch andere Nutzungen infrage kommen. Dabei braucht es für Stellplätze oder Autohandel nur Grundstücksfläche,

---

2 So werden z. B. in Hamburg Gewerbeimmobilien bzw. Gewerbehöfe neben der stadteigenen Gesellschaft Sprinkenhof GmbH und z. B. der bundesweit agierenden BEOS AG auch von verschiedene kleineren gewerblichen und auch privaten Anbietern offenbar erfolgreich bewirtschaftet.

für eine einfache Lagerhaltung müssen Gebäude nur leergeräumt werden und für Großhandel oder Logistik sind nur einfache Einbauten erforderlich. Größere Investitionen müssen erst erfolgen, wenn für eine Nutzungsveränderung eine Modernisierung, ein Um- oder gar Neubau erforderlich ist.

Auf diese Weise können mit älteren Gewerbeflächen aufgrund der i. d. R. geringen Grunderwerbskosten in der Vergangenheit und inzwischen erfolgter Abschreibungen auf die Gebäude selbst bei nur geringen Einnahmen bzw. Mieten interessante Renditen auf das eingesetzte Kapital erzielt werden. Deshalb und weil die Eigentümer oft Gesellschaften, die »stille Reserven« schätzen, oder Personen mit Vermögen sind, haben sie i. d. R. keine Veranlassung, ihre Gewerbeimmobilie zu verkaufen. Solange eine Vermietung möglich ist, wobei oft nicht nur die Betriebs-, sondern auch die Instandhaltungskosten von den Mietern getragen werden, kann mit geringem Aufwand eine Rendite erwirtschaftet werden. Eine Transformation bzw. Modernisierung von Gewerbeflächen als Standorte von Produktion wird durch den Marktprozess somit kaum befördert (Breuer 2019, 112).

Vielmehr kommt es an Mikrostandorten, in funktionsgemischten Gebieten und an den Rändern von Gewerbegebieten in guter Verkehrslage regelmäßig zu der Erwartung, dass die ohnehin tendenziell bedrängte Produktion mittelfristig durch Dienstleistungen oder ggf. auch Wohnen ersetzt werden kann, womit eine sprunghafte Wertsteigerung verbunden ist. Eine solche Tertiarisierung von Gewerbegebieten (vgl. Fallstudie Schnackenburgallee/Kronsaalsweg) oder sogar eine Art Gentrifizierung zum reinen Büro- oder sogar Wohnstandort war, zumindest in Stadtregionen mit günstiger wirtschaftlicher Entwicklung, in der Vergangenheit vielfach zu beobachten. Selbst wenn die Kommune eine solche Entwicklung nicht zulässt, können die Grundeigentümer, sofern sie nicht spekulativ zu einem hohen Preis gekauft haben, selbst mit Lager- oder Stellplatznutzungen noch gute Renditen auf das eingesetzte Kapital erzielen – und dies ohne Risiko.

Demgegenüber ist eine Neuentwicklung im Bestand mit hohem Kapitalbedarf und erheblichen Risiken verbunden. Hinzu tritt nicht selten die Restriktion, dass die überkommenen vorhandenen Grundstücksgrößen und -zuschnitte sowie die Situation auf benachbarten Grundstücken oder im Bereich der Erschließung eine Neuentwicklung erschweren. Diese Faktoren bewirken, dass eine Nutzung mit geringer Wertschöpfung, die vielfach in Gewerbe- und Industriegebieten selbst in wachsenden Regionen vorzufinden ist (vgl. Fallstudie Schnackenburgallee/Kronsaalsweg), oder gar ein Brachfallenlassen aufgrund der Spekulation auf eine spätere attraktive Folgenutzung oder Neuordnung aus der Perspektive von Eigentümern bzw. einzelwirtschaftlich durchaus rational sein kann.

Gelegentlich versuchen Grundeigentümer, Kommunen durch dauerhaften Leerstand bis hin zur Verwahrlosung von Grundstücken zu einer solchen Aufwertung zu nötigen. Solche Vorbilder können sich in der Umgebung fortsetzen, mit der Folge, dass der Standort für die Urbane Produktion verloren geht. Geschieht dies nicht, besteht in älteren Gewerbe- und Industriegebieten, insbesondere in Regionen mit ungünstiger wirtschaftlicher Entwicklung, eher die Tendenz zur Stagnation oder zu einem Downgrading der Gebiete, im Extremfall sogar bis zur Gewerbebrache (Holl 2012, 18; Pesch 2012, 11 ff.). Um dem entgegenzuwirken, besteht die Notwendigkeit, die Stadt und den urbanen Raum als Standort zeitgemäßer Urbaner Produktion nachhaltig weiterzuentwickeln und bestehende Gewerbe- und Industriegebiete strategisch umzustrukturieren.

# 4 Akteurskonstellationen

Eine Transformation von Gewerbe- und Industriegebieten wird vom Zusammenwirken dreier Hauptakteure bestimmt: Der Stadt bzw. Kommune, den Immobilieneigentümern und den Betrieben am Standort, einschließlich derer, die an einer Ansiedlung interessiert sind. Diese drei Akteure bringen unterschiedliche Interessen, Perspektiven und Handlungsmöglichkeiten mit, die im Folgenden in typisierender Form beleuchtet werden (▶ Abb. 1).

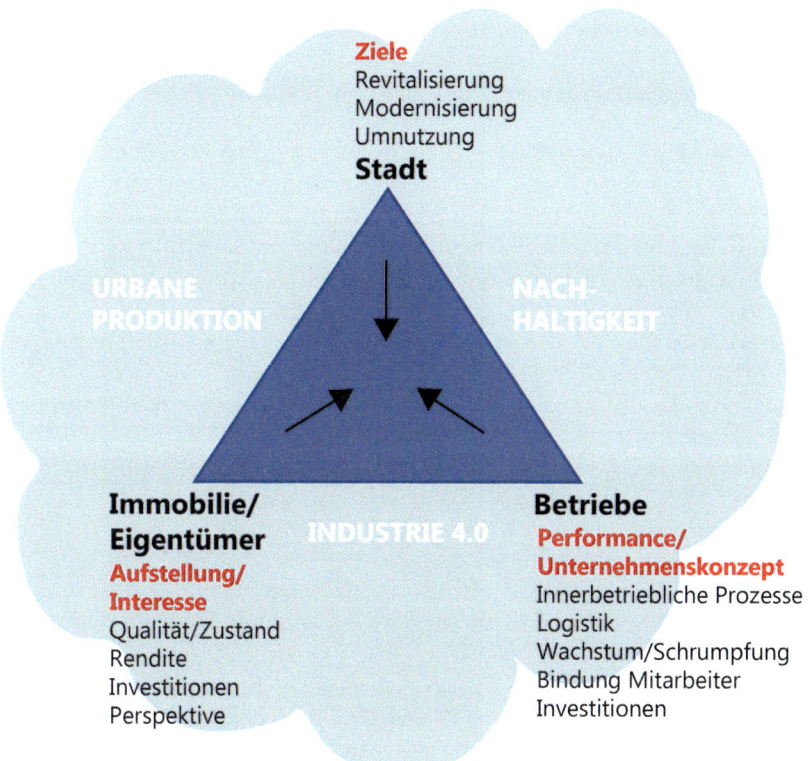

Abb. 1: Akteursdreieck (Quelle: eigene Darstellung).

Die Stadt bzw. Kommune verfolgt übergeordnete Ziele, die z. B. mithilfe von Leitbildern zu einer Verbesserung bzw. Aufwertung der Gesamtstadt und Gesellschaft führen sollen (Stadtentwicklung). Mit dem Planungsrecht und infrastrukturellen Maßnahmen kann sie die Rahmenbedingungen setzen und so die Modernisierung, Revitalisierung oder Umstrukturierung von Gewerbe- und Industriegebieten befördern (z. B. in Form von nachhaltigen Energie-, Mobilitäts- oder Entwicklungskonzepten), diese aber auch möglicherweise blockieren. Die Stadt bzw. Kommune muss ggf. zunächst eine führende Rolle einnehmen, das heißt, Ziele entwickeln, mögliche Ordnungs- oder Förderinstrumente einsetzen, die Akteure im Gebiet (Betriebe und Eigentümer) aktivieren und koordinieren sowie Impulse setzen. Dies gilt besonders dann, wenn von den privaten Akteuren keine nach Lage und Erschließung angemessene Weiterentwicklung der knappen Gewerbeflächen erreicht wird bzw. erreicht werden kann und die Gefahr eines »Marktversagens« erkennbar ist. Hierbei kann das Bild des Gefangenendilemmas das Marktversagen und die damit einhergehenden Blockierungen erläutern, da die Betriebe und Eigentümer auf die Initiative ihrer Nachbarn warten, bevor sie selbst aktiv werden, und sich somit gegenseitig blockieren (Inman 1987; Spars 2013).

Allerdings sind Kommunen komplex strukturiert und es werden in ihrem politisch-administrativen System verschiedene, zum Teil konkurrierende Ziele verfolgt. Auch die Interessen, Perspektiven und Handlungsmöglichkeiten von Immobilieneigentümern können sehr unterschiedlich sein und sind stark vom jeweiligen Eigentümer-Typ abhängig, je nachdem, ob es sich hierbei z. B. um das die Fläche selbst nutzende Unternehmen, eine Immobiliengesellschaft, eine Bank, einen Fonds oder um eine Privatperson handelt. Im Wesentlichen existieren bei Gewerbebestandsgebieten drei Typen von Eigentümern: Diese sind entweder a) Eigennutzer (auf dem Grundstück als Betrieb aktiv), deren Anteil vermutlich mit fortschreitendem Alter des Gebiets eher abnimmt, oder es sind b) Anleger mit einem Immobilien-Geschäftsmodell oder aber aus Gelegenheit, die spekulativ handeln, oder c) Rentiers bzw. Erben, die oftmals nicht von den Einnahmen aus der Vermietung oder Verpachtung der Gewerbeimmobilien abhängig sind und schon mit »geringwertigen« Nutzungen eine gute Rendite erzielen. Oftmals sind die spekulativen Anleger aus Gelegenheit sowie die Rentiers bzw. Erben keine »Immobilienprofis«, sondern vielmehr »Amateure«.

Für die Betriebe ergeben sich je nach Unternehmensgröße und Branche unterschiedliche Interessen, Perspektiven und Handlungsmöglichkeiten. In erster Linie agieren sie auf ihren Märkten oder Technologiefeldern im Wettbewerb. Gleichwohl haben die Betriebe einen wesentlichen Einfluss auf die Entwicklung in einem Gewerbe- oder Industriegebiet. Neben kurzfristigen markt- oder technologiebedingten Umbrüchen wirkt sich besonders der Lebenszyklus von Betrieben stark auf ein Gebiet aus (Bonny/Mücke 2011, 13; vgl. Beitrag Bonny in diesem Band). Spätestens 30 bis 40 Jahre nach einer Unternehmensansiedlung bzw. bei einem Wechsel des Eigentümers oder der Geschäftsführung stellt sich in vielen Betrieben die Frage, in welche Richtung die Entwicklung weitergehen soll: Wird Wachstum angestrebt, Kontinuität, Schrumpfung oder Schließung? Bei Wachstumsplänen kann sich die Standortfrage stellen, bei Schrumpfung oder gar

Schließung werden Flächen frei und bilden ein neues Entwicklungspotenzial. So lange die Betriebe und Eigentümer über ihre Veränderungsoptionen nachdenken, ergeben sich daraus »Windows of Opportunity«, die von der Kommune aktiv genutzt werden sollten (Lahner 2020, 449; Geels 2011, 28 f.). Dabei ist damit zu rechnen, dass Betriebe oder Eigentümer mithilfe von Druck oder guten Beziehungen versuchen, allein ihre Interessen durchzusetzen.

Zwischen den drei Akteuren Kommune, Immobilieneigentümer und Betrieb existieren Wechselwirkungen und Abhängigkeiten. Bei veränderten Standort- und Flächennutzungen kann keiner von ihnen die Entwicklung allein bestimmen und gestalten. Schon bei der Durchsetzung größerer Veränderungen – wie bspw. Nutzungswechsel, Leerstand oder Umbau – und besonders für eine Umstrukturierung bzw. Transformation ist ein wechselseitiger Anpassungs- oder Klärungs- und Abstimmungsprozess zwischen den Akteuren erforderlich. Bleibt dieser aus, kann die Nutzung ausfallen oder die verfolgte Veränderung gehemmt werden: Grundstücke oder ganze Gebiete werden suboptimal genutzt oder fallen brach. Es kommt in der Folge zu einer räumlichen Fehlallokation von Gewerbeflächen. Für einen erfolgreichen Transformationsprozess ist es daher notwendig, erstens bestimmte Rahmenbedingungen für die städtebaulichen Entwicklung zu schaffen (Planungsrecht, Bodenrecht, fiskalische Situation der Kommune) und zweitens zumindest temporär die Kommunikation zwischen den Akteuren zu organisieren und einen gemeinsamen Zielkorridor zu formulieren, damit der Transformationsprozess, trotz oftmals sehr heterogener Aufstellung der Beteiligten, erfolgreich und zügig bewältigt werden kann. Regelmäßige Dialoge zwischen der Verwaltung, den Eigentümern und den Betrieben eines Gebietes können sehr hilfreich sein, den Kontakt aufzubauen, wechselseitig zu informieren und somit auf das »Window of Opportunity« vorbereitet zu sein.

# 5 Entwicklung von Transformationsstrategien

Für eine erfolgreiche Transformation von Gewerbestandorten sind demzufolge Strategien erforderlich, die einen wechselseitigen Anpassungs- oder Klärungs- und Abstimmungsprozess zwischen sehr verschiedenen Akteuren ermöglichen und fördern. Im Grundsatz stellt sich eine Frage, die sich in der Stadtentwicklung immer wieder stellt, nämlich: Wie kann das zukünftige Handeln einer Vielzahl von Akteuren, die unterschiedlichen Eigenlogiken folgen und die nur punktuell miteinander bekannt oder verknüpft sind, im Hinblick auf die Entwicklung eines Gebietes so koordiniert und gelenkt werden, dass die angestrebte Veränderung bzw. neue Struktur auch realisiert wird? (BBSR 2020b, 30)

Angesichts der im vorigen Abschnitt skizzierten Beharrungstendenzen allein im Bereich der Immobilieneigentümer sowie der Ungleichzeitigkeiten der Entwicklungen und der Fragmentierung auf Seiten der ansässigen Betriebe wird allein ein Zielbild oder ein »Angebots«-Bebauungsplan der Kommune vermutlich nicht dazu führen, dass die angestrebte Entwicklung tatsächlich in größerem Umfang einsetzt. Vielmehr ist eine Vielzahl von Abstimmungen zwischen einzelnen Beteiligten erforderlich, um die gewünschte Entwicklung auch tatsächlich nach und nach umzusetzen. Dazu gehören Abstimmungen

- zwischen Immobilieneigentümern und Betrieben,
- zwischen benachbarten Immobilieneigentümern, ggf. auch zwischen dortigen Betrieben,
- zwischen Immobilieneigentümern und möglichen Investoren oder ansiedlungswilligen Betrieben und
- i. d. R. Abstimmungen mit und Aktivitäten von verschiedenen öffentlichen Dienststellen.

Im akademischen Diskurs der Stadt- und Raumplanung wird seit einigen Jahren diskutiert, ob Konzepte der »Strategischen Planung«, die im Bereich der Organisations- bzw. Managementtheorie entwickelt wurden, um insbesondere die Anpassungs- und Innovationsfähigkeit von Unternehmen in zunehmend turbulenten sozioökonomischen und technologischen Umwelten zu verbessern, auf die räumliche Entwicklung oder Planung übertragen werden können (Krüger 2007). Dabei steht nicht der Gegenstand oder fachliche Inhalt der Planung im Mittelpunkt, sondern vor allem der Planungsprozess als solcher, in dem Probleme identifiziert, Zielsetzungen definiert und schließlich das Handeln schrittweise in eine neue, mehr oder weniger stark »geplante« Richtung gelenkt wird. Dazu werden weder ein synoptisch-deduktiver Ansatz »rationaler« Planung, der »von oben« entwickelt und durchgesetzt wird, noch ein inkrementelles, schrittweises Vorgehen, das von verschiedenen Akteuren bzw. »von unten« jeweils pragmatisch umgesetzt wird, allein für geeignet gehalten. Wiechmann (2018) charakterisiert diese zuspitzend als einen »linearen« versus »adaptiven« Planungsansatz, die beide den Diskurs der Planungstheorie in den letzten Jahrzehnten prägten. Im Mittelpunkt der jüngeren Diskussion steht das Zusammenwirken oder die Konvergenz linearer und adaptiver Ansätze. Es geht um eine Kombination und die Wechselwirkungen analytisch fundierter, »rationaler«, vielfach formalisierter und langfristig orientierter (nachhaltiger) Planung mit einer vielfältigen, i. d. R. informellen Aushandlungspraxis, die von Partialinteressen, Einzelprojekten und auch Innovationen getrieben wird, sodass die Entwicklung durch »ungeplante« bzw. emergente Prozesse erheblich beeinflusst wird (▶ Abb. 2; Wiechmann 2018).

Das Konzept der »Strategischen Planung« erscheint geeignet, eine Orientierung für einen Prozess zu geben, in dem die Transformation von Gewerbebestandsgebieten trotz einer stark fragmentierten und heterogenen Akteurslandschaft bei relativ eingeschränkten Handlungsmöglichkeiten der Stadt gefördert und gelenkt werden kann. Dabei muss i. d. R. die Stadt die Rolle des »Strategen« einnehmen und Rahmenbedingungen für die Akteure schaffen, damit die Zielsetzungen erreicht werden können.

Darüber hinaus kann oder muss ggf. die Stadt die angestrebte Entwicklung auch durch eigens gesetzte Impulse forcieren. Dazu kann eine »aufsuchende« Beratung von Eigentümern und Betrieben gehören, die Beförderung der Kontakte

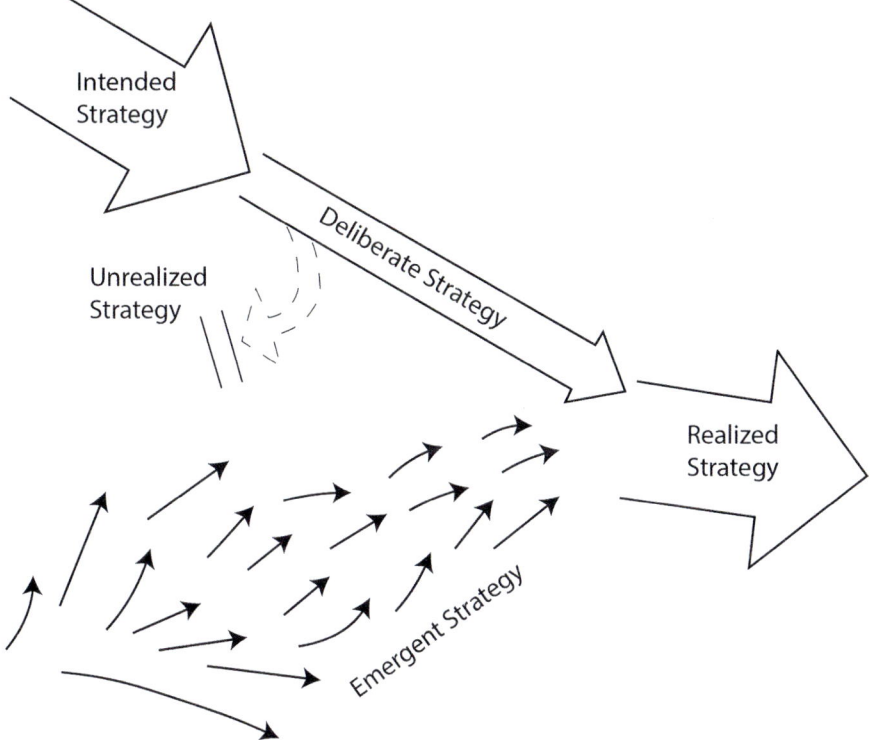

**Abb. 2:** Aufstieg und Niedergang des strategischen Planens (Quelle: Mintzberg 1994).

und Kommunikation zwischen den privaten Akteuren im Gebiet, eine aktive Bodenpolitik bis hin zum Einsatz des Besonderen Städtebaurechts zur Behebung der Funktionsschwächen oder zu eigenen Investitionen in »Leuchtturmprojekte« wie Forschungs- und Bildungseinrichtungen oder Technologiezentren.

Das Leitbild, die Rahmenbedingungen und die Impulse durch die Kommune können aber nicht die Aktivitäten der privaten Akteure, also der Immobilieneigentümer, Bestandsbetriebe und Investoren, und auch nicht die Neuansiedlungen ersetzen, die für den Erfolg der Transformation entscheidend sind. Die strategischen Vorgaben und Interventionen der Kommune auf der einen Seite und das schrittweise Handeln und Aushandeln der verschiedenen privaten Akteure auf der anderen Seite, zwischen denen Interaktionen, d.h. wechselseitige Anpassungen und Weiterentwicklungen bzw. Lernprozesse erfolgen müssen, können zur angestrebten Transformation führen, deren konkrete Ausgestaltung sich erst emergent im Prozess ergibt. Verschiedene Elemente einer solchen Strategie finden sich in den Ergebnissen des ExWoSt-Forschungsfeldes, in denen ein umfassender Katalog möglicher Handlungsansätze erarbeitet wurde (BBSR 2020a, BBSR 2020b).

# 6  Konzept und Träger der Transformation

In diesem Abschnitt wird ein Konzept für sinnvolle Schritte im politisch-administrativen System einer Stadt skizziert, um jeweils Transformationsstrategien zu entwickeln und ihre Umsetzung zu unterstützen. Voraussetzung für die Entwicklung von Transformationsstrategien für Gewerbebestandsgebiete durch die Kommune ist allerdings, dass die Politik den Bedarf und die Ziele einer aktiven Transformationspolitik für Gewerbebestandsgebiete anerkennt, sie zum Handlungsfeld der Kommune erklärt und Ressourcen (zunächst Personal- und Planungsmittel) hierfür bereitstellt. Ein solches Agenda-Setting wird vermutlich nur ausnahmsweise aus der Politik selbst heraus geschehen; es bedarf im Vorfeld der Vorbereitung und Begleitung – bestenfalls durch die politische Spitze der Stadt (Bürgermeister oder Dezernent), unterstützt durch Fachleute in der Verwaltung und ggf. durch Interessengruppen, wie die Industrie- und Handelskammern und Handwerkskammern, ggf. auch die Umweltverbände.

Innerhalb der Verwaltung muss die Zuständigkeit geklärt und es müssen verantwortliche Personen benannt werden. Aufgrund des Bezugs auf bestimmte Gebiete sowie auf Planung, Genehmigung und Bauen scheint eine Zuordnung zur Stadtplanungsverwaltung in enger Kopplung mit der Wirtschaftsförderung sinnvoll. Aufgrund der potenziell vielfältigen Bezüge zu anderen Handlungsfeldern der Kommune ist die Schaffung, zunächst einer Projektgruppe, ggf. einer auf Dauer angelegten Arbeitsgruppe »Gewerbebestandsgebiete« sinnvoll, in der die Informationen und Aktivitäten der verschiedenen Beteiligten in der Verwaltung koordiniert werden.

Entscheidend für den Erfolg ist neben einer effektiven Koordination innerhalb der Verwaltung allerdings der Kontakt und Austausch mit den privaten Akteuren in den jeweiligen Gebieten, der durch entsprechend qualifizierte Personen nach und nach aufgebaut werden muss. Inzwischen jahrzehntelange Erfahrungen in der Stadterneuerung, aber auch im City-Marketing und bei Eigentümer-Standortgemeinschaften (ESG) bzw. Business Improvement Districts (BID) zeigen, dass der Kontakt zu den Akteuren vor Ort durch kontinuierlich ansprechbare bzw. präsente Gebietsbetreuer oder »Quartiersmanager« gut aufgebaut werden kann. Diese müssen nicht Teil der Verwaltung sein. Vielmehr hat sich bewährt, dass diese von eigenen, spezialisierten Aufgabenträgern beschäftigt werden und somit auch institutionell intermediär – also »zwischen« der Verwaltung und den privaten Akteuren – angesiedelt sind.

Die privaten Akteure müssen aktiv werden und für sich einen konkreten Vorteil in den erwünschten Veränderungen erkennen, der für sie so groß ist, dass er den erheblichen Aufwand gegenüber dem Status quo und die Risiken, die mit einer transformativen Veränderung verbunden sind, deutlich überwiegt. Ergänzt werden sollte diese Organisationsstruktur durch eine Art Forum, in dem sich Vertreter relevanter Verbände und der lokalen Politik, die ggf. bereits im Vorfeld informell eingebunden waren (Agenda-Setting), mit der Verwaltung und der Gebietsbetreuung über die Transformation der Gewerbebestandsgebiete informieren und austauschen können. Die neue und komplexe Aufgabe einer systematischen

Transformation der städtischen Gewerbegebiete erfordert also eine wenigstens minimale Institutionalisierung und eine Governance, weil eine übergeordnete Zielsetzung von verschiedenen Akteuren umgesetzt werden soll, viele Problemkonstellationen über längere Zeiträume bewältigt werden und wechselseitige Lernprozesse erfolgen müssen.

# 7 Fazit

Um den aktuellen Strukturwandel der industriellen Produktion nicht an den Städten vorbeiziehen zu lassen und die Innenentwicklung zu fördern, gehört die Transformation städtischer Gewerbegebiete zu Standorten moderner Urbaner Produktion auf die Agenda der Stadtentwicklungspolitik. Dabei sollte die Stadt als »Stratege« agieren, der Entwicklungsziele definiert und die erforderlichen Rahmenbedingungen schafft, damit die wesentlichen Akteure – d. h. die Betriebe, die Immobilieneigentümer und die verschiedenen beteiligten hoheitlichen Stellen – schrittweise Verbesserungen entwickeln, aushandeln und umsetzen. Dieser Prozess kann durch ein Gebietsmanagement und eine Koordination innerhalb der Verwaltung wesentlich befördert werden. Auf diese Weise würden die Ansätze der insgesamt durchaus erfolgreichen Sanierung und Stadterneuerung, mit denen seit den 1970er Jahren dem Niedergang von Quartieren und dem Marktversagen in der Stadtentwicklung entgegengewirkt wird, in einer neuen, stärker akteursorientierten Ausrichtung in den städtischen Gewerbegebieten ankommen.

# Quellen

Bonny, H. W.; Mücke, D. (2011): Gewerbeflächen und Gewerbestandorte in Bergisch Gladbach. Planquadrat Dortmund

Breuer, B. (2019): Neue Nutzungen an etablierten Produktions- und Arbeitsorten, in: BBSR – Bundesinstitut für Bau-, Stadt- und Raumforschung (Hrsg.): Neue Arbeitswelten. Wie wir in Zukunft arbeiten (Information zur Raumentwicklung 6/2019). Bonn, 104–113

BBSR – Bundesinstitut für Bau-, Stadt- und Raumforschung (2020a): Vergessene Stadträume – Weiterentwicklung von Gewerbegebieten im Bestand (BBSR-Online-Publikation 02/2020). Bonn. https://www.bbsr.bund.de/BBSR/DE/veroeffentlichungen/bbsr-online/2020/bbsr-online-02-2020-dl.pdf [Zugriff: 23.03.2021]

BBSR – Bundesinstitut für Bau-, Stadt- und Raumforschung (2020b): Nachhaltige Weiterentwicklung von Gewerbegebieten. Ergebnisbericht zum ExWoSt-Forschungsfeld. Bonn. https://www.bbsr.bund.de/BBSR/DE/veroeffentlichungen/sonderveroeffentlichungen/2020/nachhaltige-weiterentwicklung-gewerbegebiete-dl.pdf [Zugriff: 23.03.2021]

Fink, P.; Hennicke, M.; Tiemann, H. (2019): Ungleiches Deutschland. Sozioökonomischer Disparitätenbericht 2019. Berlin: Friedrich-Ebert-Stiftung. http://library.fes.de/pdf-files/fes/15400-20190528.pdf [Zugriff: 23.03.2021]

Geels, F. W. (2011): The Multi-Level Perspective on Sustainability Transitions. Responses to Seven Criticisms, in: Environmental Innovation and Societal Transitions 1, 24–40. DOI: 10.1016/j.eist.2011.02.002

Holl, S. (2012): Gewerbe- und Industriegebiete – Strategische Reserve der Stadtentwicklung oder Spielwiese ohne Grenzen?, in: Wüstenrot Stiftung (Hrsg.): Vergessene Stadtteile? Herausforderung und Chance für eine strategische Stadtentwicklung. Dokumentation der Fachveranstaltung am 1. Dezember 2011. Berlin, 18–19

Hüther, M.; Südekum, J.; Voigtländer, M. (Hrsg.) (2019): Die Zukunft der Regionen in Deutschland. Köln: IDW Institut der deutschen Wirtschaft Köln e. V.

Inman, R. (1987): Markets, Government, and the »New« Political Economy, in: Auerbach, A. J.; Feldstein, M. (Hrsg.): Handbook of Public Economics, Vol. II. North Holland: Elsevier, 647–778

Krüger, T. (2007): Alles Governance? Anregungen aus der Management-Forschung für die Planungstheorie, in: RaumPlanung 132/133, 125–130

Läpple, D. (2013): Produktion zurück in die Stadt?, in: Kronauer, M.; Siebel, W. (Hrsg.): Polarisierte Städte – Soziale Ungleichheit als Herausforderung für die Stadtpolitik. Frankfurt a. M./New York: Campus, 129–150

Lahner, J. (2020): Regionalökonomie und Standortfaktoren in der Wirtschaftsförderung, in: Stember, J.; Vogelgesang, M.; Pongratz, P.; Fink, A. (Hrsg.): Handbuch Innovative Wirtschaftsförderung. Moderne Konzepte kommunaler Struktur- und Entwicklungspolitik. Wiesbaden: Springer, 445–465

Pesch, F. (2012): Aktuelle Aufgaben und Herausforderungen im Umgang mit dem Phänomen »vergessener« Standorte, in: Wüstenrot Stiftung (Hrsg.): Vergessene Stadtteile? Herausforderung und Chance für eine strategische Stadtentwicklung. Dokumentation der Fachveranstaltung am 1. Dezember 2011. Berlin

Sternberg, R.; Wallisch, M.; Gorynia-Pfeffer, N.; von Bloh, J.; Baharian, A. (2019): Global Entrepreneurship Monitor. Unternehmensgründungen im weltweiten Vergleich. Länderbericht Deutschland 2018/19. Düsseldorf: RKW Rationalisierungs- und Innovationszentrum der Deutschen Wirtschaft e. V.

Spars, G. (2013): Stadtquartiere als Investitionsobjekte – Ökonomische Perspektiven, in: Deffner, V.; Meisel, U. (Hrsg.): StadtQuartiere – Sozialwissenschaftliche, ökonomische und städtebaulich-architektonische Perspektiven. Essen: Klartext, 151–162

Wiechmann, T. (2018): Strategische Planung, in: Akademie für Raumforschung und Landesplanung (Hrsg.): Handwörterbuch der Stadt- und Raumentwicklung. Hannover: ARL, Bd. 4, 2609–2621

# Urbane Produktion – Neue Perspektiven des produzierenden Gewerbes in der Stadt?

*Thomas Krüger und Guido Spars*

Abgesehen von wenigen, auch in ihrem Kern stark von Industrie geprägten Städten in Deutschland wie etwa Stuttgart, erfahren Industrie und Gewerbe in der zeitgenössischen Stadtentwicklung nur wenig Aufmerksamkeit – und wenn, dann eher als Quelle für Probleme: Zum Beispiel wegen des LKW-Verkehrs oder der Emissionen, die von ihnen ausgehen können, oder wegen ihrer oft großflächigen, abgeriegelten Betriebsgelände mit wenig ansprechender Bebauung. Kleinere Produktionsbetriebe und insbesondere das Handwerk sind vielfach bereits in Stadtrandlagen abgewandert und die meisten Arbeitsplätze sind inzwischen ohnehin Büro- und Dienstleistungsberufe. Ist Produktion, ist Gewerbe in der Stadt nicht ein Auslaufmodell?

In diesem Sammelband wurden Forschungsarbeiten zur Zukunft des produzierenden Gewerbes in der Stadt aus verschiedenen fachlichen Perspektiven zusammengetragen. Die Beiträge verbinden die Fragen nach der Bedeutung und den Potenzialen von Produktion, nicht nur für die sozioökonomische Entwicklung der Städte, sondern auch für die Stadtentwicklung insgesamt. Über die Analysen hinaus wurden auch konkrete Vorschläge für die kommunale Wirtschaftsförderung und Stadtentwicklung gemacht, insbesondere im Hinblick auf die Entwicklung Urbaner Produktion in bestehenden Gewerbe- und Industriegebieten (▶ *Eckmann et al.*) sowie in gemischt genutzten Quartieren (▶ *Gärtner et al.*).

Dabei ist festzustellen, dass der Begriff »Urbane Produktion« über wissenschaftliche Diskurse hinaus eine zunehmende Aufmerksamkeit in der kommunalen Politik und Verwaltung bis hin in die Öffentlichkeit erfährt. Es ist zwar noch nicht geklärt, was unter Urbaner Produktion genau zu verstehen ist, die Diskussion darüber wird auch in diesem Band weitergeführt. Aber der derzeit noch heuristische Begriff scheint Wissenschaft und Praxis zu inspirieren, Debatten anzustoßen und auch Akteure zu mobilisieren. Das ist erfreulich, denn klar ist, dass die Zukunft des produzierenden Gewerbes in der Stadt – und damit ein wichtiges Element ihrer sozioökonomischen Basis insgesamt – maßgeblich davon geprägt wird, wie sich die Akteure in den Kommunen dazu verhalten.

Das Thema der Produktion in der Stadt wird aus der nicht nur im Hinblick auf den Klimawandel erforderlichen, beschleunigten Umstellung auf nachhaltige Produktions- und Logistikprozesse zusätzliche Impulse erhalten, wobei der Auf- und Ausbau regionaler Energie-, Stoff- und Güterkreisläufe ein zentrales Handlungsfeld sein wird. Diese Aufgabe gewinnt durch die Corona-Krise, die die Risiken einer hohen Abhängigkeit der Produktion und Versorgung von kontinentalen, wenn nicht globalen Vernetzungen deutlich vor Augen führt, noch zusätzlich an

Bedeutung. In diesem Sammelband konnten diese Kontexte und Entwicklungen nicht aufgegriffen werden. Aber die zusammengestellten Erkenntnisse, Konzepte und Handlungsansätze zur Weiterentwicklung und Stärkung Urbaner Produktion können in die Forschung zu nachhaltigeren und resilienteren städtischen und regionalen Strukturen eingebunden werden.

Vor dem Hintergrund des Potenzials neuer Produktionstechnologien untersucht *Martin Gornig* Gründungen von Industrieunternehmen und deren Wachstum. Er stellt fest, dass sich diese stark auf Großstadtregionen konzentrieren und dabei durchaus nicht in den bisherigen Hochtechnologie-Schwerpunkten wie Stuttgart und München, sondern vor allem in Berlin und auch in Rhein-Ruhr, Rhein-Main und Dresden-Leipzig. Dies sind mindestens starke Indizien für die Relevanz der Großstadt als Standort neuer Industrien.

*Jens Libbe* und *Sandra Wagner-Endres* ordnen die verstärkte Diskussion zur Urbanen Produktion ein in aktuelle stadtentwicklungspolitische Diskurse und arbeiten die Schnittstellen bzw. Synergiepotenziale heraus. Dabei besteht, wie auch dieser Band dokumentiert, erheblicher Forschungsbedarf, sowohl zum Konzept Urbaner Produktion, ihren Ausprägungen, Dynamiken und Wechselwirkungen als auch zu den Möglichkeiten ihrer Förderung im Kontext von Stadtentwicklung und Wirtschaftsförderung.

Zum Verständnis von »Urbaner Produktion« sind in diesem Band unterschiedliche Zugänge vertreten. Während z. B. die Kolleg:innen vom Institut Arbeit und Technik (IAT) allein auf die materielle Produktion schauen, die überdies »lokale Ressourcen und lokal eingebettete Wertschöpfungsketten« nutzt (▶ *Gärtner et al.*), wurde im Projekt »Gewerbe in der Stadt« (GiS) zusätzlich auch ein Blick auf seriell gefertigte digitale Güter gewagt, um zumindest in einem »weiten« Definitionsversuch mögliche Potenziale der Digitalisierung einzubeziehen. In der Auseinandersetzung mit diesem Thema ist den Herausgebern klargeworden, dass es sinnvoll ist, sowohl den »Bestand« Urbaner Produktion genau zu beleuchten, als auch das »Potenzial« Urbaner Produktion ins Blickfeld zu rücken. Ersteres ist notwendig, um zu verstehen, in welcher Form und an welchen Standorttypen Urbane Produktion stattfindet, welche Probleme dabei entstehen und welche neuen Wege Urbane Produktion durch die Zusammenarbeit der lokalen Akteure beschreiten kann. Dies wird weiter unten nochmals aufgegriffen. Letzteres ist der Blick auf bislang ausgeblendete und eventuell interessante Entwicklungsoptionen für die Produktion in der Stadt. Dazu wird das »Konzept der stadtaffinen Branchen« vorgeschlagen, mit dem das Entwicklungs- bzw. Innovations- und Produktionspotenzial in den Städten beleuchtet werden soll.

Es ist deutlich geworden, dass in der Urbanen Produktion ein großes Wertschöpfungspotenzial steckt. Hier gilt es zum einen, den Blick auf die Digitalisierung und die Vernetzung zu lenken, die *Joachim Lentes* und *Michael Hertwig* in diesem Band als technologische Befähiger für eine kleinteiligere, nachhaltigere und emissionsärmere – also insgesamt stadtkompatiblere – Produktion bezeichnen. Durch eine angemessene Kombination technischer und organisatorischer Maßnahmen kann eine wettbewerbsfähige Urbane Produktion gerade im kunden- oder auftragsspezifischen Anteil der Wertschöpfungskette oder auch für wissensintensive Produkte realisiert werden. Dies zeigt auch die Betrachtung des Handwerks und Manufakturwesens und seiner dynamischen Entwicklung im urbanen Raum, worauf *Carsten Benke* in seinem Beitrag eingegangen ist.

Dass Urbane Produktion ein großes Potenzial für eine nachhaltige Entwicklung des Gewerbes in der Stadt hat, arbeitet *Frank Betker* heraus und weist darauf hin, dass es dazu auch neuer Formen der Governance bedarf. Am konkreten Beispiel eines Gebiets in Remscheid zeigt *Susanne Smolka* auf, wie Betriebe dafür gewonnen wurden, an einer nachhaltigen Erneuerung eines Bestandsgebietes mitzuwirken und auch Impulse für eine nachhaltige Stadtentwicklung zu geben.

Neben den Modernisierungen vorhandener Betriebe wird der Wandel von Gewerbegebieten durch Aufgaben und Neuansiedlungen von Betrieben bestimmt. *Hanns Werner Bonny* skizziert eine lebenszyklus-orientierte Perspektive und entwickelt dazu empirische Instrumente und zeigt deren Potenzial in einer Fallstudie auf. Angesichts des hohen, vielfach kaum noch erweiterbaren Anteils der Gewerbe- und Industrieflächen an der Flächennutzung in den Städten sollte das geringe Wissen über den »Turn-Over« an Betrieben und seiner Determinanten dringend behoben werden.

Vergleichen wir nur die beiden Untersuchungsregionen des »Gewerbe in der Stadt«-Projektes, nämlich Hamburg und die Vergleichsstädte in NRW, so wird deutlich, dass die Rahmenbedingungen für die Urbane Produktion deutliche Unterschiede aufweisen. Der auf den Produktionsstandorten lastende Umnutzungsdruck ist in Hamburg (und anderen wachsenden Städten) sehr viel größer als in den Ruhrgebietsstädten und zugleich sind die Flächenreserven und Brachen in den urbanen Lagen in Hamburg verhältnismäßig geringer als in den NRW-Städten. Zwar zeigt die Flächenbilanz in den vier betrachteten Ruhrgebietsstädten ebenfalls einen deutlichen Rückgang der GE- und GI-Flächen, aber die noch vorhandenen ca. 1 550 Hektar in urbanen Lagen sind eine gute Basis, um mit einer intelligenten Planungs-, Flächen- und Wirtschaftspolitik Anreize für das Bewahren und auch das Stärken des produzierenden Gewerbes in den urbanen Lagen zu setzen. Hierfür muss jedoch eine gute Zusammenarbeit zwischen den verschiedenen Ressorts der Stadtverwaltung einerseits (Stadt- und Verkehrsplanung, Wirtschaftsförderung, Liegenschaften) und den privaten Akteuren andererseits, insbesondere den Unternehmen und den Immobilieneigentümer:innen, organisiert und verstetigt werden. Gemeinsam bilden sie gewissermaßen das Dreieck der Akteure bzw. Kräfte für die Entwicklung des Gewerbes im Bestand.

Im Forschungsprojekt »Gewerbe in der Stadt« wurden Gebietstypen entwickelt, die durch unterschiedliche Problemkonstellationen und Entwicklungspotenziale für Urbane Produktion gekennzeichnet sind. Damit sollen erste Orientierungen für mögliche Initiativen und Interventionen der Kommunen gegeben werden, die jeweiligen Akteure anzusprechen und mit diesen einen Prozess der Gebietsentwicklung anzustoßen. Die Kommune, die nicht primär einzelwirtschaftliche Vorteile im Auge haben muss, sondern sich am Allgemeinwohl auszurichten hat, sollte dabei zunächst eine orientierende und ggf. führende Rolle einnehmen. Sie sollte Ziele entwickeln, in welche Richtung sich die Urbane Produktion entwickeln soll, welche Rollen die verschiedenen Akteure sowie die Gebiete und Quartiere dabei übernehmen können und schließlich welchen Beitrag die Kommune selbst leisten kann, um die angestrebte Entwicklung zu befördern. Schließlich bestimmt sie mit dem Planungsrecht und der Erschließung wesentliche Rahmenbedingungen. Sie kann mit aktiver Liegenschaftspolitik ein relevanter »Player« nicht nur bei der Neuentwicklung, sondern auch im Bestand werden. Sie kann, ggf. in Kooperation mit Immobilienprojektentwicklern, »Infrastrukturen« für die Entwicklung Urbaner Produktion, insbesondere Handwerker- und Gewerbehöfe, entwickeln. Sie kann in Zusammenarbeit mit den Kammern die Gründungs- bzw. Start-up-Förderung gezielt im Bereich der Urbanen Produktion verstärken. Insbesondere in der Verknüpfung digitaler Geschäftsideen mit neuen Technologien der Fertigung und klassischem Handwerk und Manufakturwesen stecken große Potenziale für die lokale Wirtschaftsentwicklung, die mit regionalem Venture Capital gestützt werden können.

Der genaue Blick auf den Bestand und mögliche Innovations- und Wertschöpfungspotenziale kann bzw. sollte – das haben die Beiträge ebenfalls gezeigt – über eine standörtliche Differenzierung erfolgen. Dabei liegt der Fokus i.d.R. auf gemischten Gebieten oder Gewerbe- und Industriegebieten an urbanen Standorten. Allerdings ist Urbane Produktion seit Jahrzehnten und in erheblichem Umfang an suburbane Standorte gewandert. Sie profitiert dort von den Arbeitsmärkten und Agglomerationseffekten der Kernstadt, wird aber weniger von den Restriktionen städtischer Standorte (Flächenengpässe, Immissionskonflikte, Erschließungsprobleme) beeinträchtigt. Das Potenzial auch der suburbanen Standorte und Gebiete bzw. ihrer Betriebe für eine ggf. arbeitsteilige Stärkung der Urbanen Produktion in einer Stadtregion sollte stärker in den Blick genommen werden.

Die Forschung zu »Gewerbe in der Stadt« und die in diesem Band versammelten Beiträge machen deutlich, dass sich die Strukturen und Zusammenhänge der Wertschöpfung in den Städten bzw. Stadtregionen, insbesondere im Bereich der Produktion, in einem starken Veränderungsprozess befinden. Daraus ergeben sich veränderte Anforderungen und neue Chancen für Betriebe und Standorte. Diese sind in den »gewachsenen« Strukturen der Städte, insbesondere wenn andere Nutzungen wie Wohnen, Freizeiteinrichtungen oder auch Logistik zunehmend Flächen beanspruchen, nur schwer zu realisieren. Die Marktkräfte allein werden kaum dazu führen, dass sich an städtischen Standorten nachhaltige Urbane Produktion entwickelt. Wenn eine schleichende, weitere Deindustrialisierung der städtischen Wertschöpfung verhindert und neue Potenziale geschaffen werden sollen, müssen die Kommunen die Stärkung Urbaner Produktion explizit zum Ziel erklären und ihre Stadtentwicklung und Wirtschaftsförderung anhalten, dafür Konzepte und Instrumente zu entwickeln und umzusetzen. Initiativ werden müssten ebenso die weiteren Akteure der Wirtschaft und insbesondere die bestehenden Betriebe, Immobilieneigentümer:innen, Projektentwickler:innen und vor allem Gründer:innen und Kreative, um die neue Ära Urbaner Produktion zu gestalten.

# Autor:innenverzeichnis

*Dr. Carsten Benke* ist Dipl.-Ing. für Stadt- und Regionalplanung und Historiker und arbeitet als Referatsleiter für Regional- und Stadtentwicklung, Bau und Verkehr im Zentralverband des Deutschen Handwerks.

*Dr. Frank Betker* ist Planungs- und Sozialwissenschaftler und am Deutschen Zentrum für Luft- und Raumfahrt (DLR) Projektträger in der Abteilung Sozial-ökologische Forschung als Wissenschaftlicher Referent tätig sowie Lehrbeauftragter für Stadtplanungsgeschichte an der RWTH Aachen.

*Dipl.-Ing. Dr. Hanns Werner Bonny* war Dozent an der HafenCity Universität Hamburg und Inhaber der Planquadrat Dortmund GbR.

*Birte Eckmann* ist Projektentwicklerin und Diplom-Ingenieurin (FH) für Architektur und arbeitet als wissenschaftliche Mitarbeiterin im Fachgebiet »Projektentwicklung und Projektmanagement in der Stadtplanung« der HafenCity Universität Hamburg (HCU).

*Dr. rer. pol. Dipl.-Ing. Stefan Gärtner* (Stadtplaner AKNW) ist Stadt- und Raumplaner, Geschäftsführender Direktor des IAT und Direktor des Forschungsschwerpunktes RAUMKAPITAL.

*Prof. Dr. Martin Gornig* ist Volkswirt und Stadtplaner. Er ist Forschungsdirektor Industriepolitik und stellvertretender Leiter der Forschungsabteilung Unternehmen und Märkte am Deutschen Institut für Wirtschaftsforschung. An der Technischen Universität Berlin lehrt er als Honorarprofessor für Stadt- und Regionalökonomie.

*Michael Hertwig* ist Maschinenbauer und beschäftigt sich im Team Digital Engineering am Fraunhofer-Institut für Arbeitswirtschaft und Organisation IAO mit der Digitalisierung in Entwicklung und Produktion, dabei ist die Weiterentwicklung der Produktion hinsichtlich Nachhaltigkeit und Verträglichkeit ein Schwerpunkt seiner Forschung.

*Linn Holthey* (M. Sc.) ist Stadtplanerin und arbeitet als wissenschaftliche Mitarbeiterin im Arbeitsgebiet »Projektentwicklung und Projektmanagement in der Stadtplanung« an der HafenCity Universität Hamburg (HCU).

*Sonja Kluft* (M. Sc.) ist Stadt-Geografin, Online-Redakteurin (IHK) und Fotografin mit den Schwerpunkten Stadt & Architektur. Sie war Teil des Teams »GiS – Gewerbe in der Stadt – Wandel in Bestand gestalten« und ist aktuell in einer Kölner Werbeagentur tätig.

*Prof. Dr.-Ing. Thomas Krüger* ist Stadtplaner und leitet das Fachgebiet »Projektentwicklung und Projektmanagement in der Stadtplanung« der HafenCity Universität Hamburg (HCU).

*Joachim Lentes* ist Abteilungsleiter am Fraunhofer-Institut für Arbeitswirtschaft und Organisation IAO und Lehrbeauftragter an der Universität Stuttgart. Sein Forschungsschwerpunkt ist insbesondere die Produktentwicklung und Produktion der Zukunft mit dem Menschen im Mittelpunkt – befähigt von innovativen IT-Systemen für mehr Wettbewerbsfähigkeit und Nachhaltigkeit.

*Dr. Jens Libbe* ist Volkswirt und Sozialökonom und leitet am Deutschen Institut für Urbanistik (Difu) den Forschungsbereich Infrastruktur, Wirtschaft und Finanzen.

*Kerstin Meyer* (M. Sc.) ist Stadt- und Regionalentwicklerin und als wissenschaftliche Mitarbeiterin am Institut Arbeit und Technik im Forschungsschwerpunkt RAUMKAPITAL tätig.

*Dr. Monika Piegeler*, promovierte Ökonomin, Wirtschaftsingenieurin und Diplom-Ingenieurin im Fachbereich Architektur, ist empirische Wirtschaftsforscherin mit den Forschungsschwerpunkten Entrepreneurship und Innovation und war Projektleiterin des diesem Buch zugrundeliegenden Forschungsprojekts »GiS – Gewerbe in der Stadt – Wandel in Bestand gestalten«.

*Marcel Schonlau* (M. Sc.) ist Raumplaner und als wissenschaftlicher Mitarbeiter am Fachbereich Geodäsie der Hochschule Bochum beschäftigt.

*Susanne Smolka* ist Landschaftsarchitektin bei der Stadtverwaltung Remscheid. Sie leitet im Rahmen des Forschungsverbundprojektes »Grün statt Grau – Gewerbegebiete im Wandel« das Teilprojekt Remscheid und betreut als Standortmanagerin das Gewerbe- und Industriegebiet Großhülsberg.

*Prof. Dr. Guido Spars* ist Stadt- und Immobilienökonom und leitet das Fach- und Forschungsgebiet »Ökonomie des Planens und Bauens« an der Fakultät Architektur und Bauingenieurwesen der Bergischen Universität Wuppertal. Ab September 2021 wird Guido Spars der Gründungsdirektor der Bundesstiftung Bauakademie in Berlin.

*Dipl.-Ing. Sandra Wagner-Endres* ist Wissenschaftlerin und Projektleiterin im Forschungsbereich »Infrastruktur, Wirtschaft und Finanzen« des Deutschen Instituts für Urbanistik (Difu). Ihr Arbeitsschwerpunkt liegt im Themenfeld Wirtschaft.